천년 만의 울림,
우리 사뇌와 놀다

안연석 지음

도서
출판 책얼

천년 만의 울림,
우리 사뇌와 놀다

안연석 지음

머리말

　어느 날 시내에서 귀가하다가 한 친구를 만났다. 반가운 마음에 차 한 잔을 하면서 이런저런 얘기 끝에 그 친구가 "그래 요즘 어떻게 지냈나?"라고 물었다. 그래서 "책 하나 내려고 공부 중일세"라고 대답하였다. 그랬더니 그 친구가 "그런 거 써서 무엇 하나? 건강만 버리고 돈 들여서 출판해 봐야 읽어주는 사람이 없어요. 그 거 다 쓸 데 없는 일이네"라고 면박을 주었다. 귀가하면서 친구의 말을 곰곰이 새겨 보았더니 친구의 말도 일리가 있어서 마음이 심란하였다. 그러나 책이 거의 마무리 단계에 있었으므로,

　'사람마다 가치관이 다르다. 어찌 한 번 날개를 펼쳐 구만리를 날아올라 한 백년 나아가려는 뜻을 접으려 하는가?'

　이렇게 스스로 위로하며 글 쓰는 일에 더욱 정진하였다. 글의 내용을 더 고증하고자 노력하였으며, 문맥을 다듬고 오탈자를 교정하고 아울러 참고문헌까지 실어서 비로소 책 나름의 면모를 갖춘 본 졸고를 마무리하게 되었다. 수년 동안 코로나 감염 등 여러 역경 속에서 오로지 작품 하나를 완성하겠다는 생각으로 버티면서 고진배기마냥 글을 쓴 결과, 비로소 늦게나마 자식 하나를 얻은 느낌이니 기쁘다 아니할 수 없다.

생각하건대, 옛 것은 언제나 고리타분하다. 그러므로 앞만 보고 달려감은 우리들에게 생존의 필수조건일 것이다. 하지만 자칫 새로운 것만 추구하다 보면 자신의 얼을 잃을 수 있다. 왜냐하면 사람이든 역사이든 문화이든 현재의 것은 필연적으로 과거의 DNA를 품고 태어나기 때문이다. 또 「과거를 지배하는 자가 현재를 지배 한다」라는 격언이 있듯이 과거는 미래를 비추는 등불이다. 그러므로 옛 것을 찾아내고 보존하는 것도 아주 중요한 작업일 것이다. 이 책은 그런 의미를 내포하고 있다.

아무쪼록 문학을 좋아하는 독자들이나 고전시가를 가르치는 선생님과 학생들에게 조금이라도 도움이 된다면 지은이는 더 바랄 나위 없다.

끝으로 원고의 문맥, 맞춤법, 띄어쓰기, 오탈자 등에 대하여 성의 있게 일일이 이를 교정해 준 안병휘 군에게 지면을 통하여 고마움을 전한다.

2024. 3. 7.

구부솔 안연석 살얼음을 내딛는 마음으로
발문에 갈음하다.

차 례

제1장 허투루 찾은 옛 우리말

1. 가락의 뜻에 대해 묻다 ································ 11
2. 'ᄀᆞᄅᆞᆷ'은 정말 강(江)의 옛말일까? ················ 19
3. 고구려의 「밑도 끝도 없다」 ···························· 22
4. 고구려 시조 추모와 주몽의 해석 ···················· 33
5. 돌백이는 어디서 왔나? ································ 41
6. 둘째 아이 보해와 셋째 아이 미해 ·················· 43
7. '붉다'는 어떻게 발음할까? ··························· 50
8. 바람은 어디에서 왔는가? ····························· 52
9. 세상의 본딧말은 'ᄉᆡ만' ································ 60
10. 신라 성골은 션(sun)고리 ····························· 66
11. 연개소문의 문은 무슨 뜻일까? ···················· 73
12. 오두재, 아하 토끼고개로구나! ····················· 86
13. 종암동은 ᄉᆡ붉바위 동네 ······························· 94
14. 차자표기·이두의 이해를 위하여 ··················· 96

제2장 고전시가 5가 3요

1. 향가의 뜻 ··· 110
2. 우리 고유시가의 최초 이름은 사뇌 ················ 114
3. 밑대·삼대·삼죽의 출현 ································ 119
4. 사뇌의 정형 형식 ······································· 124
5. 향가란 명칭 사용은 이제 여기까지 ··············· 131
6. 삼대목의 뜻 ·· 136
7. 노인헌화가의 새로운 해석 ··························· 144
8. 모죽지랑가의 새로운 해석 ··························· 157
9. 서동요의 색다른 해석 ································· 177
10. 원왕생가, 극락정토가 어디메뇨? ················· 188
11. 제망매가 슬픔을 머금다 ····························· 204
12. 찬기파랑가, 그 뜻은 깊고 높다 ···················· 222
13. 정읍사의 새로운 해석 ································ 244
14. 청산별곡의 새로운 해석 ····························· 255

제3장   허튼 이야기

1. 대통령의 문장, 봉황 무늬 ………………… 274
2. 말갈족의 근원 …………………………… 281
3. 박제상 왜국에서 화형 당하다 ……………… 284
4. 세달사의 어원과 위치 …………………… 288
5. 환웅은 옛 우리말로 '훈굼'이다 …………… 292
6. 소도는 옛 우리말로 되살터 ……………… 297
7. 상고시대 전등의식 ……………………… 306
8. 한자의 조자와 용자법, 육서 ……………… 314
9. 한자 연(然)에 대한 꽁트 ………………… 318
10. 일엽편주 ………………………………… 321
11. 참고 문헌 ……………………………… 340
12. 용어 찾아보기 ………………………… 345

제1장 허투루 찾은 옛 우리말

가락의 뜻에 대해 묻다

1. 들머리 글

　가야는 의문투성이면서 미스테리한 국가이다. 나라 이름도 가야(伽倻)인지 가락(駕洛)인지 확실하지 않다. 하지만 김해박물관, 고령 대가야박물관, 함안박물관, 상주박물관, 고성박물관에 탐방해 보면 가야시대 고분에서 출토된 유물이 아주 풍부하다. 유물은 풍부하지만 정작 역사 기록이 없으니 유물들의 맥락이 이어지지 않고 그 실체가 막연할 뿐이다. 만일 삼국유사에 실린 「가락국기(駕洛國記)」마저 없었다면 가야는 더욱 아리송했을 것이다. 하지만 일연스님은 이렇게 귀중한 글 「가락국기」에서 '가락'의 뜻에 대하여 어떠한 해설이나 간단한 설명조차 붙이지 않았다. 필자는 이것이 참으로 아쉬웠다. 그래서 여러 문헌을 찾아보니 가락과 비슷한 말로 게락이 있었다. 이것은 홍수가 나서 물이 많은 것을 나타내는 강원도 방언이다. 가락과 게락은 '물이 아주 많음'을 나타내는 말로서 유사성이 있다. 하지만 게락과 가락이 같은 뜻인지 확실치 않다. 이런 이유로 필자 나름 가락의 뜻을 추적하여 본 바 그 결과는 다음과 같다.

2. 가락의 뜻

　가야는 6국인데, 6가야는 모두 낙동강과 경남 남강 유역에 터를 잡고 있었다. 지금의 경북에서 경남 쪽으로 내려가며 차례로 살펴보면 고령가야는 상주 함창읍에, 성산가야는 성주에, 대가야는 고령에, 금관가야는 김해에, 아라가야는 함안에, 소가야는 경남 고성에 있었다. 가야가 모두 강가에 자리 잡고 있었음에 주목하여 필자는 가락이 물과 연관된 말이라고 생각하였다. 먼저 가락(駕洛)을 한자의 훈으로 해석해 본다. 그러면 가락은 '멍에 가(駕)' 자에 '물이름 낙(洛)' 자인데, 이것을 우리말로 훈독하면(뜻 새김하면) '멍에물'이라는 뜻이 된다.

　필자는 '멍에물'의 뜻을 찾기 위해 수개월 동안 이 말을 화두로 삼았다. 여러 선생님에게 묻고 오래된 문헌들을 백방으로 찾아보았지만 그 뜻을 깨우칠 수 없었다. 그러다가 어느 날 고향 인근 저수지 둑길을 산책하였다. 그 때 저수지 물결이 햇빛에 놀라 은빛으로 반짝였다.
　'거 참 보기 좋네!'
　그렇게 생각하는 찰나 '멍에물'이 뇌리를 스쳤다.
　'옳거니, '멍애물'은 저것이로구나!'
　나는 비로소 화두를 깨쳤던 것이다. '멍에물'에 대한 나의 깨우침은 이러하다.
　하천을 둑으로 막아 저수지를 만들고, 그렇게 가둬 놓은 물을 농사에 사용하면 가뭄으로 인한 재해를 예방할 수 있다. 고대 가야 사람들은 이를 깨달아 저수지를 고안하였을 것이다. 그들은 최초로 어떤 하천을 가로질러 둑을 쌓고 물을 가두었다. 그런데 이런 일은 처음이므로 그 당시에는 그것을 일컫는 말이 당연히 없었다. 그래서 가야 사람들은 하천이나 'ᄀᆞ름'(江)1)에 둑을 가로질러 막는 형상을 「'ᄀᆞ름'에 멍에를 지운다」로 보았고, 이 때문에 가야 사람들은 이것을 'ᄀᆞ름멍에'로 이름 지었을 것이다. 그리고 가야 사람들은 이 ᄀᆞ름멍에'에 의하여 가둬진 물을 「'ᄀᆞ름멍에'에 의하여 담겨진 물」이라 해서 '멍에물'로 이름 붙였을 것이다. 그러므로 가락의 본딧말로 추정되는 '멍에물'은 지금의 저수지를 뜻하는 말이었고 'ᄀᆞ름멍에'는 지금의 둑을 뜻하는 말이었다. 가야 사람들은 이 '멍에물'을 한자로 표기했는데, 우리말 멍에를 한자 '멍에 가(駕)'로 훈차하고 우리말 물은 한자 '물이름 락(洛)'으로 훈차 표기한 것이 '가락(駕洛)'이었을 것이다.

다음 둑이란 말에 대하여 살펴본다. 삼국시대 이후 우리말 둑을 표기하는 한자는 '털 모(毛)'였다. 즉 '털 모(毛)'는 둑의 이두 표기인데, 오래된 옛 자전은 '털 모(毛)'의 훈음이 'ᄐᆞ럭 모(毛)'로 되어 있다. 이것은 털의 옛말이 'ᄐᆞ럭'이었음을 뜻한다. 그런데 우리말 둑과 그 이두 표기 'ᄐᆞ럭 모(毛)'는 언뜻 보기에 그 훈도 음도 전혀 관련이 없어 보인다. 즉 「'ᄐᆞ럭 모(毛)'는 우리말 둑의 훈차나 음차 표기로 볼 여건이 전혀 없다. 그러함에도 옛 사람들은 'ᄐᆞ럭 모(毛)'를 둑의 이두 표기로 사용하였다. '왜 옛사람들은 'ᄐᆞ럭 모

---

1) ᄀᆞ름(江) : 이 책의 제1장 글 제목 「ᄀᆞ름과 강(江)의 어원」을 참조할 것.

(毛)'를 둑의 이두 표기로 사용하였을까?'

이런 의문이 필자의 머릿속에서 뭉개 뭉개 피어올랐다. 하지만 옛 사람들이 둑을 한자 '트럭 모(毛)'로 표기한 것은 사실이니 여기에는 그동안 우리가 알지 못하는 어떤 이유가 있을 것이다. 이제 이 의문을 추적해 본다.

필자가 생각하기에, 둑의 본딧말 'ᄀ름멍에'를 가야 사람들은 나중에 - 그것이 하천이나 강 위로 피리처럼 길게 튀어 나왔고 피리의 구멍처럼 수구가 있으므로 - 피리의 옛말 '두둑'2)에 빗대어 '둑'으로 불렀을 것이다. 예컨대 「밭두렁이 두둑하다」라는 말에서 '둑'의 모양을 짐작할 수 있다. 그런데 필자의 추정대로 가야 사람들은 정말 'ᄀ름멍에'를 둑이란 말로 바꾸어 불렀을까? 필자는 이렇게 수없이 자문하였다. 그러다가 우연히 'ᄀ름멍에'의 또 다른 말 둑을 중세 훈민정음으로 소급하여 '득'으로 써 보았다. 그 때 퍼뜩 '트럭 모(毛)'가 생각났고, '둑'의 옛말은 '득'이 아니라 피리를 뜻하는 '텩3)'일 것이라는 확신이 들었다. 번개에 감전되듯 이두에 대하여 단박에 돈오(頓悟)를 이룬 듯하였다. 아주 날아갈 듯 기뻤다.

'아하, 이두에 있어서 차자표기(借字表記) 방법에는 훈차와 음차 외에 이런 방법이 또 있었구나!'

옛 사람들이 둑의 옛말 '텩'을 한자 '트럭 모(毛)'로 표기

---

2) 두둑(Duduk) : 아르메니아에서 피리를 가리키는 말로 이것은 살구나무로 만든다. 악기를 연구하는 사람들은 이 악기는 3,000여 년의 역사를 가지고 있다고 한다. 가야·신라 사람들은 피리를 '텩'으로 불렀는데 이 말은 아르메니아 피리 두둑에서 온 말일 것이다.
3) 텩 : 한자로 '피리 적(笛)'의 어원이다. '적'은 구개음화에 의하여 옛말 '텩'이 변한 말이다.

한 이유는 이러하다. 가야 사람들은 한자 '터럭 모(毛)'의 훈인 '터럭'으로 우리말 '턱'을 베꼈을 것이다. 이것은 모(毛)의 훈인 '터럭'에서 '터'을 빌리고 '럭'에서 '억'을 빌려 우리말 「터+억 = 턱」을 표기한 것이다. 이와 같은 차자표기를 필자는, 「차자(借字)의 훈의 음으로 우리말을 베낀다」하여 곧바로 훈음사(訓音寫)4)라고 이름 붙였다. 훈음사의 경우 차자(借字)의 훈과 그 훈음으로 베낀 우리말은 아무 관련이 없다. 즉 우리말 '턱'과 '터럭 모(毛)'의 훈음인 '터럭'은 아무 관련이 없고 그 음만 취한 것이다. 차자표기 방법 중 필자가 발견한 훈음사(訓音寫)는 그동안 국문학계에서 전혀 언급되지 않은 새로운 차자표기 방법이다. 필자는 앞으로 이에 대한 연구가 한 단계 더 이루어졌으면 하는 바람이다. 훈음사에 관한 얘기는 이쯤 마무리한다.

삼국시대 중기부터 한자가 보편화함에 따라 중국식 한문 '저수지(貯水池)'란 낱말이 생겼고, 우리말 '멍에물'은 '저수지'란 낱말로 대체되었을 것이다. 또 '턱'이란 말이 생기자 처음에 둑의 본딧말로 사용하던 'ᄀᆞ름멍에'도 '턱'으로 대체되었고, '턱'이 지금의 '둑'으로 변한 것이다. 그리고 세월이 흐르면서 가락(駕洛)의 본딧말인 '멍에물'과 '둑'의 본딧말인 'ᄀᆞ름멍에'는 우리들의 기억 속에서 차츰 잊혀 진 것으로 보인다. 대신 저수지와 제(堤), 보(洑) 등의 한자어가 우리 언어 속에 자리를 잡았을 것이다. 대략 그 변천 과정을 살펴

---

4) 훈음사(訓音寫) : 이 차자표기의 예로, 한자 '맏 백(伯)' 훈의 음 '맏'으로 우리말 '맞이하다'를 베끼고, '꾸짖을 질(叱)'의 첫 음 '꾸'의 초성 'ㄲ'로 우리말 된소리 'ㄲ'을 베끼고, '울 곡(哭)'으로 우리말 '울'이나 '올'을 베끼고, 한자 '흘겨볼 혜(盻)'로 우리말 목적격 조사 '흘(을)'을 베끼는 것을 들 수 있다.

보면 아래와 같다.

○ 둑의 최초 표기인 'ᄀ름멍에'라는 말이 생겨남.

○ 'ᄀ름멍에'의하여 담겨진 물이란 뜻에서 '멍에물'이라는 말이 생겨남.

○ '멍에물' : 'ᄀ름멍에'에 의하여 담겨진 물 → 가야인은 이것을 가락(駕洛)으로 차자표기함.

○ 'ᄀ름멍에'를 피리의 명칭인 두둑에 빗대어 「ᄐ+억 = 턱」이란 새로운 말로 부름. → 가야인은 옛말 '턱'을 한자 'ᄐ럭 모(毛)'로 차자표기함.

○ 옛말 '턱'이 현대어 '둑'으로 변함.

○ 한자가 보편화하면서 멍에물 곧 가락(駕洛)은 한자어 저수지(貯水池)라는 말로 대체됨.

3. 가야가 있었던 곳에는 저수지가 많다.

저수지를 만드는 일은 많은 인력이 있어야 하는 힘든 일이지만 고대인에게 농업은 생계수단이었다. 또한 농사를 짓는데 물이 절대적이었기 때문에 가야 사람들은 하천이나 강의 물을 효과적으로 이용하기 위한 저수지를 축조하는 일에 기꺼이 자발적으로 이바지[5]하였을 것이다. 그래서 지금도

---

5) 이바지 : 이 말은 '도움을 주다'라는 뜻으로 '이받이'에서 온 말이다. '이받이'가 구개음화에 따라 이바지로 변한 것인데 여기에서 '이'는 어떤 뜻일까? 필자가 생각하기에, '이'는 한자 '이로울 이(利)'에서 기원한 말이다. 이(利)를 파자하면 「벼 화(禾)+칼 도(刀)」이니 이것은 본디 '벼를 베다'라는 뜻이었을 것이다. 농사에 있어 '벼 베기'는 나락이 95% 정도 익으면 바로 한나절 만에 몽땅 베어야 한다. 그렇지 않으면 예기치 않은 태풍이나 폭우로 인하여 단 하루 만에 1년 농사를 망칠 수 있

6가야가 존재하였던 낙동강과 남강 주변 지역에는 예부터 전해오는 저수지들이 많다. 상주의 공검지, 밀양의 수산제(삼국시대 3대 저수지6) 중 하나), 김해 지역의 진례지·울하지·가야지·시례지 등 수없이 많다. 또한 가야 사람들의 저수지 축조기술은 이웃나라인 백제·신라에게 전파되었고, 근세까지 우리에게 이어졌음이 분명하다.

4. 맺는말

  삼국유사 「가락국기」에 나오는 나라 이름 가락(駕洛)의 뜻은 우리말로 '멍에물'이고 이것은 오늘날 우리가 쓰고 있는 저수지와 같은 뜻이다. 이 말은 가야 사람들이 최초로 둑을 만들고 거기에 물을 채우면서 자연스럽게 생겨났을 것이다. 필자는 국어사전에 둑의 본딧말로 'ᄀᆞ름멍에'를, 저수지의 본딧말로 '멍에물'을 등재하였으면 하는 바람이 있다. 물론 전문가의 고증과 학계의 동의가 있어야 가능한 일이지

기 때문이다. 그래서 '벼 베기'는 마을 사람 모두가 참가하는 두레(품앗이)로 행해진다. 이것을 옛 사람들은 「베를 베다=禾+刀」라는 뜻으로 '이'라고 불렀을 것이다. 또 두레는 본디 대가를 바라고 참여하는 것은 아니지만 주인은 나중에 두레에 참여한 이들에게 나락이나 금전으로 보상하기 마련이다. 그래서 '이'의 뜻은 「벼 베기 두레에 대한 보상」이라는 뜻도 함께 갖게 되었을 것이다. 그 뒤 한자 이(利)는 그 뜻이 '이롭다' '이익이 되다' 등으로 그 뜻이 더 확장되고 변이된 것으로 보인다. 아울러 이바지만 예로 보아도 한자 이(利)는 동이족이 만든 글자임이 분명하다. 또 사족(蛇足)으로 한 마디 덧붙이면 요즈음 널리 쓰이고 있는 왜식 한자어 봉사(奉仕)보다 우리말 이바지를 더 사용해야 할 것이다.

6) 삼국시대 3대 저수지 : 제천의 의림지, 김제의 벽골제, 밀양의 수산제를 말한다.

만, 그렇게만 된다면 우리 역사 속의 미스테리한 나라 가락, 가야 사람들의 혼도 필자 못지않게 이것을 흐뭇해 할 것이다.

'ᄀᆞ름'은 정말 강(江)의 옛말일까?

　한자 강(江)을 파자하면 「水+工」이다. 이것은 「물이 흘러가면서 만든 것」이라는 뜻이다. 또 강의 옛말은 'ᄀᆞ름'인데, 이것을 파자하면 「ᄀᆞᄅᆞ+으음(으옴) = ᄀᆞ름1)」이 된다. 그러므로 'ᄀᆞ름'은 'ᄀᆞᄅᆞ'(읽음소리; 가롸)에 명사파생접사 '으음'이 결합되어 생긴 말일 것이다. 그렇다면 강이란 말의 원조는 당연히 'ᄀᆞᄅᆞ'가 된다. 'ᄀᆞ름'은 'ᄀᆞᄅᆞ'라는 말의 파생명사이기 때문이다. 필자는 이런 직관에 따라 상고시대 동이족의 말 'ᄀᆞᄅᆞ'를 본디 '물이 흘러가다'라는 뜻의 동사로 보았다. 그리고 상고시대 동이족은 「'ᄀᆞᄅᆞ'가 흘러가면서 만든 것」에 대하여 단순히 'ᄀᆞᄅᆞ'라는 말에 명사파생접사 '으음'을 결합하여 'ᄀᆞ름'이라는 말을 만들었을 것이다. 그리고 이것을 나타내는(뜻하는) 글자를 만들었는데 그것이 회의자(會意字)2)인 강(水+工 = 江)으로 보인다. 그러므로 상고시대 동이족에게 한자 강(江)의 본디 음가는 'ᄀᆞ름'이었고 뜻(훈)도

---

1) ᄀᆞ름 : 이 말의 가장 오래된 출전은 「四月ㅅ 八日에 ᄀᆞ롬과 우믌므리 다 넚디고(4월 8일에 강과 우물물이 다 넘치고) - 월인석보 권2 48장이다.

2) 회의자(會意字) : 한자의 조자와 용자법인 육서 중 하나로서 한자 여러 개의 자형과 뜻을 모아서 만든 글자이다. 회의자는 새로운 음과 뜻을 갖는다.

'ᄀᆞ름'이었을 것이다. 필자는 이런 이유로 한자 강(江)을 당연히 상고시대 동이족이 만든 글자로 본다.

이후 한자 강(江)이 상고시대 동이족에게서 중국으로 건너갔고, 중국으로 건너간 이후 본디 음가인 'ᄀᆞ름'이 상고한어음(上古漢語音)3) [kŭŋ]으로 변한 것으로 보인다. 그리고 이것이 다시 중고한어음(中古漢語音)4) [kɔŋ]으로 변한 것이다. 예컨대 이와 같은 추론은 한자 '물이름 하(河)'로 교차 검증되는데, '물이름 하(河)' 역시 상고한어음이 [*ga]이고 중고한어음이 [γa]이다. 즉 상고시대 하(河)과 강(江)의 음가는 모두 옛 동이족의 말 'ᄀᆞᆯ'에서 기원한 것으로 보인다. 그런데 중국은 동이족의 한자를 받아들인 후 여기에 한자의 조자와 용자법인 육서를 동원하여 수십만 자의 한자(漢字)를 만들었고, 중국 왕조 한(漢·존속기간 BC. 202년~AD. 220년)은 이것을 나라글자로 삼았다. 한자(漢字)라는 명칭은 여기에서 비롯된 것이다.

그리고 2,000여 전 「고조선 멸망 후 열국시대」에 오히려 우리가 중국의 한자를 역수입한 것으로 보인다. 이때 강(江) 자도 한반도에 수입되어 삼한(마한·진한·변한) 사람들이 중고한어음 [kɔŋ]를 차용하여 '강'으로 부른 것이다.

---

3) 상고한어음(上古漢語音) : 고대 중국 상고한어(上古漢語)의 음가로 티베트어족의 조어에서 갈라져 나온 것으로 본다. 이를 '상고한어음'이라 하는데 기원전 13세기부터 서진시대(기원후 3세기)까지 사용되었으며, 오늘날 한자의 고형인 갑골문자로 표기되었다.(인터넷 위키백과에서 발췌/인용)

4) 중고한어음(中古漢語音) : 대략 전한시대부터 3세기 무렵까지 중국에서 사용되었던 중고한어(中古漢語)의 음가를 말한다. 중고한어음은 오늘날 중국 북경의 표준발음과 거의 유사하다.(인터넷 위키백과에서 발췌/인용)

이것을 입증하듯 오래된 옥편은 강(江)의 훈음이 'ᄀᆞ름 걍(江)'으로 실려 있다. 그러므로 'ᄀᆞ름'은 순수한 우리말이고, 강은 옛 사람들이 중국 중고한어음 [kɔŋ]을 차용한 말이다.

현재 국문학계는 'ᄀᆞ름'을 강의 옛말로 본다. 이것은 물론 일리가 있지만 엄밀히 따진다면, 지금의 강은 한자 강(江)의 중국 중고한어음의 파생상품이지 우리말 'ᄀᆞ름'이 음운학적으로 변하여 '강'이 된 것이 아니다. 우리말 'ᄀᆞ름'은 예나 지금이나 변하지 않았고 지금도 '가람'이다.

고구려의 「밑도 끝도 없다」

1. 들머리 글

우리는 아침에 눈을 뜨자마자 시계에 있는 숫자를 보고 시간을 확인한다. 무릇 우리 주변의 무엇이든 그 많고 적고, 길고 짧고, 멀고 가깝고, 무겁고 가벼운 척도를 모두 숫자로 표현한다. 이렇듯 현대에 있어서 숫자는 우리의 삶에서 뗄 수 없는 불가결한 것이다. 앞으로 디지털사회가 되면 될수록 숫자의 중요도는 더욱 높아질 것이다. 이번 글은 우리말 수사에 관한 이야기이다.

2. 우리말 수사

우리가 평생 사용하는 세계 공통 기호인 1, 2, 3, 4, 5, 6, 7, 8, 9, 10 등은 아라비아 숫자이다. 아라비아 숫자는 간편성과 명확성 때문에 이제 만국 공통어가 되어 세계 80억 명이 이를 사용하고 있다. 우리는 아라비아 숫자를 사용하기 시작한 근대 이전에는 한자 숫자 기호인 一, 二, 三,

四, 五, 六, 七, 八, 九, 十 등을 사용하였다. 하지만 이제 한자 숫자 기호는 특수한 경우를 제외하고 사용하지 않는다. 그런데 세계 각국은 아라비아 숫자를 셈의 기호로 사용하지만 이것을 읽을 때에는 각기 자기나라 말로 발음하는데, 이것을 수사(數詞)1)한다. 우리말 수사(數詞)는 양수사와 서수사로 나뉜다. 양수사는 사물의 수량(하나 둘 셋 등)을 세는 말이고, 서수사는 대상의 순서(첫째, 둘째, 셋째 등)를 가리키는 말이다.

　숫자에 대한 우리말 수사는 일, 이, 삼, 사, 오, 육, 칠, 팔, 구, 십 등이 있다. 이것은 중국어 수사인 이, 얼, 싼, 쓰, 오, 류, 치, 바, 꾸, 시를 차용한 것으로 순수한 우리말이 아니다. 우리의 고유한 양수사는 하나, 둘, 셋, 넷, 다섯, 여섯, 일곱, 여덟, 아홉, 열, 온 등이 있다. 하지만 조선시대에는 1-ᄒ나(哈那), 2-둘ㅎ(都卜二), 3-셋ㅎ(色二), 4-넉홀(飯一), 5-다ᄉ(打色), 6-여슷(耶沁), 7-닐굽(伱谷), 8-여듧(耶得二), 9-아홉(阿戶), 10-열ㅎ(耶二) 등이 있었다.(※괄호의 한자는 우리말 수사의 음차 표기임)

　우리말 수사는 이렇게 계속 변해 왔다. 변하는 것은 문제가 없으나 점차 그 사용의 빈도가 줄어드는 것은 큰일이 아닐 수 없다. 이러다가 더 세월이 지나면 아예 사라질지도 모른다. 예컨대 100에 대한 우리말은 '온'과 '짐', 1,000에 대한 우리말은 '즈문'과 '목', 10,000에 대한 우리말은 '골'(또는 궐)인데 이것들은 이미 사라져 사전에만 나온다. 물레방아를 돌린 물은 다시 물레방아를 돌릴 수 없듯이 쓰지

---

1) 수사(數詞) : 이것은 우리말 9품사 중 하나이다.

않는 말은 사라지고 사라진 말은 다시 통용되지 않는다. 우리말 수사의 사용이 중요한 이유는 그 속에 우리 민족의 정서와 문화가 함축되기 있기 때문이다. 따라서 우리는 의식적으로 우리말 수사를 쓰고 어린이에게 가르쳐야 한다. 이런 의미에서 옛 고구려 수사를 살펴보고자 한다.

3. 고구려의 숫자에 대한 수사

동이9족의 옛 나라 중에 우리의 자존심인 고구려가 있었고, 고구려는 고조선의 강역이었던 한반도 북부와 만주지역에 자리 잡고 있었다. 따라서 고구려어 수사를 살펴보면 2,000여 년 전 숫자에 대한 우리말을 조금이나마 엿볼 수 있다. 고구려어는 이미 없어졌지만 학계에서 지금의 일본어는 고구려어와 일부 유사함이 입증된 바 있다. 따라서 일본어 수사에 대한 발음을 분석하면 1부터 10까지 고구려 수사를 어느 정도 유추할 수 있을 것이다. 필자는 일본어 수사를 참고하여 고구려어 수사를 1부터 10까지 추정해 보았는데, 고구려의 숫자 기호와 수사를 소개하면 아래와 같다.

숫자	고구려 숫자기호	고구려 수사	일본 수사
1	/	홑2)	히도쯔
2	∧	부·보, 두·토	후닷쯔
3	△	밑·민·밀, 실, 사	밋쯔
4	△̄	녁	욧쯔

5	⊼	옻 또는 우치(于次)3)	이춧쯔
6	⌧, ⋈	묻	묻쯔
7	?	난 또는 난은(難隱)4)	나나
8	?	엳	얏쯔
9	工	끟, 귿	고코넛쯔
10	十5)	덮6)(德)	도

※ 상기 표에서 고구려의 숫자에 관한 기호와 수사는 필자가 추정한 것으로써 고증되지 않았다.

위 표를 참고하여 고구려어 수사를 1부터 10까지 연달아 읽으면 홀, 부(또는 보), 밑, 녁, 옻, 묻, 난, 엳, 끟(또는 귿), 덮이 될 것이다. 아울러 숫자 2에 대한 수사로는 부(또는 보) 외에 '투(吐)'7)도 사용된 것으로 보인다.

---

2) 홀 : 하나를 뜻하는 옛말인데, 현대어 '홑'과 '홀'의 어원이 되었다. 예컨대 홑저고리, 홀아비 등이 있다.

3) 옻 또는 우치(于次) : 용례로 '다섯 골짜기 고을'이란 뜻인 고구려어 우차탄홀(于次呑忽)이 있다. 신라는 이것을 한역하여 오곡현(五谷縣)으로 바꾸었다.

4) 난 또는 난은(難隱) : 용례로 '일곱 겹의 성'이란 뜻인 고구려어 난은별(難隱別)을 신라는 한역하여 칠중성(七重城)으로 개칭하였다. 여기서 '난은'은 숫자 7에, 별(別)은 중(重 · 겹)에 해당한다.

5) 十 : 경주에서 출토된 청동제 그릇 밑바닥에 井 乙卯年 國罡上廣開土地好太王 壺杅 十(井 을묘년 국강상광개토지호태왕 호우 十)이 새겨져 있다. 이 문장에서 '十'은 「종주국 고구려가 조공국 신라와 더불다(함께 한다)」라는 뜻이다.

6) 덮 : 필자는 이것을 10에 대한 고구려 수사로 본다. 또한 '덮'을 현대어 '더'와 '더블어'의 어원으로 본다. 고구려인은 '덮'을 한자 덕(德)으로 음차 표기하였는데, '열 골짜기 고을'이란 뜻인 고구려어 덕돈홀(德頓忽)이 있다. 신라는 이것을 한역하여 십곡현(十谷縣)으로 개칭하였다. 여기서 고구려어 '덕'은 열(10)에, '돈'(또는 단)은 곡(谷) 또는 골짜기에, '홀'은 성(城) 또는 고을에 해당한다.

7) 투(吐) : 신라 제4대 왕은 탈해이사금(脫解尼師今)이고 그 성은 석

4. 숫자 3에 대한 기호와 발음의 어원

우리 선조들은 아라비아 숫자인 1, 2, 3, 4, 5, 6, 7, 8, 9, 10 등에 대응하는 숫자 기호도 가지고 있었을 것이다. 필자가 생각하기에, 고대 우리 선조들은 기호 △(델타 · 우리말 세모)를 숫자 3으로 인식하였다고 필자는 추정한다. 이 문양은 상고시대 화폐 명도전에서 확인할 수 있지만 「△가 우리민족의 숫자 3의 기호이다」라는 필자의 견해는 고증된 것은 아니다. 그럼에도 필자는 억지를 부려서라도 독자들에게 이 견해를 피력하고 싶다. 필자의 견해와 같이 고구려 사람들이 숫자 3의 기호를 △로 보았다면, △는 아라비아 숫자 3보다 더 선명한 이미지를 갖고 그 간편성 또한 뒤지지 않는다. 또 △는 3획으로 이미 숫자의 뜻을 내포하고 있고, 기호 △를 쓸 때 끊어짐 없이 단번에 쓸 수 있어 한자 三보다 훨씬 더 간편하다.

그런데 고구려는 숫자 3의 기호 △를 어떤 발음으로 읽었을까? 앞서 전개한 바와 같이 필자는 △를 '밑'이라 읽었을 것으로 추정한다. 왜냐하면 '밑'이란 낱말이 고대에 이 △에서 유래하였다고 믿기 때문이다. 이것을 좀 더 설명하면 △는 고대 동이족의 숫자 2의 기호인 ∧(이하 꺾쇠로 읽음) 밑에 ‿(이하 밑받침으로 읽음)을 결합해야 △가 완성되기 때

(昔)씨이며 이름은 탈해이다. 탈해(脫解)는 다른 말로 '토해(吐解)'라고도 하는데, '벗을 탈(脫)'과 '토할 토(吐)'로 옛말 '둘ㅎ(2)'를 음차 표기한 것이다. '해(解)'는 태양을 뜻하고 왕을 상징하는 말이다. 예컨대 부여의 왕족 성씨가 해(解)이다. 따라서 탈해와 토해의 본디 뜻은 '둘ㅎ 해' 곧 '두 왕'이고, 이것은 신라에 박 씨 왕 외에 석 씨 왕이 하나 더 생겨서 왕의 성 씨(氏)가 둘(2)이 된다는 뜻을 내포하고 있다.

문이다. 이런 이유로 숫자 3의 기호 △을 고구려인은 그들의 말로 꺾쇠(∧)에 밑받침(-)을 붙였다는 의미에서 '밑'이라는 말로 불렀을 것이다. 즉 숫자 3에 대한 고구려의 수사는 '밑'이었다.

숫자 3의 고구려 수사인 '밑'의 용례로는 '3개의 고개'란 뜻인 고구려어 밀파혜(密波兮)가 있다. 신라는 이것을 한역하여 삼현현(三峴縣)으로 개칭하였다. 고구려어 밀파혜(密波兮)에서 한자 밀(密)은 그 음으로 고구려 수사 '밑'을 음차 표기한 것이고, 파혜(波兮)는 '고개'라는 뜻으로 보인다. 아울러 삼국시대에는 숫자 3에 대한 수사로 '밑'이란 말 외에 '실' 또는 '사'가 있었다. '실'과 '사'의 용례로는 실직국(悉直國)[8], 사직(史直)이 있다.

5. 숫자 9에 대한 기호와 발음의 기원

상고시대 동이족에게 숫자 9의 기호는 '工'이었을 것이다. 지금 한자 공(工)은 물건을 만드는 일(또는 사람)을 뜻한다. 이 글자는 본디 상고시대 동이족이 만든 글자로서 새끼나

---

8) 실직국(悉直國) : 고조선 멸망 후 열국시대 삼척·울진 지역에 있던 나라 이다. 다른 말로 사직(史直)으로도 부른다. 다만 국명을 실직보다는 '실치'로 읽어야 맞을 것이다. 한자 直은 '곧을 직' 외에 '값 치'로도 읽는데, 한자 悉直을 '값 치(直)'로 읽으면 '실치'가 된다. 필자가 생각하기에, '치'는 바닷가 쪽으로 언덕이나 산이 돌출한 지형을 말한다. 그러므로 삼척의 옛 지명인 悉直은 「세 개의 치를 가진 고을」이라는 뜻이다. 실제로 동해시 묵호항 논골 등대에서 동해시와 삼척시 쪽을 바라보면 낮은 산 서너 개가 동해 쪽으로 뻗쳐 있는 것이 보인다. 아마 고려시대 사람들은 悉直(실치)를 실(悉)은 三(3)으로, 치(直)는 '오를 척(陟)'으로 바꾸어 삼척(三陟)으로 개칭하였을 것이다.

노끈 등을 꼬는 동작을 뜻하는 말 '꼬다'이었다. 즉 이것은 고대에 '물건을 만드는 일'이 새끼나 노끈 등을 꼬는 일로부터 출발했음을 뜻한다.

 필자가 생각하기에, 이 '꼬다'의 뜻이 세월이 흐름에 따라 물건을 만드는 일과 물건을 만드는 사람으로 그 뜻이 점점 확장되고 변이된 것으로 보인다. 그리고 상고시대 동이족의 의사소통에 있어서 '꼬다'를 표기하는 기호는 '工'이었고, 이것이 마침내 '꼬다'를 뜻하는 기호 내지 글자로 고착된 것으로 보인다. 그러므로 한자 '工'의 고대 음가는 - 당연히 '꼬다'에 명사파생접사 '으ㅁ(으옴)'을 결합하여 만든 파생명사 「꼬다+으ㅁ = 꼼」이었고, 뜻(훈)도 '꼬다'로 글자의 음과 훈이 모두 같았을 것이다.

 그런데 상고시대 동이족에게 있어서 숫자 9의 수사인 '꿇'(읽음소리·꾸뭉)의 발음이 한자 '工'의 음인 '꼼'과 소리가 비슷하였기 때문에, 옛 사람들은 '꼬다'의 기호인 한자 '工'을 차용하여 숫자 9의 기호로 삼지 않았을까? 이렇게 필자는 추정해 본다.

 아니면 억지를 써서 추정컨대, 가로 기호 '⌐' 밑에 겹이나 곱하기를 뜻하는 세로 기호 'ㅣ'을 붙이고 다시 가로 기호 '⌐'를 밑받침 하면 '工'이라는 기호가 만들어진다. 상고시대 동이족은 이런 이유에서 기호 工을 「3×3 = 9」 곧 고구려어로 「밑 곱하기 밑은 꿇」의 표식으로 간주하였고, 아울러 '工'(꼼)을 숫자 9의 기호로 삼았는지도 모를 일이다. 그런데 고구려는 상고시대 동이족의 후예이므로 이 같은 동이족의 산술을 전부 물려받았을 것으로 추정하는 것은 어렵지 않다. 즉 고구려인의 산술은 상고시대 동이족의 산술과 똑같았음을 짐작하는 것은 그다지 어렵지 않다.

아울러 문화는 하방성이 있으므로 상고시대 동이족의 '물건 만드는 일'을 뜻하는 기호 '工'(꿈)이 중국으로 건너갔을 것이다. 중국으로 건너간 '工'은 그 음이 변한 것으로 보인다. 즉 본디 음가인 '꿈'이 중국 상고한어음 [*kuŋ]으로 변하였고, 이것이 다시 중고한어음 [kuŋ]으로 변한 것이다. 그런데 아이러니하게 우리가 2,000여 전 「고조선 멸망 후 열국시대」 중국에서 한자를 역수입하면서 한자 공(工)의 중고한어음 [kuŋ]을 따라 음은 '공'으로 훈(뜻)은 '장인'(물건 만드는 사람)으로 확장·변이된 것이다. 만일 중국인이 한자 공(工)을 만들었다면, 그들은 '工'의 자원(字源)을 달구(땅을 다지는 기구)에서 비롯된 말로 간주함으로 당초 '工'은 '달구'과 비슷한 음가를 가져야 맞을 것이다. 하지만 필자는 한자 '工'에 대한 중국 상고한어에서 아직 그런 말을 발견하지 못하였다.

6. 수사 '밑'의 용례

1) 밑도 끝도 없다.

「밑도 끝도 없다」는 말이 있다. 이 말은 「까닭도 끝도 밝혀진 바도 없다」는 뜻과 같다. 여기에서 필자는 현대어 '끝'을 고구려어 '귿'('원단위의 끝'이라는 뜻으로 9를 말함)의 변형으로 보며, 지금 사용하고 '끗발'도 '귿발'이 그 어원일 것이다. 그런데 이 밑(3)과 귿(9)을 이용하여 구구단(곱셈)을 한다고 가정해 본다.

누구나 알 수 있듯이 구구단에 있어 3 곱하기 3은 당연히 9이다. 이것은 전술한 바와 같이 고구려어로 「밑 곱하기 밑은 꿑」이다. 그런데 고구려에서 숫자 9의 수사는 '꿑' 외에 '귿'(끝)도 있었다. 만약 '밑' 곱하기 '밑'의 결과로서 '귿'(9)이 아니라면 이것은 터무니없는 억지이다. 필자는 여기에서 「밑도 끝도 없다」라는 말이 기원한 것으로 본다. 즉 고구려 사람들에게 '밑 곱하기 밑'의 결과로서 '귿'(9)이 아니라면 이것은 '터무니없다'의 뜻으로 쓰였을 것이다. 아울러 '밑'과 '귿'을 고구려의 수사라고 추정할 때 이 속담은 고구려에서 유래한 것은 아닐까? 필자는 이렇게 생각한다. 그런데 정말 고구려에 구구단 같은 셈이 있었을까? 이렇게 의심하는 독자도 간혹 있을 것이다. 이 건전한 의심에 대한 답은 「고구려에 구구단이 있었다」로 귀착된다. 이의 간접 증거로, 2011년 6월 충남 부여군 부여읍에서 주택공사를 하다가 땅을 파던 작업자들이 목간 하나를 발견하였다. 이에 한국문화재단이 곧바로 발굴을 시작하였다. 목간은 길이 30.1cm 너비 5.5cm 두께 1.4cm 크기이었는데, 표면에는 한자 숫자들이 일정한 간격으로 세로로 의미 있게 쓰여 있었다. 한국문화재단에서 밝힌 바에 의하면 그것은 백제의 구구단이었다. 삼국시대 백제에 구구단이 있었다면 당연히 부여·고구려·신라·가야에도 분명히 구구단이 있었을 것이다. 아울러 일본은 그동안 구구단을 일제강점기에 자기들이 한국인에게 전해준 것이라 주장해 왔는데, 백제에서 사용되었던 구구단 목간이 우리나라에서 발굴됨으로써 일본은 더 이상 이 같은 억지를 쓸 수 없게 되었다. 오히려 일본의 구구단도 삼국시대 백제가 전해 준 것이 아닐까 생각해 본다.

2) 밑천의 뜻

필자는 밑천이란 말도 3(밑)에서 기원하였다고 본다. 필자의 경험으로 살펴보건대, 사람의 일은 첫째 신(神), 둘째 타인, 셋째 자기 자신에 의해 이루어진다. 여기서 「일을 이룸(成事)」은 신(神)의 뜻과 자신의 노력, 타인의 도움이나 훼방에 달렸다 할 것이다. 하지만 「일을 시작함(開始)」은 오로지 세(밑) 번째 요소인 자기 자신의 의지에 달렸고 자신만이 행할 수 있다. 그래서 「하늘은 스스로 돕는 자를 돕는다」는 격언이 나왔을 것이다. 그렇다! 세상에서 이루어지는 모든 일은 자기 자신이 바로 밑천이고 이것이 밑천의 깊은 뜻일 것이다. 하지만 밑천은 현재 어떤 일의 바탕이 되는 돈 물건 기술 재주 따위를 이르는 말로 변이되었고, 이로 말미암아 밑천의 본디 철학적 뜻을 짐작하기 어렵게 되었다. 그럼에도 밑이 3이고 자기 자신이라는 뜻은 아직도 유효하다.

7. 맺는말

우리나라 사람들은 대체로 3(밑)을 완성을 뜻하는 숫자로 봄과 동시에 성(聖)스러운 숫자로 본다. 그래서 가위·바위·보 놀이에서 삼세번 지면 진 사람은 깨끗이 결과에 승복하여야 한다. 또 우리는 밑의 밑 배(승)인 근(9) 또한 맏(上)으로 여긴다. 이런 이유로 우리나라 사람들은 아이가 태어나면 3과 9를 넣어 이름을 많이 짓고, 또 그동안의 역사를 살펴보면 삼(三)과 구(九) 자가 들어간 이름 중에서 꽤 유명한 사람이 적지 않다.

끝으로 필자는, 잠자리채로 하늘에 떠다니는 구름을 잡는 마구잡이 억지 논리로 고증도 없이 고구려 숫자 기호와 그 수사를 추정한 바, 이것이 스스로 아쉽다. 하지만 필자가 이 글을 쓴 목적을 십분의 일이나마 독자들이 알아주었으면 하는 바람이다.

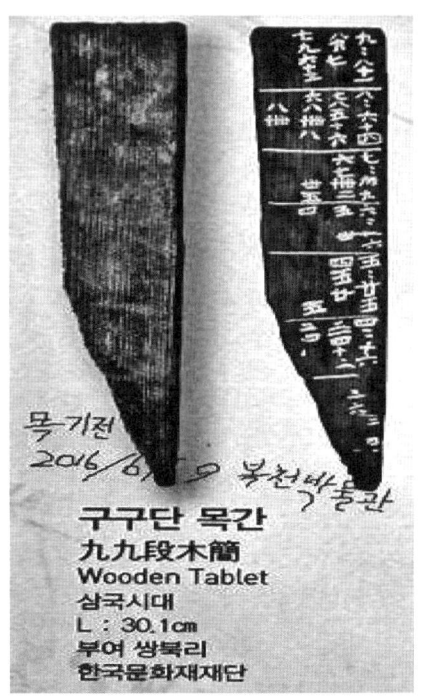

<출처 : 백제 구구단 목간,
한국문화재단>

고구려 시조 추모와 주몽의 해석

1. 들머리 글

고구려 시조는 누구나 알다시피 동명성왕(東明聖王)이다. 이는 삼국사기, 삼국유사, 동국통감, 동사강목 등 옛날 역사서에 동명성왕으로 기록되어 있기 때문에 그동안 우리가 이 왕호를 아무런 의심 없이 받아들인 결과이다. 그런데 정작 고구려가 직접 기록한 비문과 묘지에는 동명성왕이란 왕호 대신에 추모왕으로 기록되어 있다. 광개토태왕의 비문은 고구려 시조를 추모왕(鄒牟王)[1]으로, 모두루[2] 묘지는 고구려 시조를 추모성왕(鄒牟聖王)[3]으로 기록하고 있다. 또 고구려 시조는 동명성왕, 추모왕 외에 고주몽으로 불리기도

---

1) 추모왕(鄒牟王) : 광개토태왕 비문 첫 머리에 "惟昔始祖鄒牟王之昌基也　出自北扶餘天帝之子母河伯女郞剖卵降出生子有聖德**鄒牟**王奉母命駕...(생략)"란 글발이 있다.(출처 : 한국금석전문 고대, 허흥식 편저, 1984)
2) 모두루 : 광개토태왕의 재위 기간에 북부여 지역을 지키는 장군이었다
3) 추모성왕(鄒牟聖王) : 모두루 묘지(墓誌) 묵서(墨書) 첫 머리에 "大使者牟頭婁□□奴客文□□□□□□□□河伯之孫日月之子**鄒牟聖王**元出北扶餘　天下四方知此國都最聖僕□□治此鄕之嗣治□□□聖王奴客祖先□□□□□...(생략)"란 글발이 있다.(출처 : 한국금석전문 고대, 허흥식 편저, 1984)

하는데 성이 고 씨이고 이름이 주몽이다. 이번 글에서 동명성왕이라는 왕호는 접어두고 추모왕의 추모와 주몽이란 이름에 대하여 그 뜻을 헤아려 본다.

2. 추모의 해석

젊은 시절 논산 훈련소에서 악쓰며 부르던 군가 '아침의 행군' 가사 중에,

「동이 트는 새벽꿈에 고향을 본 후 외투 입고 투구 쓰면 맘이 새로워 … (생략)」

라는 가사가 있었다. 이 글발에서 투구는 철모를 뜻하는 우리말인데 꼭 한자어 같다. 필자도 처음에는 투구가 한자어인 줄 알고 이것의 한자를 찾으려 무던히 애쓴 적이 있다. 그러나 끝내 찾지 못 하였다. 나중에 60이 되어서야 뒤늦게 비로소 이 낱말이 고대부터 전해오는 우리말임을 깨달았다. 왜냐하면 한자에 투구를 훈으로 하는 '투구 주(胄)'가 있기 때문이다.

필자가 생각하기에, 투구는 우리말의 구개음화[4] 현상에 의하여 '추구'의 '추'가 '투'로 변한 말일 것이다. 즉 잇몸소

---

[4] 구개음화 : 우리말에서 잇몸소리 'ㄷ'과 'ㄱ'이 경구개음 'ㅈ'으로, 잇몸소리 'ㅌ'이 경구개음 'ㅊ'으로 변하는 현상을 말한다. 하지만 국어학계는 'ㄱ'이 'ㅈ'으로 변하는 것은 반드시 'ㅣ' 모음 앞에서만 변하기 때문에 충청도 방언으로 취급하고 구개음화로 인정하지 않는다. 국어학계는 우리말에서 구개음화 현상 나타난 시기를 대략 17세기 말로 본다. ※구개음화의 용례 : 돟다>좋다, 듁서루>죽서루, 텬하>천하, 고텨 앉아>고쳐 앉아, 티고>치고, 김장>짐장, 길거리>질거리, 김서방>짐서방 등

리 'ㅊ'이 경구개음 'ㅌ'으로 변한 것이다. 그러므로 우리말이 구개음화 현상이 없던 시기인 2,000여 년 전에는 '투구 주(胄)' 자의 훈음은 '추구 주(胄)'이었을 것이다. 따라서 현대어 투구는 옛말 '추구'가 구개음화 현상에 의하여 변한 말이 틀림없을 것이다.

투구를 설명했으니 이제 고구려 시조 추모왕(鄒牟王)의 왕호를 추적해 본다. 추모(鄒牟)를 훈독하면 '추나라 추(鄒)'에 '보리 모(牟)'이니 '추나라의 보리'라는 뜻이다. 고구려 시조의 왕호가 중국 춘추시대 존재하였던 '추나라의 보리'라니 이것은 말도 안 되는 해석이다. 필자가 생각하기에, 추모(鄒牟)는 투구의 차자표기일 것이다. 즉 고구려인은 2,000여 전 '추나라 추(鄒)' 자의 중고한어음 [tçiě · 츄]를 빌려서 투구의 옛말 '추구'의 '추'를 음차 표기한 것이다. 다음 '보리 모(牟)'도 그 훈음으로 우리말 '벼리'를 베낀 훈음사 표기에 해당한다. 그런데 이와 같은 용례가 또 있다. 마한 55국 중 하나인 모수국(牟水國)은 지금의 수원(水原)에 있었는데, 모수국의 '보리 모(牟)'가 바로 '벼리'를 뜻한다. 어떤 학자가 '보리 모(牟)'를 우리말 '벌'로 보아 모수국을 「벌물〉물벌」로 해석한 것을 본 일이 있는데, 이것도 일리는 있지만 오류일 것이다. '물벌'은 지금의 수원(水原)의 뜻과 맞지 않는다. 필자의 견해대로 '보리 모(牟)'를 그 훈음으로 우리말 '벼리'를 베낀 훈음사로 보면 모수(牟水)는 '벼리물'이 된다. 이것은 '물의 근원'이란 뜻으로써 지금의 수원과 그 뜻이 일맥 상통한다. '벼리'는 순우리말로 그물의 위쪽 코를 꿰맨 동아줄을 말하는데, 이것을 잡아당기면 그물이 오그라든다.

그래서 '벼리'는 어떤 일이나 사물의 근원이 되는 꼭지를 말한다. 닭벼슬도 이 말에서 유래된 것이다.

다시 본론으로 돌아가서, 추모(鄒牟)는 그 한자의 음과 훈을 빌려서 우리말 「추구(鄒·음차)+벼리(牟·훈차) = 추구벼리5)」를 표기한 차자표기이다. '추구벼리'는 투구 위쪽 꼭지에 매다는 장식으로서 여기에 금빛 자수실 같은 것을 매단다. 그러므로 고구려 시조의 왕호 추모(鄒牟)는 우리말로 「추구벼리>투구벼리」로 새겨야 하고, 그러면 이 분의 왕호는 「추구벼리(성)왕>투구벼리(성)왕」이 될 것이다.

그렇다! 동부여에서 유복자로 태어나 졸본(卒本·현재 그 위치를 중국 길림성 환인시로 비정함)에서 고구려를 개국한 추모성왕은 휘황찬란한 '투구벼리'가 달린 투구를 쓰고 전장에 임하는 대장군이었다.

3. 주몽의 해석

고구려 시조 추모왕(鄒牟王)의 어릴 적 이름이 주몽(朱蒙)이다. 주몽의 한자는 '붉을 주(朱)'에 '어리석을 몽(蒙)' 또는 '아이 몽(蒙)'인데 이를 훈독하면 '붉은 아이'라는 뜻이 된다. 하지만 이것은 주몽의 올바른 뜻이 될 수 없을 것이다.

---

5) 추구벼리 : 이 말은 자금의 '투구벼리'이다. 2022년 10월쯤 오스트리아 빈미술사박물관에서 소장하고 있던 고종의 투구를 한국으로 가져와 우리 정부기 그것을 재현한다는 뉴스가 있었다. 이 때 찍은 사진을 보면 투구 꼭대기에 휘황찬란한 장식품이 있었는데, 어느 민속학자가 이것을 '투구벼리'로 부른다고 설명하였다. 그리고 조선시대 말까지 투구와 갑옷을 만드는 장인이 있었다고 알려주었다.

필자가 생각하기에, 주몽에서 '붉을 주(朱)'의 훈 '붉다'는 중세 훈민정음으로 소급하여 표기하면 '븕다'[6]인데 옛말 '븕다'는 '밝다'라는 뜻도 가지고 있었다. 즉 옛말 '븕다'라는 말은 오늘날 두 갈래로 변하였는데, 하나는 현대어 '붉다'로 변했고, 다른 하나는 지금의 '밝다'로 변하였다. 이 중에서 주몽의 한자 주(朱)는 '붉다'를 표기한 것이 아니고 '밝다'를 표기한 훈차로 보인다. 그 다음 '몽'은 고구려와 부여어로 남자 아이를 뜻하는 말로 추정되는데, 한자 '어리석을 몽(蒙)'의 음을 빌려서 '몽'을 음차 표기한 것이다. 참고로 고구려와 부여에서 여자를 뜻하는 말은 '네(내·노)'였고, 몽(蒙)의 용례로 조선시대 동몽(童蒙·사내아이)이란 말이 있었다. 동몽은 조선시대까지 사용되던 말이기 때문에 - 이것은 고구려와 부여 말인 '몽'이 근세까지 우리말에 엄연히 존재하였음을 입증하는 것이다.

이제 위 새김을 종합하면 주몽(朱蒙)은 옛 우리말 「븕다+몽 = 븕몽」으로 새길 수 있다. 또한 옛말 '븕'은 '밝다'로 변하였으므로 '븕몽'을 현대어로 바꾸면 「밝은 사내아이」로 새기게 된다. 아마 이 말은 고구려나 부여에서 「장래가 촉망되는 지혜롭고 활 잘 쏘는 사내아이」라는 뜻이었을 것이다. 이것을 입증하듯 당나라 이대사가 찬한 북사[7] 열전 「고구

---

6) 븕다 : 이 책의 제1장 글 제목 「'븕다'는 어떻게 발음할까?」를 참조할 것.

7) 북사(北史) : 중국 북조의 역사서로 당나라 이대사에 의해 편찬이 시작되었고, 그의 아들인 이연수가 659년에 완성한 24사(史) 중의 하나이다. 전체 100권이며, 본기 12권, 열전 88권으로 구성되어 있다. 남북조시대(439년~589년)의 북조에 해당하는 왕조인 북위, 서위, 동위, 북제, 수나라의 역사를 담고 있다. 조령이나 상주문을 배제하고 서사에 중점을 두고 기술하였으며, 총량은 단대사인 《위서》《북제서》《주

려」편에서 주몽에 대하여 「그가 장성하여 자(字)를 주몽이라 이르니 그 나라 속언으로 주몽이란 활 잘 쏘는 자이다.(及長 字之曰朱蒙 其俗言 朱蒙者善射也)」라는 기록하고 있다.

한편 서양 이름 중에 '필레몬'이라는 이름이 있다. 이 이름은 그리스 신화 중 하나인 「프리기아의 보리수와 참나무 이야기」의 주인공 이름에서 기원한 것이다. 이 이야기의 주인공인 지혜로운 할아버지 이름이 필레몬이고 그 배우자 할머니 이름이 바우키스이다. 필자가 생각하기에, 필레몬은 부여어 '붉몽'이 그 어원으로서 「밝은 사람>지혜로운 사람」이라는 뜻일 것이다. 즉 부여어 '붉몽'이 지금의 튀르키예 아나톨리아와 그리스 크레타[8](키르따>키울 땅) 섬 등으로 건너가 「붉몽>발그몽>필그몬>필레몬」으로 변한 것으로 보인다. 필자의 이와 같은 견해의 근거는,

「부여족의 시원인 브리야족이 시베리아 바이칼 부근에서 서진하여 아나톨리아(지금의 튀르키예 중부 고원지대)에 프리기아를 세웠다」

라는 재야 사학자 정형진의 주장에서 비롯된 것이다. 또한 'ㅂ'음이 'ㅍ'음으로 변하여 '브리야'가 '프리기아'로 변하

서》《수서》를 합한 절반 정도이며, 단대사 4서에서 볼 수없는 내용도 적지 않다. 특히 위서에 기록되지 않은 서위의 인물에 대한 증보 부분이 크다. 또한 다른 역사서와는 특이하게 본기와 열전으로만 구성되어 있다.(인터넷 「위키백과」에서 발췌/인용)

8) 크레타 : 지중해에 있는 섬으로 브리야(부여)족이 서진하여 세운 미노아문명의 발상지이다. 크레타는 「키르+따」에서 온 말로, '키르'는 우리말로 키우다, '따'는 땅을 말한다. 그러므로 '키르따'는 가축이나 농작물을 키울만한 땅이라는 뜻이다. 옛말 '키르다'의 반대말이 '(메)마르다'이다

였다면, '붉몽'(발그몽)이 필레몬의 어원이라는 필자의 견해는 그 개연성이 충분하다. 하지만 이와 같은 견해는 단지 추정으로서 현재 고증되지 않았음을 알린다.

4. 맺는말

고구려는 우리의 자존심인데 우리는 그 시조의 왕호를 대수롭지 않게 한자 鄒牟(추모), 아명을 朱蒙(주몽)로만 알고 있다. 하지만 추모와 주몽은 한자의 뜻 새김으로는 그 뜻을 알 수 없다. 그런데도 우리는 그 뜻을 알려고 시도조차 하지도 않는다. 사정이 이러한대 뜻도 헤아리지 못하면서 하물며 중국의 동북공정을 어떻게 나무란다 말인가. 그런 의미에서 필자 나름 추모와 주몽의 뜻을 새겨 보았다. 새기고 보니 놀랍게도 추모의 뜻은 '투구벼리'였고, 주몽은 「붉몽」으로 그 뜻은 「장래가 촉망되는 지혜롭고 활 잘 쏘는 사내아이」였다.

끝으로 추모와 주몽에 대한 필자의 새로운 해석에 대하여 학계와 독자 여러분의 호된 비판을 기대해 본다.

< 부록 : 브리야(부여족)과 팔레스타인 >

브리야(부여)족에 관한 이야기를 하나 더 언급한다. 브리야(부여)족 상고시대 바이칼호 부근(현재 러시아 브리얏트공화국)에서 서진하여 유라시아를 거쳐 발칸반도 아래 크레타

섬과 튀르키예 아나톨리아에 이주하였다고 재야 사학자 정형진은 주장하고 있다. 필자 역시 브리야(부여)족은 크레타 섬에서 미노아 문명을 받아들이고 번성하였다고 추정한다. 그런데 역사가들은 크레타에 이주한 브리야족은 알 수 없는 이유로 - 현재 지진 또는 트로이 전쟁 영향 때문으로 추정함 - BC.1100년 무렵 다시 크레타를 떠나 가나안 땅으로 이주한 것으로 추정한다. 필자는 이들 브리야(부여)족을 성경에서 말하는 '블레셋인'으로 지금의 팔레스타인들 조상으로 본다.

필자가 그 근거로 제시하는 말이 거인 골리앗이다. 골리앗은 우리말로 「걸+이+아지(디) = 걸이아지(디)」인데, '걸'은 크다, '이'는 사람이라는 의존명사, '아지(디)'는 곧 청년을 뜻하는 말이다. 히브리인들이 부여어(옛 우리말) '걸이아지'를 「걸리앋>골리앗」으로 부르고 그들의 히브리 글자로 기록한 것이 골리앗이다. 현재 팔레스타인과 아랍족은 같은 중동지역의 무슬림이지만 인종학자들은 이들을 핏줄의 결이 다른 각각의 종족으로 본다.

돌백이는 어디서 왔나?

 우리들이 흔히 쓰는 말 중에 '돌백이' '세돌백이' '생일백이' 등을 무심코 쓴다. 여기서 '백이'는 어떤 뜻일까?
 사실 이것도 이두 표기이다. 돌백이, 세돌백이, 생일백이 등의 백과 고정백(孤貞伯)[1]의 백은 모두 한자 '맏 백(伯)'의 음과 훈을 빌려서 우리말을 표기한 것이다. 그런데 고정배기(孤貞伯)의 백(伯)은 그 훈(맏)으로 우리말 '맏(으뜸)'을 표기한 훈차이고, 생일백이의 백(伯)은 '맏 백(伯)'의 훈음 '맏'으로 우리말 '맞이(하다)'를 표기한 훈음사 표기이다. 그러니까 고정백은 '외골으뜸'이라는 뜻이고, 돌백이는 '돌맞이' 생일백이는 '생일맞이'라는 뜻이다.
 또 장사하는 사람들이 첫 거래를 한 때, 이를 마수걸이라 하면서 머리를 만지는 풍습이 있다. 이 마수(摩首)도 우리

---

[1] 고정백(孤貞伯) : 우리말 '외골맏(으뜸)'의 이두 표기이다. 충청도 사투리로 '고진배기'로 부른다. 한 가지 일에만 외곬으로 매달리는 사람, 한 길만 외곬으로 가는 사람, 한 우물만 파는 사람을 뜻한다. 일제강점기를 거친 어른들이 자주 쓰던 일본말 '독고다이'와 유사하다. 그런데 요즘 다시 '독고다이'란 말이 유행하고 있다. 이것을 사용하는 사람들 나름 이유가 있겠지만 정감스런 우리말 고진배기를 제쳐 놓고 이같은 외래어를 거리낌 없이 씀에 필자는 조금 유감이 서린다.

말 「믈머리>맏머리」 곧 첫머리를 뜻하는 이두 표기인데, '갈 마(摩)'는 그 음 '마'를 빌려서 우리말 '맏'(첫째)을 표기한 음차 표기이고 '머리 수(首)'는 그 훈(머리)으로 우리말 '머리'을 표기한 훈차 표기이다.

또한 우리가 흔히 쓰는 마지막(馬之莫)이란 말도 우리말 '말(끝)의 끝'을 한자로 차자표기 한 이두에 해당한다. 한자 '갈 마(摩)'와 '말 마(馬)'는 같은 '마' 음이지만 이두에서 '말 마(馬)'는 우리말 끝을 표기하고 '갈 마(摩)'는 우리말 처음(맏)을 표기할 때 쓰는 차자(借字)로 보인다.

한편 이두 중에서 음차는 한자의 음을 빌려서 우리말을 표기한 것이고, 훈차는 한자의 훈을 빌려서 우리말을 표기한 것이다. 음차는 한자의 독음(읽음 소리)이 바로 우리말과 비슷하므로 그 새김(해석)이 제일 쉽고, 훈차는 한자의 훈과 우리말의 뜻이 같으므로 어느 정도 쉽게 새길 수 있다. 하지만 훈음사의 경우는 한자 훈의 음을 빌려서 우리말을 베낀 것이므로 표기한 한자의 뜻과 그 표기 대상이 된 우리말의 뜻이 전혀 같지 않다. 그러므로 차자표기·이두에서 한자의 훈음으로 어떤 우리말을 베낀 훈음사 표기의 경우 이를 현대어로 해석하기가 가장 어렵다. 꼭 난해한 암호를 푸는, 이집트 로제타석[2]의 상형문자와 비슷한 고대어를 해독하는 느낌이다.

---

2) 로제타석 : 로제타돌이라고도 한다. 기원전 196년에 고대 이집트에서 제작되어 멤피스에 세워진 화강섬록암 석비이다. 이 빗돌에는 고대 이집트의 법령이 위에서부터 신성문자(이집트어 상형문자), 민중문자, 고대 그리스어 등 세가지 문자로 번역되어 쓰여 있다. 이 빗돌에 쓰여진 그리스어를 기반으로 1822년에 장프랑수아 샹폴리옹과 토머스 영이 이집트 상형문자를 해독하였다.(인터넷 위키백과에서 발췌/인용)

둘째 아이 보해와 셋째 아이 미해

1. 들머리 글

 필자는 고구려의 수사에 대하여 언급한 바 있다. 그 때 필자가 추정한 고구려 수사는 1은 홀, 2는 부, 3은 밑, 4는 녁, 5는 우치, 6은 묻, 7은 난은, 8은 열, 9는 꿀와 글, 10은 덜이었다. 신라 역시 고구려의 수사와 비슷하였던 것으로 짐작된다. 이 글은 신라에서 숫자 2의 수사는 '부', 숫자 3의 수사는 '밑'임을 고증하는 글이다. 이 중요한 단서는 일연스님의 삼국유사 권1 기이 제1 「내물왕과 김제상」 편에서 찾을 수 있다. 여기서 김제상은 삼국사기 권3 신라본기 제3 「눌지마립간」 편과 삼국사기 권45 열전 제5 「을파소·김후직·녹진·밀우·유유·명림답부·석우로·박제상·귀산·온달」 편에 수록된 박제상이다. 박 씨가 김 씨로 기록된 것은 삼국유사를 찬할 때 활자의 오류이거나 일연스님의 착각이 있었던 듯하다. 그러나 이 점은 크게 문제 될 것이 없고 다음과 같이 본론을 시작한다.

2. 보해와 미해의 볼모 사건

삼국유사 권1 기이 제1 「내물왕과 김제상」 편의 첫 머리 내용을 요약하면 아래와 같다.

『신라 제17대 나밀왕1)이 왕위에 오른 지 36년(390년)에 왜왕이 파견한 사신이 조정에서 말하였다.

"저희 임금은 대왕께서 신성하심을 듣고 신에게 백제가 지은 죄를 대왕께 아뢰도록 하셨습니다. 대왕께서는 왕자 한 명을 인질로 보내 저희 임금께 성의 있는 마음을 보이시기 바랍니다"

그래서 왕은 셋째 아들 미해(美海・일본식 이름 미토희未吐喜)을 왜국에 보냈다. 그런데 왜왕이 30년 동안 그를 붙잡아 두고 돌려보내지 않았다. … (생략). 눌지왕이 왕위에 오른 지 3년(419년) 이번에는 고구려 장수왕이 사신을 보내 말하였다.

"저희 임금께서 대왕의 아우 보해(寶海)가 지혜가 빼어나고 재능이 있다는 말을 듣고, 서로 친하게 지내기를 바라며 특별히 소신을 보내 간청하였습니다."

왕은 그 말을 듣고 매우 다행히 여기며 서로 화친을 맺어 왕래하기로 하였다. 그래서 그의 동생 보해에게 고구려로 가도록 명령하고 내신 김무알을 보좌로 삼아 보냈다.2) 그런

---

1) 나밀왕((那密王) : 삼국사기의 기록은 내물왕이다. 미해를 왜국에 인질로 보낸 왕은 17대 내물왕이 아니고 18대 실성왕이다. 실성왕 즉위년(402년)에 눌지왕의 셋째 동생 미해를 왜에 인질로 보냈다. 이 기록은 「삼국유사」의 착오로 보인다. 또 미해를 왜국에 보낸 해는 390년이 아니고 402년이다.

데 장수왕은 그를 볼모(인질)로 잡고는 돌려보내지 않았다.』

그 후 박제상은 눌지왕3)의 왕명을 받고 고구려에 잠입한 다음 보해를 탈출시켜 무사히 신라로 돌아오게 하였다. 이 일을 성사시킨 후 박제상은 집에도 들리지 않고 곧바로 바다를 건너 왜국으로 갔다. 그리고 인질로 잡혀갔던 미해를 배에 태워 신라로 귀환시키고 자기는 왜국에서 화형 당하였다.4)

3. 보해는 '둘째 아해'이다.

눌지왕의 둘째 동생 보해(寶海)는 삼국사기 권3 신라본기 제3 「눌지마립간」 편과 삼국사기 권45 열전 제5 「을파소 · 김후직 · 녹진 · 밀우 · 유유 · 명림답부 · 석우로 · 박제상 · 귀산 · 온달」 편에는 복호(卜好)로 기록되어 있다. 필자가 생

---

2) 보해에게~보냈다 : 보해를 고구려에 인질로 보낸 왕은 눌지왕이 아니고 실성왕이다. 또 보해를 인질로 보낸 해는 419년이 아니고 실성왕 11년(412년) 눌지왕의 둘째 동생 보해를 고구려에 볼모로 보냈다. 이 기록도 일연스님의 착오인 것 같다. 419년은 인질로 갔던 보해가 고구려에서 탈출한 해이다. 실성왕이 내물왕의 아들 둘째 보해와 셋째 미해를 고구려와 왜에 각각 인질로 보낸 것은, 17대 내물왕이 자기를 고구려에 볼모로 보냈기 때문에 그 원한을 내물왕의 아들들에게 푼 것이다.
3) 눌지왕 : 신라 제19대 왕(재위 417~458년)이다. 실성왕이 고구려 장수를 초청하여 그로 하여금 자기를 죽이려 하자 오히려 쿠데타를 일으켜 실성왕을 시해하고 신라 제19대 왕에 올랐다. 그는 내물왕의 장남이다.
4) 자기는 왜국에서 화형 당하였다 : 이 책의 제3장 글 제목 「박제상 왜국에서 화형 당하다」를 참조할 것.

각하기에, 삼국유사의 '보해'와 삼국사기의 '복호'는 같은 뜻일 것이다. 둘 다 '둘째 아해'라는 뜻의 이두 표기이다. 신라어로 '부'는 둘째 또는 다음을 뜻하는 수사이기 때문이다. 이것은 삼국유사 권1 기이 제1 「북부여」 편에서 해모수의 아들을 부루(夫婁)로 표기한 것을 근거로 알 수 있다. 부루에서 '부'는 숫자 2의 수사로서 둘째 또는 다음을 뜻하고, '루(婁)'는 왕대(王代)을 뜻하는 말이다. 따라서 부루는 북부여의 시조 해모수를 이어 두 번째 왕이 될 사람이라는 뜻이다. 그러니까 부여·고구려·신라 말로 '부'는 「둘째 또는 2」를 뜻하는 말이었다.

보해의 '보(寶)'는 둘째를 뜻하는 신라 수사 '부'를 한자 보(寶)의 음을 빌려서 음차 표기한 것이다. 복호의 복(卜) 역시 신라 수사 '부'를 한자 복(卜)의 음을 빌려서 음차 표기한 것이다. 그러므로 보(寶)와 복(卜)의 본딧말은 신라 숫자 2의 수사 '부'이고 이는 둘째를 뜻하는 말이다.

다음 보해의 '해(海)'는 본디 아해로 '아이'를 뜻하는 우리말이다. 삼국유사에서는 '해'를 한자 '바다 해(海)'의 음을 빌려서 음차 표기하였다. 삼국사기에 언급된 복호(卜好)에서 '좋을 호(好)'도 우리말 '해'를 한자 호(好)의 음을 빌려서 음차 표기한 것이다. 그러므로 차자(借字) 해(海)와 호(好)의 본딧말은 '해'이고 이는 우리말 '아이'를 뜻한다. 이제 새김을 종합하면 보해와 복호는 '둘째 아이'로 새길 수 있다. 여기서 중요한 사실은 신라에서 「둘째·2」를 뜻하는 수사가 '부'라는 사실이다. 이는 신라의 수사 하나를 발견하였다는 점에서 매우 중요하다.

한편 신라에서 숫자 2에 대한 수사로 '부'란 말 외에 「둘ㅎ」가 또 있었다. 예컨대 이것을 입증하는 말이 탈해이사금(脫解尼師今)과 토해이사금(吐解尼師今)인데 탈해와 토해는 '둘ㅎ(두) 해'라는 뜻의 말이다.(제1장 글 제목 「고구려 수사 홀, 부, 밑」의 주석 6번을 참조할 것)

필자가 생각하기에, 삼국시대에 ①아이를 뜻하는 '아해'와 ②'누구의 것(소유)'를 뜻하는 '~해', ③태양을 뜻하는 '해'를 이두로 차자표기 함에 있어서 그 차자(借字)를 각각 달리 썼던 것으로 보인다. 아이를 뜻하는 '해'는 한자 海(해)·好(호)·喜(희)·欣(흔)으로 음차하고, '~의 것(해)'를 뜻하는 소유격 '해'는 한자 奚(해)로 음차하고, 태양(해)을 뜻하는 '해'는 한자 解(해)로 음차 표기하였음을 삼국사기와 삼국유사에서 여러 번 확인할 수 있다.

4. 미해는 '셋째 아해'이다.

눌지왕 셋째 동생 미해는 미토희(未吐喜)와 미사흔(未斯欣)이라고도 부르는데, 모두 '셋째 아해'라는 뜻이다. 고구려·신라 말에서 「셋째 또는 3」에 대한 수사는 '밑'이다. 예컨대 고구려의 밀파혜(密波兮)를 신라는 삼현현(三峴縣)으로 한역하였다. 여기서 우리는 숫자 3을 고구려와 신라에서 '밑'으로 불렀음을 알 수 있다. 미해(美海)에서 '아름다울 미(美)'는 그 음을 빌려서 숫자 3을 뜻하는 '밑'을 음차 표기한 것이고, '해(海)'는 보해의 경우와 같이 '아해'의 차자표기로 본다. 그러므로 미해는 '셋째 아이'로 새길 수 있다. 다음 미해의 '미토희'(未吐喜·일본식 이름)에서 한자 '미토'(未吐·미+ㅌ)는 숫자 3의 고구려·신라 수사 '밑'을 일본어로 음차 표기한 것이다. 한자 희(喜)도 우리말 '해'를 일본어로 음차 표기한 것이다. 마지막 미사흔(未斯欣)에서 사(斯)는 사이시옷으로 영문법에서 소유격 「~'s」의 역할을 하는 말이다. 따라서 미사흔은 '밋흔'으로 볼 수 있다. 고구려의 이두 표기에 사(斯)의 표기가 가끔 보이므로 미사흔(未斯欣)은 미해에 대한 고구려식 이름일 것이다. '밋'은 신라 수사 '밑'과 같은 말로서 숫자 3을 뜻한다. 또 한자 '기뻐할 흔(欣)' 역시 그 음을 빌려서 아해의 '해'를 음차 표기한 것이다. 그러므로 미해(美海)·미토희(未吐喜)·미사흔(未斯欣)은 모두 우리말 '밑해'를 음차 표기한 것이고, 모두 「셋째 아해＞셋째 아이」로 새길 수 있다. 아울러 또 한 가지 중요한 것은 아이를 뜻하는 '해'는 차자를 해(海)·호(好)·희(喜)·흔(欣) 등 여러 한자로 음차 표기하였다는 사실이다. 그러므로 한자로 쓰인 옛 우리말의 차자표기(借字表記·이두)를 다양하게 해석하지 아니하고 한 가지 뜻으로만 새기는 것은 큰 오류를 불러올 수 있다.

5. 맺는말

고구려는 고조선이 있던 땅에 나라를 세웠고, 신라는 고조선에서 이주한 사람들이 세운 나라이다. 따라서 두 나라는 비슷한 수사체계를 갖고 있었던 것으로 보인다. 보해와 복호에서 보듯 숫자 2의 수사가 '부'였고, 미해와 미사흔에서 보듯 숫자 3의 수사가 '밑'임을 확실하게 입증하고 있다.

　여담으로 차범근 씨가 두 아들의 이름을 '두리'와 '세찌', 큰 딸 이름은 '하나'로 지었는데, 1,600년여 년 전 신라 내물왕의 아들 '보해'와 '미해'의 이름을 참고해서 지었는지 필자는 그것이 궁금하다. 차범근 씨 자녀 이름은 외래의 희나리 하나 안 섞인 참 멋진 우리말 이름이다.

'붉다'는 어떻게 발음할까?

옛말 '붉다'의 발음에 대하여 살펴본다. '붉다'의 음가는 어떻게 되나? 이것은 '아래 ᄋ'(·)가 문제의 핵심이다. '아래 ᄋ'는 자음의 밑(아래)에 위치하는 '아'이기 때문에 이런 명칭이 붙었다. 훈민정음 해례본 제자해(制字解)에 의하면 '아래 ᄋ'의 소리는 「혀는 오그라져 소리가 깊고 하늘이 자(子)에서 열리는 것과 같고, 형태는 둥글고 이미지 그것은 하늘과 같다.(舌縮而聲深 天開於子也 形之圓 象乎天也)」라고 설명하고 있다. 즉 제자해는 '아래 ᄋ'를 간지 중에서 자(子)로 보고 있다. 자(子)는 12간지의 첫 번째로 시작을 뜻하고, 시간으로는 밤 11시~1시 사이이고 방향으로는 북(北)이다. 또 발음은 입을 둥글게 벌리고 혀는 오그라지게 한다고 설명하고 있다. 아울러 '아래 ᄋ'는 하늘의 이미지(상)를 본뜬 것으로서 모든 소리의 기본임을 밝히고 있다.

하지만 이와 같은 훈민정음 해례본 「제자해」의 설명은 다소 추상적이다. 그래서 국문학자들은 그 나름대로 '아래 ᄋ'의 음가를 추정할 수밖에 없다. 필자는 '아래 ᄋ'의 음가를 입 벌림이 '아'와 '오'의 중간쯤 되고 혀를 조금 위로 오그라지게 하여 내는 소리로서 그 소리가 밖으로 튀어나가지 아니하고 입안에서 궁글리는 소리로 본다. 즉 같은 '아' 음이지만 '아'가 턱을 들고 내는 소리라면, '아래 ㅇ'는 턱을 목 아래로 당기고 내는 소리일 것이다. 그래서 '아래 ㅇ'의 음가는 '아'보다 소리가 무겁고 깊게 느껴질 것이다. 아마 성악가의 '아' 발음과 비슷할 것으로 본다. 이에 따라 필자는 '붉다'를 턱을 들면서 내는 가벼운 소리 '밝다'가 아니하고, 턱을 목 아래로 당기면서 발음하는데 이 소리는 무겁고 깊은 느낌이 나는 소리로 '빡다' 또는 '빩그다'와 비슷할 것으로 본다.

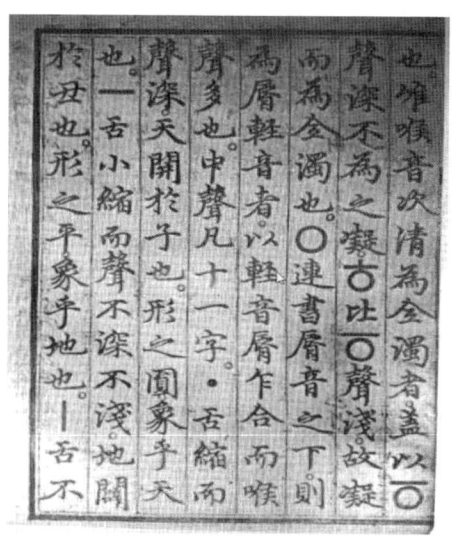

<출처 : 디지털 한글 박물관, 훈민정음 해례본>

결국 같은 '아' 음이지만 턱을 들고 발음하기 쉬운 현재의 '아' 음이 - 턱을 목 아래로 당겨서 어렵게 발음하여야 하는 '아래 ㅇ' 음을 밀어내고 '아래 ㅇ' 음을 도태시킨 것으로 본다. 말소리의 진화조차 악화는 양화를 구축하는 모양이다.

바람은 어디에서 왔는가?

1. 들머리 글

바람은 순수한 우리말이고 한자로는 풍(風)이다, 바람은 그 종류가 아주 많은데, 봄에는 샛바람, 초여름에는 높새바람, 여름에는 맛바람, 가을에는 하늬바람, 겨울에는 삭풍이 있다. 그런가하면 산들바람이 있고 태풍이 있고, 온풍이 있는가 하면 한풍이 있다. 또 인간사에 있어서도 바람이 본디 두 얼굴이듯 신바람, 손바람이 있는가 하면 춤바람, 치맛바람, 칼바람 등도 있다.

이와 같이 다양한 바람은 동양의 고전 철학서라 일컫는 주역에서 8괘 중 하나인 손(巽)에 해당한다. 주역은 양의 기호(−) 세 개와 음의 기호(--) 세 개를 가지고 만든 조합인 8괘(2의 3승)를 기본으로 한다. 이 8괘는 한자로 건乾(☰), 곤坤(☷), 진震(☳), 손巽(☴), 감坎(☵), 이離(☲), 간艮(☶), 태兌(☱)이다. 이 중에서 건은 하늘, 곤은 땅, 진은 번개, 손[1]은 바람, 감은 물 또는 비, 이는 불 또는 해, 간

---

1) 손(巽) : 바람이라는 상징 외에 가족관계로는 장녀, 신체로는 사타구니, 동물로는 닭, 성질로는 '들어감(入)을 상징하고, 방향에서 있어서

은 산, 태는 연못을 상징한다. 그러니까 바람은 주역 8괘의 하나인 손(☴)에 들 정도로 인간의 삶에 영향을 미치는 중요한 변수였다. 그런데 우리말 바람과 한자 풍(風)은 같은 어원에서 출발했다고 한다. 이번 글에서는 이것을 까발려서 한자의 근원을 엿볼까 한다.

2. 호흡에서 바람이 기원하다

러시아의 언어학자 알렉산더 보빈의 견해를 빌리자면 한자 '바람 풍(風)'의 어원은 옛말 'ㅍ름'이다. 필자도 이 견해에 동의하며 예컨대 'ㅍ름'이 「ㅍ름>ㅂ름>바람」이 되었을 것이다. 'ㅍ름'은 동사 'ㅍ다'에 명사파생접사 '으음'(으옴)이 붙어서 된 말로 보인다. 즉 「ㅍ다+으음」이 'ㅍ름'으로 변한 것이다.

필자가 생각하기에, 바람의 어원이 'ㅍ름'이라면 'ㅍ'는 호흡 중에서 내쉬는 숨인 'ㅍ'2)에서 비롯된 것이고, 'ㅍ다'는 본디 '숨을 내 쉬는 것'을 뜻할 것이다. 그러니까 'ㅍ름'은 본디 '숨을 내쉰다'라는 사람의 호흡에서 기원한 말이라는 얘기이다. 물론 이것은 필자의 독단적인 생각이고 입증된 것은 아니다. 하지만 그 개연성은 충분하다. 사람의 호흡을 뜻하던 'ㅍ름'이 그 뜻이 확장되어 자연계가 숨 쉬는 것 -

---

는 동남향을 뜻한다.

2) ㅍ : 이 말의 음가는 턱을 목 아래로 당기고 발음하는 '파'인데, 현대어로 '콰'와 비슷할 것이다. 예컨대 수영할 때 호흡하는 '음'(들이쉼) '콰'(내쉼)와 비슷할 것이다.

즉 오늘날 바람까지 이르게 된 것으로 보인다. 그러므로 필자는 바람의 어원을 사람의 숨쉬기 'ᄑᆞ다'로 본다. 아울러 '불다' 역시 어원은 'ᄑᆞ다'였을 것이다. 'ᄑᆞ다'에 동작이나 상태를 나타내는 (관형사형)어미 '~ㄹ'이 활용되어 「ᄑᆞ+ㄹ>ᄑᆞᆯ>ᄇᆞᆯ>불」로 변한 것으로 보인다.

3. ᄑᆞᆷ이 풍이 된 사연

한자 풍(風)의 어원이 'ᄑᆞᆷ'이라면 '바람 풍(風)'은 상고시대 동이족이 만든 한자이다. 본디 한자 풍(風)의 발음은 'ᄑᆞᆷ'이었고 훈도 'ᄑᆞᆷ'이었을 것이다. 그런데 'ᄑᆞᆷ'(風)이 상고시대 동이족으로부터 중국으로 건너가서 상고한어음 [*pium]으로 변한 뒤, 다시 중고한어음 [piuŋ]으로 그 소리가 변한 것으로 보인다. 그 후 2,000여 전 「고조선 멸망 후 열국시대」에 우리가 역설적으로 한자 풍(風)을 중국에서 한반도로 역수입할 당시 중고한어음 [piuŋ]을 차용하여 'ᄑᆞᆷ 풍(風)'으로 표기한 것으로 보인다. 이것은 주객이 전도된 것인데, 그 후 세월이 흐르면서 'ᄑᆞᆷ'은 바람으로 변하였으나 중국의 한자음 '풍'은 변하지 않아서 지금과 같이 '바람 풍(風)'이라는 훈과 음을 갖게 되었을 것이다.

이런 사연으로 볼 때 '바람 풍(風)'은 상고시대 동이족이 만든 한자가 분명하고, 이것은 한 예에 불과하며 한자 중에는 동이족이 만든 글자가 수없이 많다. 대략 필자가 짧은 지식으로 상고시대 동이족이 만든 한자로 추정되는 글자를 찾아보니 강(江)3), 공(工)4), 행(行)5), 흑(黑)6), 하(河)7), 혈(

穴)8), 글(契)9), 필(筆)10), 동(東)11), 공(公·집) 등을 찾을 수

---

3) 강(江) : 상고시대 동이족의 음은 ᄀᆞᄅᆞᆷ(ᄀᆞᄅ+으옴)이고 뜻은 「물이 흘러가면서 만든 것」이다. 한자 강(江)은 파자하면 「수(水)+공(工) = 江」이 된다.

4) 공(工) : 상고시대 동이족의 음가는 '꼼'(꼬다+으옴)이고 뜻은 「새끼 등을 꼬다(만들다)」이다. 언어학자들은 동이족의 종성(받침) 'ㅁ' 음은 중국으로 건너가서 'ŋ'(ㅇ) 음으로 변한 것으로 본다. 즉 동이족의 '꼼(工)'이 상고시대 중국으로 건너가 '장인 공(工)'으로 변한 것이다.

5) 행(行) : 상고시대 동이족의 음가는 '감'(가다+으ᄋᆞᆷ)이고 뜻은 「걸어가다」이다. 이 글자는 사람의 왼발과 오른발의 형상을 본뜬 것이다. 즉 동이족의 '감'(行)이 상고시대 중국으로 건너가 중고한어음 '다닐 행(行)'으로 변한 것이다. 현재 언어학자들은 동이족의 'ㄱ'(g) 음이 중국으로 건너가서 'h'(ㅎ) 음으로 변한 것으로 본다.

6) 흑(黑) : 훈음은 '검을 흑(黑)'이다. 불(火) 탄 흙 위에 화산재 같은 꺼먼 것이 뿌려진 것을 뜻하는 회의자이다. 상고시대 동이족의 음가는 '꺼먹'이었고 훈도 '꺼먹'이었다. 그런데 흑(黑)이 중국으로 건너가 그 음이 중고한어음 [hik]으로 변하였다. 그 뒤 우리가 2,000여 전 흑(黑)을 역수입할 때 黑의 중고한어음 [hik]을 차용하여 음은 '흑'으로, 훈은 「꺼먹>검다」로 인식한 것이다.

7) 하(河) : 상고시대 동이족의 음가는 'ᄀᆞᄅᆞ'이고 뜻은 「물이 흘러가다」로 강(江)의 어원과 같다. 동이족의 'ᄀᆞᄅᆞ(河)'가 상고시대 중국으로 건너가 중고한어음 '물이름 하(河)'로 변한 것이다.

8) 혈(穴) : 상고시대 동이족의 음가는 '굴'이고 뜻은 「구멍」이다. '굴'은 현재 「굴>구뭉>구멍」으로 변하였다. '굴(穴)'이 상고시대 중국으로 건너가 중고한어음 [hwot]로 변하였고, 이것을 우리가 역수입할 때 '穴'의 중고한어음 [hwot]를 차용하여 음은 '혈'로, 훈은 '구멍'으로 인식한 것이다. 현재 중고한어의 't'음은 우리말에서 'ㄹ'로 변한 것으로 본다.

9) 글(契) : 우리말 글을 말하는데, 상고시대 동이족의 음가는 '글'이고 뜻은 「나무에 칼로 기호를 긋다」이다. 이 말이 지금의 '글자 글(契)'로 변하였다.

10) 필(筆) : 상고시대 동이족의 음가는 '풀'이고 뜻은 「글 쓰는 풀대」인데, 지금의 우리말 붓으로 변하였다. '풀(筆)'이 상고시대 중국으로 건너가 중고한어음 '필'(pil)로 변하였고, 우리가 이것을 수입하면서 '붓 필(筆)'이 된 것이다.

11) 동(東) : 본디 「트다+으ᄋᆞᆷ=트옴」으로 동이 트는 동쪽의 뜻이고 음가도 「트옴>톰」이었는데, 이 글자가 상고시대 중국으로 건너가서 중고한어음 [dŏŋ]으로 변하였다. 이것을 우리가 2,000여 전 다시 역수입하

있었다. 아마 중국의 상고한어와 동이족의 말(알타이어)을 전문적으로 연구한다면 상고시대 동이족이 만든 한자를 다량으로 찾을 수 있을 것이다. 앞으로 우리가 해야 할 일이다.

4. 한자 육서 중 상형자는 동이족이 만들었다.

한자를 동이족이 만들었다는 주장은 필자의 새로운 견해가 아니다. 고(故) 진태하 선생께서 한자를 동이족이 만들었다고 꾸준히 주장하였는데, 필자도 여기에 전적으로 동의하고 그 견해를 따른 것이다. 현재 우리가 쓰는 한자는 대부분은 육서(六書)12)에 의하여 조자(造字)되고 용자(用字)되었다. BC.200여 년 무렵 중국을 통일한 한(漢)나라는 한자를 나라글자로 삼고, 한자 만드는 방법을 여섯 가지로 정리하였다. 이것이 육서(六書)'였고 이런 이유로 「한(漢)나라의 나라글자」라는 의미로 한자(漢字)란 명칭을 갖게 되었다.

한자의 조자와 용자에 대하여 '육서'는 구분과 설명이 아주 명확하여 2,200여 년이 지난 현대에도 이를 능가하는 조자법은 나타나지 않고 있다. '육서'는 상형(象形), 지사(指事), 회의(会意), 형성(形声), 전주(轉注), 가차(假借) 등 여섯 가지로 구분되고, 지금까지 '육서'의 조자와 용자는 널리

면서 '東'의 중고한어음 [dǒŋ]을 차용하여 음은 동으로, 훈은 '시'(동녘)가 된 것이다.

12) 육서(六書) : 이 책의 제3장 글 제목 「한자의 조자와 용자법, 육서」를 참조할 것.

활용되고 있다. 예컨대 오래 전 대입 수능시험에도 '육서' 관련 문제가 출제된 바 있다.

필자가 생각하기에, 한자 중에서 사물의 형상을 본떠서 만든 상형자(象形字)는 십중팔구 동이족이 만든 한자이다. 상형자는 글자를 더 이상 둘로 쪼갤 수 없기 때문에 독체자(獨體字)라 불리며 한자의 기본에 해당한다. 예컨대 해(日) 달(月) 나무(木) 불(火) 물(水) 흙(土) 사람(人) 뫼(山) 등 수없이 많다. 이것은 인터넷에서 「상형자 목록」만 검색하면 금방 쉽게 수백 자를 확인할 수 있다.

그런데 중국 고대국가 이름에 상형자(象形字)가 들어간 국명이 있는가? 아무리 찾아봐도 찾을 수 없다. 중국 역사상 첫 국가로 인정되는 하(夏)나라의 국명에는 상형자가 들어있지 않다. 하나라를 이은 은(殷)나라의 국명에도 상형자가 없고, 은나라를 이은 주(周)나라 때에 비로소 논밭을 본뜬 상형자인 주(周) 자를 취하고 있다. 이 '두루(둘레) 주(周)'는 처음에는 논밭을 뜻하는 글자였으나 나중에 가차(假借)되어 둘레를 뜻하는 한자로 변이되었다. 주나라의 존속 기간은 BC. 1046년~BC. 256년까지이다. 만약 상형자를 중국인이 만들었다면 주나라 이전 중국 고대국가 국명 중에 상형자를 사용한 나라가 있어야 한다. 왜냐하면 한자 중에서 즉 육서 중에서 사물을 본뜬 상형자가 가장 먼저 만들어졌기 때문이다. 그러므로 중국, 만주, 한반도에서 상고시대 국명은 그것을 지을 때 가장 처음 만들어진 한자인 상형자를 넣어 지어야 이치에 맞다. 그런데 우리는 어떠한가?

상고시대 우리겨레의 시원되는 배달(倍達)은 차지하고,

역사상 첫 국가 고조선(古朝鮮)의 국명에서 조(朝)는 상형자 해(日)와 달(月)을 결합한 글자이고 선(鮮) 역시 상형자 어(魚)와 양(羊)을 결합한 글자로서 모두 상형자로 이루어져 있다. 우리 고조선의 존속기간은 BC.2333년~BC.108년까지로 추정하고 있고, 고조선은 상고시대 동이족이 세운 국가이다. 동이족이 육서 중 가장 먼저 상형자를 만들었기 때문에 동이족이 세운 고조선(古朝鮮)이 그 국명을 지음에 있어서 중국보다 먼저 상형자를 사용하고 있는 것이다. 만일 중국인이 상형자를 만들었다면 중국의 상고시대 국가 예컨대 하·은이 그 국명을 지을 때 고조선의 국명보다 먼저 상형자로 나라이름을 지어야 맞다. 그러나 중국의 상고시대 나라 중에서 주나라를 제외하고 그 국명에 상형자만으로 이루어진 글자를 가진 나라는 없다. 이것만 보아도 육서 중 가장 빨리 만들어진 상형자는 동이족이 만든 것이다.

5. 맺는말

한자에 대하여 우리는 본디 중국인이 만들었다고 지레 짐작한다, 그러나 한자를 자세히 살펴보면 한자의 근원이 되는 글자는 모두 동이족이 만든 것이다. 그러므로 한자 중에서 중국인이 만든 한자 또는 만들었을 것이라고 추정되는 한자는 - 우리가 그것을 사용할 그 어떤 이유도 없다. 오히려 중국인이 만든 한자는 전부 배척하고 상고시대 동이족이 만든 본바탕 한자를 찾아내어야 한다. 동이족이 만든 한자 예컨대 상형과 지사는 본디 우리의 DNA인데, 한자가 중국 글자라는 이유로 이 글자까지 도매금으로 버린다면 그것은 우리의 얼을 버리는 것과 같다. 현실에 있어서 우리의 언어 생활에 통용되는 우리말 중에서 상형과 지사에 해당하는 한자를 뺀다면 과연 무엇이 남는가?

필자는 이런 이유로 '바람 풍(風)'을 소재로 이 글을 썼다. 독자 여러분의 깊은 배려와 이해를 구한다.

세상의 본딧말은 '시맏'

1. 들머리 글

어느 날 전철을 타고 가다가 옆에 앉은 어린이가 제 아빠와 대화 하는 것을 우연히 들었다. 이런 저런 대화 속에서 아이가 자기 아빠에게 이렇게 물었다.

"아빠, 세상이 무슨 뜻이야"

그러자 아이 아빠가 대답하였다.

"응 세상이란 사람들이 사는 곳을 말하는 거야"

물론 맞는 말이다. 그렇지만 필자는 마음속으로 좀 아쉬운 감이 있었고, 세상(世上)이라는 말에 대하여 좀 더 깊이 생각하는 계기가 되었다. 이번 글은 세상이란 말의 어원에 관한 이야기이다.

2. 한자 세상(世上)의 뜻

우리는 세상이라는 말을 참 많이 쓴다. 이 세상 저세상, 네 세상 내 세상, 기쁜 세상 슬픈 세상, 거친 세상 편한 세상 등이 있고, 한자로는 '세대 세(世)' 또는 '인간 세(世)'에 '위 상(上)'을 써서 세상(世上)이다. 시골 할머니들은 세상을 '시상'이라 발음하기도 한다. 이와 같이 우리가 흔히 쓰는 말인 세상을 집에 와서 인터넷 네이버 국어사전에서 찾아보니 그 뜻은 아래와 같았다.

① 사람이 살고 있는 모든 사회를 통틀어 이르는 말
② 사람이 태어나서 죽을 때까지의 기간 또는 그 기간의 삶
③ 어떤 개인이나 단체가 마음대로 활동할 수 있는 시간이나 공간
④ 모든 사람이 살고 있는 장소 전체
⑤ 자기 마음대로 할 수 있는 시간이나 공간

세상의 뜻이 위 네이버 국어사전과 같다면 이 뜻풀이들은 전부 사람을 주어로 한다. 만약 네이버 국어사전에 등재된 세상에 대한 뜻풀이에서 주어 사람 곧 인간을 뺀다면 그 뜻은 허물어질 것이다. 그런데 한자 世上의 뜻은 전혀 네이버 사전의 뜻과 같지 않다. 世上을 훈독(뜻 새김)하면 '사람의 위' 또는 '세대의 위'로 새기게 된다. 도대체 '사람의 위' 또는 '세대의 위'란 뜻과 앞서 풀이한 「네이버 사전」의 뜻이 어떻게 상통한단 말인가? 그래서 필자는 세상이란 말의 어원을 탐구하게 되었다.

3. 세상의 어원

필자는 한자 世上에서 '인간 세(世)'의 상고한어음과 중고한어음을 여러 자료에서 찾을 수 없었다. 그래서 현재 중국

어 세(世)의 발음을 발판으로 삼아 그 중고한어음을 추정하였다. 세(世)의 중국 표준발음이 [shí]이니, 이것으로 미루어 2,000여 년 전 한자 세(世)의 중국 중고한어음은 이와 비슷하였을 것이다. 이에 필자는 [shí]를 근거로 세(世)에 대한 옛말을 중세 훈민정음으로 소급하여 표기하면 '시'일 것으로 보았다. 그런데 옛말 '시'의 뜻은 (날이) 새다, 밝다, 새롭다, 동쪽, 도읍, 사이(새), 쇠다, 쇠(철) 등 그 뜻이 다양하다. 옛말 '시'는 이와 같이 여러 가지 뜻이 있기에 옛 사람들은 우리말 '시'를 한자로 차자표기 할 때 그 뜻에 따라 한자를 달리 쓴 것으로 보인다. 예컨대 '시'를 동쪽·도읍의 뜻일 때는 한자 서(徐)나 소(所), (날이)새다·밝아오다의 뜻일 때는 한자 새(塞), '밝다' '빛나다'의 뜻일 때는 한자 박(朴)·자(紫)·주(朱), 사이(새)·쇠다(성하다)의 뜻일 때는 한자 세(世), 쇠(철)의 뜻일 때는 때는 한자 소(蘇)나 금(金)으로 음차하거나 훈차 표기하였다.

 필자가 생각하기에, 世上의 세(世)는 우리말 '시'(턱을 들고 발음하는 '새')의 음차 표기이고 '시'의 여러 뜻 중에서 사이(새)의 뜻일 것이다. 즉「(하늘과 땅) 사이」이라는 뜻을 함축하고 있을 것이다. 다음 '위 상(上)'의 훈인 '위'를 추적하니 이것은 '위'란 뜻 외에 옛날에는 '맏'의 뜻으로도 씌었다. '맏'은 여러 가지 중 '으뜸'이라는 뜻이다. 그러므로 세상은 우리말로「(하늘과 땅) 사이의 위」라는 뜻으로 새길 수 있다.

 필자의 견해대로 한자 世上의 첫 글자 세(世)가 우리말 '시'(사이>새)를 음차 표기한 것이고, 상(上)이 우리말 '맏'을 훈차 표기한 것이라면 世上의 어원은 – 중세 훈민정음으로 소급하여 표기하는 경우 '싀맏'이 될 것이다. 또한 '맏'은 으뜸이란 뜻도 있으니 '싀맏'은 「(하늘과 땅) 사이가 제일(맏)이다」라는 뜻도 내포하고 있다. 이것은 「세상은 살아 있는 생물에게 최고 경전」이라는 뜻과 같다. 세상(世上)의 뜻이 이러한 고로 그동안 우리들에게,

"개똥밭에 굴러도 이승이 최고여!"
"이 좋은 일을 보게 되니 참 오래 살고 볼 일이여!"

라는 속담이 전해짐은 당연지사(當然之事)이다. 또 세상(世上)이라는 말 외에 '세간(世間)살이'라는 말도 있는데, 세간은 「천지 사이의 간(間)」으로서 우리말로 집이라는 뜻의 이두 표기이다.

그런데 세(世)의 어원이 옛말 '싀'에서 출발했다면, 중국어로는 본디 어원을 도저히 헤아리기 어렵다. 중국어는 한자 세(世)의 뜻을 오로지 인간과 관련짓기 때문이다. 아울러 '싀맏'의 한자어 世上도 상고시대 동이족이 만든 차자표기일 것이다. 다만 세월이 흐르자 世上이란 말이 본디 뜻인 「(하늘과 땅) 사이의 위」에서 앞서 풀이한 네이버 사전의 뜻으로 확장되고 변이된 것이다.

4. 한자 엽(葉)의 해석

세상의 본딧말이 '싀맏'이라는 필자의 견해는 한자 '나무잎 엽(葉)'으로 교차 검증된다. '나뭇잎 엽(葉)' 자를 보면, '초 두(艸)'에 '인간 세(世)'와 '나무 목(木)'이 결합한 – 육서

중 회의자(會意字)에 해당한다. 이에 한자 葉(엽)을 파자하면 「⺿+世+木」이 되는데, 이 뜻은 중국식으로 한역하면 「풀의 세대가 나무에 있다」라는 뜻이다. 필자가 생각하기에, 이것은 나뭇잎과 그 뜻이 그다지 어울리지 않는다. 하지만 '인간 세(世)'를 우리말 '사이'의 표기로 보면 「풀+사이+나무 = 나무 사이에 풀이 있다」 또는 「나무 사이가 풀을 업다」이므로 나뭇잎의 형상과 얼추 맞아 떨어진다. 또한 고증된 것은 아니지만 엽(葉)이라는 말은 우리말 '업다'가 「업>엽>잎」으로 변한 것으로 추정한다. 참고로 중국어는 엽(葉)을 「yé(이에)」로 발음하므로 그 음가가 한자 엽(葉)의 우리말 음가 엽과 사뭇 다름을 알 수 있다. 그러므로 한자 '나뭇잎 엽(葉)' 역시 상고시대 동이족이 만든 글자가 분명하다. 한편 필자가 '나뭇잎 엽(葉)'을 파자하면서 느낀 점은 파자 「⺿+世+木」의 뜻 새김은 그 자체만 보아도 우리말로 새길 수 있다는 사실이다. 그래서 천체 물리학에서 우주 배경 복사가 빅뱅 우주론의 근거가 되듯이, 필자는 상형과 지사로 결합되어 만들어진 회의자를 간단한 글발로 보아 「고조선 시대 동이족이 한자를 만들었다」는 가설을 입증하는 흔적으로 이해한다.

5. 맺는말

세상의 본디 말 '시맏' 곧 「(하늘과 땅) 사이의 위(맏)」에는 네이버 국어사전의 뜻풀이에서 보듯이 사람이란 주어가 없다. '시맏'에는 사람의 세상뿐만 아니라 동물의 세상, 식물의 세상, 미생물의 세상이 있고, 더 나아가 무생물의 세상도 있게 마련이다. 아울러 모든 것은 '스맏' 곧 「(하늘과 땅) 사이의 위(맏)」에서 생겨났다가 소멸하는 가냘픈 존재들이다. 끝맺음이 이러하니 굳이 환경론자의 말을 들추지 않아도 「하늘과 땅은 그 뿌리가 같고 만물은 나와 더불어 한 몸이다.(天地同根 萬物與我一切)」라는 선조들의 선견에 절로 고개를 숙이게 된다.

신라 성골은 션(sun)고리

1. 들머리 글

세계 최초의 기마민족인 스키타이[1]는 동쪽에서 서진해 왔다. 그런데 서양 역사가들은 '동쪽이다'라고만 밝히고 그 이상 언급이 없다. 하지만 필자는 스키타이를 진조선의 일파로 보고 있다. 고조선은 BC.2333년 건국 이후 만주·요동·요서·내몽골 일대에서 요하문명(랴오허문명·홍산문화 유적을 말함)을 독자적으로 태동시키고 발전시킨 상고시대 우리민족의 공식적인 첫 국가이다. 고조선은 BC.1000년 무렵 삼조선(진조선·번조선·막조선)으로 분국하게 되는데, 필자는 이 때 고조선의 한 일파가 중국 내몽고자치주 츠펑시 일대에 진조선(소하연문화 유적)을 세운 것으로 본다.

---

[1] 스키타이 : 그리스어로 스퀴타이. 그리스의 고대 역사학자 헤로도토스(생몰 대략 BC.484년~BC.425년)가 고대 세계를 여행하고 각지의 이야기를 모아 저술한 책 「Historiae/Ἱστορίαι, 역사」에 스키타이의 기원, 관습, 스키타이 관할 지역, 스키타이의 아시아 침공 등이 수록되어 있다. 이 책에 의하면 헤로도토스는 스키타이를 직접 방문하였다고 한다.(헤로도토스, 천병희 역 「원전으로 읽는 순수 고전 세계, 역사, Històries/Apòdexis 」숲, 2009에서 발췌/인용)

그리고 진조선은 BC.700년 무렵 다시 둘로 갈라져 하나는 서진을 시작하였고, 하나는 한반도로 남진을 시작한 것으로 본다. 이 중 전자를 스키타이족의 기원으로 보고, 후자를 신라의 기원 진한으로 본다. 후자는 내몽고자치주 츠펑시에서 지금의 경주까지 남진하여 정착하는데 약 650년이 소요되었을 것이다. 아울 스키타이와 신라는 그 근원이 같으므로 사회제도, 계급, 관습, 복식, 순장 및 묘제 등이 유사할 수밖에 없다. 다만 필자의 이 가설은 여러 문헌을 읽고 추정한 것으로 아직 고증되지 않았다.

한편 필자는 스키타이라는 말을 상고시대 동이족의 말 「시+기+이 = 시기이」에서 비롯된 것으로 보고 있다. 이 말에서 '시'는 밝다, '기'(개)는 하늘, '이'는 사람이란 뜻의 의존명사로 '시기이'는 '밝은 하늘사람'이라는 뜻이다. 물론 이것은 필자의 추정이고 고증된 것은 아님을 밝힌다. 그런데 천손부족으로 자칭하였던 스키타이는 서진하면서 오늘날 러시아 남부, 캅카스 동부, 중앙아시아의 스텝 지역 등 유라시아 지역을 정복하고 여기에 스키타이 왕국을 세웠고, 이들은 고대 그리스와 교류하였다. 그래서 그들의 말이 처음에 그리스에 전해졌고 다시 그리스를 거쳐 다시 유럽에 전해졌다. 그리고 스키타이의 말 중에서 「션·뮨·쉰」은 각각 영어 「sun·moon·star」의 어원이 되었다고 보는 것 - 이것이 현재 스키타이를 연구하는 서양역사가들의 견해이다. 아울러 영어 sky도 '시기'(섀개·밝은 하늘)가 어원 아닐까? 필자는 이렇게 생각해 본다.

그런데 필자가 이렇게 장황하게 스키타이족의 말을 들먹

이는 이유는 신라에 존재하였던 최상위 계급인 성골과 진골을 서술하고자 함인데, 그 내용을 풀어 보면 다음과 같다.

2. 신라는 철저한 계급사회였다.

신라는 고구려·백제·가야 등과 달리 백성들이 여러 계층의 나뉜 계급사회였다. 즉 성골과 진골이라는 두 개의 골품과 6두품부터 1두품까지 6개의 계급으로 총 8개의 신분계급이 존재했다. 이 신분은 부모의 혈통에 따라서 세습되었고, 출세와 혼인, 가옥 규모, 옷의 재질과 색깔 등 사회생활 전반에 걸쳐서 특권과 제약이 철저했음을 삼국사기 권32~권39「잡지」편에서 확인할 수 있다. 이 신분계급 중에서 왕이 될 수 있는 최고 계급은 성골뿐이었다.

3. 성골과 진골의 어원

고조선(BC.1000년 무렵 분국 된 진조선·번조선·막조선까지 포함)에서 해에 대한 제사는 단군만 지낼 수 있었다. 그래서 단군은 또 다른 이름 '션괴이'로도 불렸다. '션'(sun)은 해(태양)라는 뜻이고, '괴이'는 「괴는 사람」으로 상고시대 중국 북부, 만주, 한반도에서 제사장을 뜻하는 말이었다. '션괴이'를 현대어로 새기면 「해를 괴는 이>태양신을 모시는 사람」 곧 태양신의 제사장이 될 것이다. 또 선녀(仙女)라는 말도 '션괴이'가 해에 제사 지내고 구리거울을 이용하여 햇빛으로 불을 채집할 때 '션괴이' 옆에서 일 돕던 처녀를 뜻하는 말이다. 즉 선녀의 '선(仙)'은 선(sun·해)의 음차 표기로 보이는데, 선녀(sun女)는 나중에 「하늘에 사는 처녀」로 뜻이 변이된 것으로 보인다. 또한 삼국유사 권1 기이 제1 「북부여」 편에서 북부여 시조를 해모수(解慕漱)로 부르는데 해모수도 해(태양신)의 제사장을 일컫는 말이다. 해모수(解慕漱)는 우리말 '해괴이'2)를 한자의 훈과 음을 빌려서 음차(해/解)·훈차(괼 慕)·훈음사(이닦을 漱)로 차자표기한 것인데, 고조선의 '션(sun)괴이'와 부여의 '해괴이'는 같은 말이다. 또한 고조선과 부여의 단군은 나라의 통치자이면서 「해(태양신)의 제사장」도 겸직한 것으로 보이고, 이런 이유로 '션'(sun·해)은 왕이란 뜻도 내포하고 있었을 것이다. '션괴이'·'해괴이'·선녀에 대한 얘기는 이쯤에서 끝내고 본론으로 돌아간다.

상고시대 고조선의 '션괴이'는 신라에서 그 발음이 「션괴이＞션고ㄹ이＞션고리＞션골」로 변한 것으로 보인다. 물론 이것은 국어학을 전공하지 않은 필자의 추정이고 고증된 것은 아니다. 하지만 그 개연성은 충분하다. 신라 사람들은 해(태양)의 제사장인 '션괴이' 곧 '션골'을 한자의 음을 빌려서 표기하였는데, 그것이 성골(聖骨)이었다. 즉 '션'은 '성스러울 성(聖)'자로 음차하고, '골'은 '뼈 골(骨)'로 음차 표기한 것이 성골(聖骨)이다. 이것은 부여의 통치자인 해의 제사장을 일컫는 말 '해괴이'의 차자표기 해모수(解慕漱)와 뜻이 같은 말이다. 신라는 진조선에서 이주해 온 사람들이므

---

2) 해괴이 : 이 책의 제3장 글 제목 「차자표기·이두의 이해를 위하여」를 참조할 것.

로 당연히 BC.1000년 무렵 고조선에서 분국한 진조선의 '션괴이' 제도를 물려받았을 것이다. 그래서 신라에 성골(聖骨·션골) 신분이 생겨난 것이고 이들만 왕이 될 수 있었던 것이다.

필자가 생각하기에, 신라의 이사금인 「션괴이>션골」이 해(태양)에게 제사를 지내던 산은 토함산(吐含山)3)일 것이다. 토함산 정상에서 동쪽을 쳐다보면 동해가 아스라이 보이고 이곳의 해돋이는 단연 일품이다. 그래서 신라의 이사금 '션골'은 - 신라가 불교를 국교로 공인하는 법흥왕 14년 ·527년 전까지 - 지금의 석굴암 자리에서 해(태양신)에게 제사 지냈을 것이다. 또 토함산의 이름은 한자 '토할 토(吐)'와 '머금을 함(含)'을 쓰는데 우리말 '토먹뫼'의 음차 표기로 보인다. 즉 토함산의 뜻은 「(해)를 토하고 머금는 뫼」이고, 신라인은 이런 뜻으로 '(해)토먹뫼'로 불렀을 것이다. 그리고 '토먹뫼'를 한자의 '토할 토(吐)'와 '머금을 함(含)'을 빌려서 차자표기한 것이 「(해)토먹뫼>토함산(吐含山)」일 것이다. 다만 이것은 필자의 개인적 견해일 뿐 고증된 것은 아니다. 그런데 신라가 527년 불교를 국교로 받아들이고 난 직후부터 신라의 이사금 '션골'이 해에게 제사 지내던 진조선의 유습은 사라졌고, 신라는 이사금 '션골'이 해에게 제사 지내던 자리에 석굴암을 지은 것으로 필자는 추정한다. 한편 신라에서 해가 왕을 뜻함은 제4대 왕 탈해(脫解·재위 57~80년)에서 알 수 있는데, 탈해는 「두(탈>둘ㅎ) 션골」이

---

3) 토함산(吐含山) : 경북 경주시 하동·진현동·덕동·황용동·문무대왕면에 걸쳐있는 산으로 해발 745m이다.

라는 뜻이다. 이것은 신라에서 박 씨 왕 외에 석씨 왕이 하나 더 생겨서「션괴이>션골」즉「해의 제사장」이 두 명이 된다는 뜻을 함축하고 있다.

한편 진골(眞骨)의 본딧말은 '쉰괴이'로 보인다. 전술한 바와 같이 '쉰'은 스키타이족의 언어로 그 뜻이 별이었다. 그러므로 '쉰괴이'는 상고시대 28수(宿)4)와 28별자리의 우두머리인 칠성신을 모시는 제사장이었을 것이다. '쉰괴이'가 신라에서「쉰괴이>쉰고ㄹ이>쉰고리>쉰골」로 변하였음은 전술한 '션골'과 맥락이 같다.

아울러 신라인은 별들의 제사장인 '쉰골'을 한자로 표기함에 있어서, '참 진(眞)'의 음을 빌려서 '쉰'을, '뼈 골(骨)'의 음을 빌려서 '골'을 음차 표기한 것이다. 또한 한자 '지지 진(辰)'은 또 다른 훈음으로 '별 신(辰)'으로도 읽는데, 이것은 고대인이 진조선과 스키타이족의 언어로 별이란 뜻을 가진 '쉰'을 한자 진(辰)의 음을 빌려서 표기한 것이다. 또한 별자리를 논할 때 한자 숙(宿)은 '별자리 수'로 읽는데, 상고시대 동이족의「별이 잠자는 자리 숙(宿)」이 중국으로 건너가 그 음이 수(sǔ)로 변하였고, 뜻도 '별자리'와 '잠자다' 두 가지로 확장·변이되었을 것이다. 사족(蛇足)으로 덧붙여

---

4) 28수(宿) : 고대부터 동아시아에서 사용되어 온 황도와 천구의 적도 주변에 있는 28개의 별자리이다. 28수와 3원으로부터 하늘이 3개의 담과 나머지 28개의 영역으로 구분된다. 동·북·서·남의 방위에 따라 사신(청룡·현무·백호·주작)이 7개씩의 별자리를 주관한다. 각 별자리(宿)의 해당 영역에는 또한 여러 별자리들이 속해 있다. 예를 들어 우수에는 직녀, 하고, 천부, 좌기, 우기 등이 속한다.(위키백과에서 발췌/인용)

필자는 '별 신(辰)'과 '잘 숙(宿)' 역시 상고시대 동이족이 만든 글자로 본다.

4. 맺는말

일전에 신라의 복식사를 연구한 논문에서, 신라의 복식이 스키타이의 복식에서 비롯된 것이라는 내용을 보았다. 또 어떤 이는 신라의 금관이 스키타이의 황금문화에서 비롯된 것이라고 주장하기도 한다. 물론 스키타이족의 역사가 대략 BC.700~AD.400년으로 신라의 역사보다 깊고, 또한 신라가 실크로드의 끝에 있었으므로 스키타이의 영향을 전혀 받지 않았다고 주장할 수는 없다.

하지만 스키타이와 신라인은 - BC.1000년 무렵 고조선에서 분국된 진조선이 그 근원이므로 - 둘 다 진조선의 제도·관습·문화·묘제(예: 적석총) 등을 물려받아 모든 면에서 유사하였을 것이다. 필자는 이런 이유로 진조선의 단군 '션괴이'에서 신라의 최고 계급 성골이 비롯되었다고 나름 단정하고 이 글을 썼다. 독자께서는 정사에 없는 그저 야사 정도로 읽어주기 바란다.

연개소문의 문은 무슨 뜻일까?

1. 들머리 글

　이번에는 연개소문(淵蓋蘇文)의 성과 이름에 대하여 살피고자 한다. 삼국사기와 중국 문헌에 연개소문은 모두 '천개소문'으로 기록되어 있다. 즉 성이 연 씨가 아니라 천 씨로 기록되어 있다. 다만, 삼국유사 권3 흥법 제3「보장봉노 보덕이암(寶藏奉老 普德移庵)」편은 연개소문을 '개금(蓋金)'으로 기록하였다. 이 글에서 일연스님은 '개'는 성씨이고, '금'은 이름으로 '개금'이며, 소문은 시중(侍中 · 최고 관직)과 같은 직책이라고 설명을 덧붙이고 있다. 그렇다면 천개소문이 어떻게 연개소문으로 변하였을까? 이는 18세기 역사학자 안정복 선생의 공이 크다. 선생의 역저인 동사강목(東史綱目) 부록(附錄) 상권상「고이(考異)」편 천개소문 항목에서,

　『삼국사기에서 개소문을 혹 개금이라 한다. 성은 천 씨로 본디 연 씨인데 당나라 사람이 천 씨로 고친 것이다. 그 사실을 어떻게 아느냐? 신라기에서「고구려의 귀신 연정토가 내항하였다」[1]라고 하였고, 통고[2]에서「연정토는 소문의 아우이다」라고 하였다. 이 기록으로 보아 그의 성이 연 씨인

것은 틀림없다. 당고조의 휘(諱·이름)를 피하여 연(淵)을 천(泉)으로 썼으니 도연명(陶淵明)을 천명(泉明)으로 바꿔 쓴 것과 같다.』

라고 주장하였다. 이후 역사학계는 안정복 선생의 주장을 받아들여 천(泉)을 본디 성씨인 연(淵)으로 바꾸었고, 교과서에서도 연개소문으로 가르치고 있다.

2. 연개소문의 정변

삼국사기 권49 열전 제9 「창조리·개소문(蓋蘇文)」편의 첫 문장은,

「개소문(혹은 개금이라 함)은 성씨가 천 씨이고, 스스로 물에서 태어났다고 말하면서 뭇사람을 현혹했다[3]」

이렇게 매몰차게 시작하고 있다. 처음부터 아주 연개소문

---

1) 고구려의 귀신 연정토가 내항하였다 : 삼국사기 권6 신라본기(新羅本紀) 제6 「문무왕」편에 다음과 같은 기록이 있다. 「고구려의 귀신(貴臣) 연정토(淵淨土)가 12성(城) 763호 3,543명을 데리고 내항(來降) 하였다.」

2) 통고(通攷) : 명(明)나라 시대의 학자 여진종해(余進宗海)가 편찬 책으로 정식 명칭은 「십구사략통고(十九史略通考)」이다. 이것은 원(元)나라 시대의 학자 증선지(曾先之)가 편찬한 「十八史略」을 기반으로 여진종해가 내용을 더 보충한 책이다. 이 책의 근간인 「십팔사략」은 고대 천황씨(天皇氏)로부터 원나라가 망할 때까지, 사기·한서·후한서·삼국지·진서(晉書)·송서·남제서·양서·진서(陳書)·후위서·북제서·후주서(後周書)·수서·남사·북사·당서·오대사·송감 등의 중국의 정사 18종에서, 풍교(風敎)에 관계있는 말들을 가려 뽑아 이를 한 권의 책으로 만든 것이다.(한국학중앙연구원 디지털인문학 「십구사략」에서 발췌/인용)

3) 구절 원문 : 開蘇文(或云蓋金) 姓泉氏 自云生水中 以惑衆

을 폄하하고 있는데, 그 이유는 연개소문이 군사정변을 일으켜 영류왕4)을 시해하고 수많은 대신을 죽였기 때문이다. 왕조국가에서 신하가 왕을 시해하고 권력을 잡았다는 것은 용납될 수는 없는 역모이며 패륜행위이다. 그래서 연개소문의 영류왕 시해 사건은 고구려 침공을 위한 당 태종의 여러 구실 중 하나가 되기도 하였다.

3. 연개소문의 이름에 대한 해석

연개소문은 '못 연(淵)', '덮을 개(蓋)', '되살아날 소(蘇)', 그리고 '글월 문(文)'이다. 한자 훈으로 새기면 「덮어도(지워도) 되살아나는 글씨」인데 이것은 연개소문 이름의 뜻으로 볼 수 없다. 그러면 고구려 말로 그 뜻이 어떻게 될까? 이런 의문을 품게 된다.

1) 일본 측 기록

연개소문은 642년 군사정변을 일으켜 권력을 장악한 후 일본에 사신을 보냈는데, 이때 일본 통역관이 고구려 사신으로부터 연개소문을 지칭한 말을 들은 대로 기록한 것을 일본서기에서 찾을 수 있다. 일본서기 권24 「천풍재중일족

---

4) 영류왕(榮留王) : 고구려의 제27대 국왕(재위 618~642년)으로 휘는 고건무이다. 수나라와의 전쟁에서 을지문덕과 함께 공을 세운 장군이었고, 왕이 된 후에는 전쟁으로 인한 피해를 복구하면서 25년간 큰 전쟁 없이 나라를 다스렸다. 연개소문의 아버지는 동부대인 겸 대대로 직책을 겸했는데, 왕과 대신들은 연개소문의 아버지가 죽자 이 지위의 상속을 두고 연개소문과 갈등을 빚었다. 그 후 연개소문은 쿠데타를 일으켜 왕을 시해하고 대신 180여 명을 살해하였다.

희천황 황극천황(天豐財重日足姬天皇　皇極天皇5))」편 원년(元年, 642년) 2월 21일(음력) 기사에 「고려 이리가수미(伊梨柯須彌)의 정변(政變)」이 아래와 같이 기록되어 있다.

『임진일에 고려사신이 난파진에 숙박하였다. 정미일(丁未日)에 여러 대부들을 난파군(難波郡)에 보내어 고려국에서 바치는 금 은 등과 아울러 물건을 살피게 하였다. 사신이 물건을 바치고는,
"지난 해 6월 아우 왕자가 죽고 가을 9월에 대신 이리가수미(伊梨柯須彌)가 대왕과 이리거세사(伊梨渠世斯) 등 180여 명을 죽였습니다. 그래서 아우 왕자의 아들을 왕으로 삼고 자기와 같은 성씨인 도수류금류(都須流金流)를 대신으로 삼았습니다"
라고 말하였다.』(국사편찬위원회 번역본, 「일본서기」에서 인용)

여기에서 이리가수미(伊梨柯須彌)6) 혹은 이리가수미나리(伊梨柯須彌那利)는 연개소문을 지칭한다. 필자가 생각하기에, 이 말은 일본 통역관이 고구려 사신의 말을 듣고 그대로 음사(音寫)한 것이므로 고구려 말과 대략 비슷할 것이라

---

5) 천풍재중일족희천황 황극천황(天豐財重日足姬天皇　皇極天皇) : 백제계로 일본 제35대 제37대 두 번 천황위에 오른 일본의 두 번째 여성 천황이다. 사이메이(제명)천황(齊明天皇)으로 불리기도 하는데 소설가 최인호는 그녀를 백제 의자왕의 누이로 보았다.
6) 이리가수미(伊梨柯須彌) : 이 말의 고대 일본어 발음은 '이즈카스미'였다. 이리가수미나리(伊梨柯須彌那利)의 '나리'는 우리말 존칭어 '나리/나으리'와 비슷한 말로 보인다.

고 생각한다. 그래서 연개소문과 이리가수미를 한 자씩 떼어 다음과 같이 살펴본다.

2) 성 '연(淵)'에 대한 해석

이리가수미(伊梨柯須彌)에서 '이리(伊梨)'는 무슨 뜻일까? 현재 밝혀진 바에 의하면, 숫자 5는 고구려어로 '우차(于次)'이고 일본어로 '이투(itu)'이다. 이로 미루어 삼국시대 일본어 '이(i)'는 고구려어 '우'를 음사한 표기로 본다.

다음 '리(梨)'는 필자가 생각하기에, 고대 일본어로 '즈(z)'의 음가를 가졌고, 이에 상응하는 고구려어는 지금은 사라진 반치음 '싀'[7]의 음가를 가졌을 것으로 생각한다. (다만 이것은 고증되지 않았다) 그러니까 일본식 한자 '이리(伊梨)'는 일본어로 '이즈(iz)'로 발음하고, 고구려어로는 '우싀'(于尸)[8]로 발음하였을 것이다. 그러므로 연개소문(淵蓋蘇文)은 우리말로 '우싀개소문'으로 일단 새길 수 있다. 여기에서 '우싀'는 우리말로 무슨 뜻일까?

현재 샘물을 뜻하는 일본어는 '이즈미(izmi)'인데, 이즈(iz)는 못·샘이고 '미(mi)'는 물(水)을 뜻한다. 그런데 고구려는 물(水)에 해당하는 낱말이 '매(買)'였다. 그러므로 샘물을 뜻하는 고구려어를 추정하여 중세 훈민정음으로 표기하면 '우싀매'(于尸買)[9]가 될 것이다. '우싀매'에서 '싀'의 음은

---

[7] '싀' : '즤'도 아니고 싀'도 아닌 '즤'과 '싀'의 중간 발음을 가진 반치음(혓바닥이 아래 이빨에 닿는 소리)의 울림소리인데 반치음 'ㅿ'은 지금 한글 자음에서 사라졌다. 현재 일본어와 중동 지역의 언어에 이 음가를 말이 많다.
[8] 우싀(于尸) : '우싀'를 음차 표기한 한자 우시(于尸)는 필자가 추정한 것으로 국어학계에서 인정된 용어가 아니다.

시간이 흐름에 따라 소멸되었고, '매'는 물로 변하였다. 필자는 '우의매'에서 'ㅣ'음 두 개가 겹치면 그 중 하나가 'ㄹ'음으로 변하는10) 우리말 특성에 따라 「우의매(于尸買)>우의미>우ᄆᆞᆯ>우믈>우물11)」로 변한 것으로 본다.

그렇다면 연개소문의 성씨 연(淵)의 우리말 '우의'는 현대어로 우물(샘·못)을 뜻한다. 고구려인은 우리말 '우의'를 한자 '샘 천(泉)', '우물 정(井)', '못 연(淵)' 중에서 물의 양이 가장 많은 '못 연(淵)'으로 훈차 표기하였을 것이다.

3) 이름에 대한 해석

현재 통설은 연개소문에서 연(淵)은 성으로 '개소문(蓋蘇文)'은 이름으로 본다. 하지만 필자는 이 통설에 동의하지 않는다. 필자는 '개소(蓋蘇)'를 연개소문의 이름으로 보고 이를 고구려어 '가쇠'로 새긴다. 또한 연개소문의 고대 일본어 표기인 이리가수미(伊梨柯須彌)에서 '가수(柯須)'는 고구려어 '가쇠'의 음차 표기일 것이다. 그렇다면 개소(蓋蘇)와 가수((柯須)로 표기된 고구려어 '가쇠'는 현대어로 무슨 뜻일까? 한 글자씩 떼어 필자의 생각을 다음과 같이 개진한다.

---

9) 우의매(于尸買) : 중세 훈민정음으로 소급하여 표기한 '우의매'의 차자표기인 우시매(于尸買)는, 필자가 삼국사기의 잡지에서 지명(地名)을 참고하여 추정한 것으로 이 역시 국어학계에서 인정된 용어가 아니다.
10) 그 중 하나가 'ㄹ' 음으로 변하는 : 이와 같이 'ㅣ'음이 겹치면 그 하나가 'ㄹ'로 변하는 예로 '철'이 있다. 쇠를 뜻하는 한자 철(鐵)의 중국 북방 중고한음은 'tje'인데, '티에'가 세월이 지남에 따라 「티에>티어ㄹ>털>철」로 변하였다. 또 고대 제사장을 뜻하는 옛말 '괴이'가 「괴이>고ㄹ이>고리>골」로 변하였다. 필자는 이와 같은 음운변화를 고대 동이족 말의 특징으로 본다.
11) 우물 : 필자는 지금 우리가 쓰는 '우물'을 본디 고구려어로 본다.

먼저 '가'는 고구려어로 「아직 다듬지 않았지만 좋은 것」이란 뜻을 내포하고 있을 것이다. 또한 '가'는 지금도 우리말에서 긍정을 뜻하는 접두어 '좋다'로 쓰인다. 고구려인은 '가'를 한자 '덮을 개(蓋)'의 음을 빌려서 음차 표기한 것으로 보인다.

다음 개소(蓋蘇)와 이리가수미(伊梨柯須彌)에서 '되살날 소(蘇)'와 '모름지기 수(須)'는 고구려어 '쇠'의 음차 표기인데, 이것은 우리말 '철(鐵)'를 의미하는 것으로 보인다. 즉 고구려인들은 '쇠'를 한자 '소(蘇)'의 음을 빌려서 음차 표기한 것이다. 이제 필자의 새김을 연결하면, 연개소문의 성은 '우의'이고 이름은 '가쇠'로서 「우의+가+쇠 = 우의가쇠」가 된다. 필자가 생각하기에, 일본통역관은 고구려 사신으로부터 연개소문의 이름인 '우의가쇠'를 듣고 이를 '이리가수(伊梨柯須)'로 음차 표기한 것이다.

한편 주제를 벗어난 글이지만 연개소문의 이름에 왜 '쇠'자를 넣어 지었을까? 이와 같은 의문을 가질 수 있다. '쇠'는 본디 철(鐵)을 뜻하는 말이다. 용광로에 고인 쇳물(선철)을 굳힌 것이 무쇠이고, 이 무쇠는 모든 철물의 기본이 되는 쇠이다. 무쇠를 망치로 두드리면 탄소가 빠지고 쇠가 더 단단하게 되는데 이것을 단철(우리말로 단쇠)이라고 한다. 지금 우리말에서 돌쇠, 마당쇠, 개똥쇠, 꾀쇠, 변강쇠, 구두쇠, 꼭두쇠(남사당패 우두머리) 등 '쇠' 자가 들어간 이름은 천박한 이름으로 취급받지만, 삼국시대 이전 쇠는 농기구와 무기를 만드는 재료로서 귀중한 물건이었다. 그러므로 옛날에는 '쇠' 자가 들어간 이름은 고귀한 이름으로 대접받았을 것이다. 예컨대 고대 '쇠' 자가 들어간 고귀한 이름으로 신라 시조 박혁거세(朴赫居世)12)가 있다.

4) 문(文)에 대한 해석

미(彌)와 미나리(彌那利)는 일본식 존칭어로서 '문(文)'으로 추정할 수 있다. 한자 문(文)에 대한 고구려어는 '근시'로 보이는데, 고구려어 '근시'는 현대어 '글씨'로 변하였을 것이다. 이 '근시'를 고증하면, 고구려는 '근시'를 문(文)으로 표기하였음이 삼국사기 권37 지(志) 제6 「지리4 고구려·백제」편 우수주(牛首州) 항목에 보인다. 여기에서 고구려 지명 '근시파혜(斤尸波兮·글씨바위)'를 신라는 '문현(文峴)'으로 한역하였다. 현재 바위에 새긴 글씨 내용이 무엇인지 유물이 없어서 알 수는 없다. 다만 지명이 문현(文縣)인 것으로 보아, 고구려가 바위에 글씨를 새기고 이것을 '근시파혜(글씨바위)'로 부른 것만은 확실하다. 그러므로 고구려는 '근시'(글씨)를 한자 근시(斤尸)의 음을 빌려서 음차 표기하였고, 신라는 글씨를 '글월 문(文)'의 훈을 빌려서 훈차 표기하였음을 알 수 있다.

따라서 문(文)을 고구려어 '근시'의 차자표기로 보면 연개소문의 고구려어 이름은 우리말로 「우의(淵)+가(蓋)+쇠(蘇)

---

12) 박혁거세(朴赫居世) : 필자는 이 말을 우리말 '붉빛거쇠'의 음차 표기로 본다. 즉 「밝고 빛나는 거쇠」 또는 「밝고 빛나는 커(큰)쇠」로 새긴다. 거(居)는 이두에서 우리말 「키다>크다」를 표기하는 글자이다. 박혁거세(朴赫居世)를 훈으로 해석하여 「세상을 밝고 빛나게 하는 사람」으로 새기는 것은 현대적 한문 새김으로써 2,000여 년 전 우리말 새김에 적용하기에는 무리가 따른다.

+근시(文) = 우의가쇠근시」가 될 것이다. 그런데 일본통역관이 연개소문의 우리말 이름 '우의가쇠근시'를 듣고 이를 음사한 일본어 표기는 이리가수미(伊梨柯須彌)이었다. 왜 일본통역관은 연개소문의 우리말 이름 '우의가쇠근시'을 '이리가수근시(伊梨柯須斤尸)'로 음차 표기하지 않고 왜 '이리가수미(伊梨柯須彌)'로 기록하였을까?

이것이 바로 문(文)이 연개소문의 이름이 아니라는 증거이다. 만약 연개소문의 이름에서 문(文) 즉 '근시'(글씨)가 이름이었다면 일본 통역관은 연개소문의 우리말 이름인 '우의가쇠근시'를 고구려 사신으로부터 들은 대로 이리가수근시(伊梨柯須斤尸) 또는 이리가수문(伊梨柯須文)으로 음차 표기하여야 한다. 그런데 일본의 통역관은 이리가수미(伊梨柯須彌)로 표기하였다. 일본통역관은 문(文) 즉 '근시'(글씨)가 연개소문의 이름이 아님을 확실히 인지하였기 때문에 문(文)이나 근시(斤尸)로 표기하지 않고 일본식 존칭어미인 '미(彌)'로 바꾸어 표기하였다. 이것은 연개소문(淵蓋蘇文)에서 문(文)이 이름이 아니고 다른 뜻을 갖고 있기 때문에 이에 상응하는 일본식 존칭어미 '미(彌)'로 기록한 것이다. 그러면 연개소문에서 문(文)은 무슨 뜻인가?

무릇 모든 문서에는 서명 날인 곧 수결(手決)13)하여야 한다. 현재 본인이 직접 작성하거나 타인과 서로 합의한 문서에는 당사자의 사인(sign)이 필수이다. 이것은 옛날이나 지

---

13) 수결(手決) : 어떤 사람이 문서나 명령서를 작성한 경우 그 말미에 자기 이름과 의미부호를 손수 쓰는 것을 말한다. 옛날에는 의미부호로 백(白)과 문(文)이 있었으나 자기만의 표식도 있었다. 예컨대 이순신 장군은 일심(一心)이란 문자로 수결하였다. 「난중일기」에서 이순신 장군이 본인의 수결용 부호 '일심(一心)'을 연습한 흔적을 찾아 볼 수 있다.

금이나 똑같고, 사인(sign)은 일종의 의미부호14)이다. 하지만 옛날에는 지금처럼 자기 사인(sign)으로 수결한 것이 아니고, 한자 문(文)과 백(白)을 의미부호로 사용하였다. 즉 편지나 명령문의 말미에 작성자가 자기 이름과 백(白) 또는 문(文)을 직접 수결하는 것이다. 예를 들면 「홍길순 백(白)」 또는 「홍길동 문(文)」이 될 것이다. 여기에서 '백(白)'은 아랫사람이 윗사람에게 쓸 때, '문(文)'은 윗사람이 아랫사람에게 쓸 때는 사용하는 수결용 글자로 일종의 의미부호이다.

이제 본론으로 돌아가서, 연개소문의 이름 중에서 문(文)을 의미부호로 본다면, 우리가 그동안 알고 있던 연개소문의 본디 이름은 연개소(淵蓋蘇)이고, 그의 우리말 이름은 '우의가쇠'가 된다. 즉 성은 '우의'(淵이)고 이름은 '가쇠'(蓋蘇)인 것이다.

필자가 생각하기에, 고구려의 대막리지 지위에 있던 연개소(우의가쇠)는 당시 영류왕을 시해하고 보장왕을 옹립한 권력가였다. 따라서 왕보다 더 많은 권력을 지녔기에 – 자기가 내리는 영지(令旨)나 명령문 말미에 자기 이름 연개소(우의가쇠)와 수결부호 '문(文)'을 직접 수결하였을 것이다. 또한 명령의 일사불란한 수행을 위해서는 연개소(우의가쇠)의 수결은 반드시 필요한 의미부호였고, 이와 같은 연개소의 수결이 담긴 영지(令旨)나 명령문은 왕의 조서(詔書) 또는 선지(宣旨)보다 더 위력적이었을 것이다.

---

14) 의미부호 : 뜻을 전달하거나 표현하기 위한 글 그림 등의 부호를 말한다. 백(白과) 문(文)이 그 전형적인 예이다. 그밖에 소리부호가 있는데 이것은 말, 소리 등의 부호로 뜻을 전달하는 것을 말한다. 전형적인 예로 암호가 있다.

그런데 옛사람들은 연개소의 영지나 명령문에서 그 말미에 이름 옆에 수결된 문(文)을 연개소의 수결부호였음을 모른 체 - 오랜 세월이 흐르자 연개소의 수결부호인 '문(文)'까지 이름으로 읽었고, 그 결과 그의 이름이 연개소에서 '연개소문(淵蓋蘇文)'으로 고착화된 것으로 보인다. 그러므로 연개소문의 이름 중 마지막 문(文)은 이름으로 보아서는 안 된다. 문(文)은 윗사람이 아랫사람에게 내리는 문서에 - 윗사람의 신원을 아랫사람이 알도록 작성자가 직접 손수 쓰는 수결용 의미부호이다.

고구려의 대막리지 연개소문이 어떤 명령을 내리면서 직접 수결한 영지(令旨)를 현대적으로 재현해 보면 대략 아래와 같은 문서가 될 것이다.

영 지(令 旨)

대고구려국 대막리지 우의가쇠(淵蓋蘇)께서 (어떤) 명령을 아래와 같이 내리니 이 영지를 받는 자는 즉각 수행하라.

(영지의 내용)

○○년   ○월   ○일

　대막리지　　　淵蓋蘇 文(우의가쇠 근시)

---

5) 연개소문 이름에 대한 마무리

앞서 억지로 견강부회한 논지를 종합하여 필자는 연개소문(淵蓋蘇文)을 다음과 같이 정리한다.

'연(淵)'은 성씨로 우리말 '우의'이고, 개소(蓋蘇)는 이름으로서 우리말 '가쇠'이고, 문(文)은 윗사람이 아래 사람에게 내리는 문서의 작성자의 수결부호이다. 그러므로 연개소문(淵蓋蘇文)에서 성과 이름인 연개소와 수결부호 문(文)은 띄어서 써야 한다. 그러면 「연개소(淵蓋蘇) 문(文)」이 될 것이고, 고구려어로 '우의가쇠 근시'가 될 것이다. 그런데 일본 통역관이 이것을 고구려 사신으로부터 듣고서 표기한 말이 '이리가수미(伊梨柯須彌)'였고, 이것이 연개소문의 일본어 이름이 된 것이다.

한편 일연스님은 연개소문의 이름을 개금(蓋金)으로 기록했는데 이것은 이두 표기에 해당한다. 이것은 연개소문의 고구려어 이름인 '가쇠'에서 우리말 '가'는 한자 '덮을 개(蓋)'[15]의 음을 빌려서 음차 표기하고, 우리말 '쇠'는 '쇠 금(金)'의 훈을 빌려서 훈차 표기한 것이다. 그러므로 이두 독법(讀法)에 따라 차자표기 개금(蓋金)은 우리말 '가쇠'로 읽어야 한다.

그런데 우리의 문화에서 한자로 된 성 씨는 완전히 한화(漢化·중국화)하여 고착되었으므로 - 우리가 이제 성 씨를 우리말로 되돌릴 수는 없을 것이다. 그래서 연개소문에서

---

15) 덮을 개(蓋) : 고구려에서 왕을 뜻하는 말 '가'와 연개소문의 '가쇠'는 같은 '가' 음이지만, 왕을 뜻하는 '가'는 '다 개(皆)'로 음차 표기하였고 연개소문의 이름 '가쇠'의 '가'는 '덮을 개(蓋)'로 음차 표기하였다.

성씨는 그대로 두고 고구려어 이름 '가쇠(개소)'만 현대어로 바꾸면 어떻게 될까? 필자는 자신할 수 없지만 「연(淵)가쇠>연(淵)좋은 쇠」 또는 '연(淵)강쇠'쯤 될 것이라고 생각해 본다.

4. 맺는말

우리나라 사람 대부분이 쓰고 있는 한자식 성과 이름은 신라의 중대부터 본격적으로 중국식 이름을 받아들이면서 쓰게 된 것이다. 그동안 쭉 내려온 관습을 하루아침에 버릴 수는 없지만 한자의 사용을 점점 꺼려하는 지금, 한자식 이름은 낡은 옷과 같다. 앞으로 한국인의 이름이 현재의 중국식, 영어식, 우리말식 중에서 어떤 것으로 변할까 궁금하다. 예컨대 '아름다운 무늬 비단(아무비)', '단단한 쇠(단쇠)', 늘푸른, 가람실, 새담, 아름미 등 순우리말로 지을 수는 없는 것일까?

여하튼 이름은 자기를 나타내는 의미부호이므로 너무 튀어도 흠이 될 것이다. 그러므로 이름을 가급적 우리말로 짓되, 이름의 자음과 모음이 소리오행에 부합하여 부르기 쉽고 평범하면서도 속뜻이 좋으면 무난한 이름이 될 것이다.

오두재, 아하 토끼고개로구나!

1. 들머리 글

  명산을 산행할 때 등산로의 들머리에서 날머리까지 종주하다 보면 반드시 고개 두세 개를 넘게 된다. 작은 고개는 거의 이름이 없고 큰 고개는 대개 이름이 있기 마련이다. 이 중 우리가 가장 많이 접하는 이름이 오두재이다. 전국에 소재하는 것으로써 대략 필자가 알고 있는 것을 나열하면, ①강원도 원주시 흥업면 매지리 오두재, ②강원도 삼척시 하장면 둔전리 오두재, ③충남 공주시 탄천면 대학리 오두재, ④전북 무주군 적상면 삼가리 오두재, ⑤전북 완주군 소양면 신촌리 오두재, ⑥전북 무주군 무풍면 삼거리 오두재, ⑦전남 영광군 백수읍 천마리 오두재, ⑧전남 담양군 대덕면 입석리 오두재, ⑨전남 담양군 대덕면 운산리 오두재, ⑩전남 나주시 다시면 신광리 오두재, ⑪전남 나주시 봉황면 만봉리 오두재, ⑫전남 함평군 해보면 산내리 오두재, ⑬전남 순천시 송광면 신흥리 오두재, ⑭전남 영암군 금정면 용흥리 오두재, ⑮전남 영암군 금종면 세류리 오두재 등이 있다. 그밖에도 관심을 갖고 오두재를 전국적으로 찾아보면 이 지명은 더 많이 있을 것이다.

2. 오사함

필자는 우리나라 지명에 대하여 관심이 많았다. 그래서 삼국사기 「잡지」 지리 항목을 공들여 읽은 일이 있다. 이 때 삼국사기 권35 지(志) 제4 「지리2 신라」편에서 다음과 같은 기록을 발견하였다.

「토산군 본디 고구려의 오사함달현으로 경덕왕 때 고쳤는데 지금 그대로이다.(兎山郡 本高句麗烏斯含達縣 景德王 改名今因之)」

이 기록에서 토산군(兎山郡)을 훈독(뜻 새김)하면 토끼산군이고, 토끼산군과 오사함달현은 같은 곳의 지명이다. 그러므로 신라가 고구려 오사함달현을 토산군으로 한역하였다고 가정하면, 오사함(烏斯含)은 '토끼 토(兎)'자에 해당하고, 한자 달(達)[1]은 산(山)에 해당하여 '토끼산'이 된다. '오사함'이 토끼[2]라니 두 말 사이에 너무 연관성이 적어 보여 필자는 참 생뚱맞다고 생각하였다. 그 후 지명 오사함달이란 말은 까맣게 잊고 지냈다.

그러다가 나주 금성산을 산행하는 중에 우연히 고개 하나

---

1) 달(達) : 고구려어로 높은 곳, 곧 큰 둔덕이나 작은 뫼(산)에 있는 마을을 뜻한다. 이에 대한 예로는 공목달현(연천), 달을성현(고양시 일산동구 고봉동·문봉동 일대), 송촌활달(松村活達, 지금의 평택) 등이 있다.
2) 토끼 : 토끼는 자기가 다니던 길로만 다니는 습성이 있다. 특히 높은 곳으로 잘 뛰(튀)어 오르는 동물이다.

를 넘었는데, 그 고갯마루에 큰 비석이 하나가 우뚝 서 있었다. 거기에 한글과 한자로 '오두(烏頭)재'라 새겨져 있었다.

'여기가 '까마귀머리 고개'라고? 허, 참 이상하네.'
'삼척 덕항산, 무주 적상산 근처에도 오두재가 있었는데 여기도 있네.'
'우리나라에 오두재가 왜 이리 많을까? 오두에 무슨 사연이나 전설이 있나?'
이렇게 생각하면서 산행을 계속하였다.

3. 오사함과 '옷틈'의 연관성

오두재는 한자로 '까마귀 오(烏)'에 '머리 두(頭)'로서 뜻새김하면 '까마귀머리'라는 뜻이 된다. 산행하는 내내 몸은 힘들었지만 머릿속에는,
'전국 고개에 까마귀머리 형상이 이렇게 많을 리는 없다'
라는 생각이 맴돌았다. 그러던 중 내리막에서 이름 모를 새가 휙 지나갈 때 문득 '오사함달'이 생각났다.
'혹시 '오두'는 토끼에 대한 백제·신라·가야의 이두 표기이고, '오사함'은 고구려의 이두 표기로서 한자 표기는 달라도 같은 뜻이 아닐까?'

이런 생각이 불현듯 떠올랐다. 산행을 마치고 귀가하여 오사함달과 오두재에 관한 문헌을 꼼꼼히 살펴보고 각 낱말의 연관성을 추론해 본 결과, 오사함달·오두재는 까마귀머리와 관련이 없다는 결론을 내렸다. 그러다가 우연히 신증

동국여지승람 제41~43권 「황해도」 편에 토산현3)이 있는 것을 알았다. 즉시 도서관에 가서 이 부분만 읽고 단도직입적으로 고구려어 '오사함'은 '토끼'라는 결론에 도달하였다. 이하 이것을 자세히 펼쳐 본다.

필자가 앞서 추론한 바와 같이 고구려에서는 토끼를 '오사함(烏斯含)'과 비슷한 말로 불렀을 것이다. 그런데 고구려어와 유사성이 있는 일본어에서 토끼를 '우사기(ウサギ)'로 부른다. '우사기(ウサギ)'는 '오사함(烏斯含)'과 비슷하지만 오사함의 끝 자 '함(含)'은 '우사기'와 어울리지 않는다. 또 고구려는 자기 말을 한자로 차자표기할 때 대부분 음차를 택하였다. 이 관점에서 본다면 '함(含)'과 토끼의 '끼'는 전혀 관련성이 없어 보인다.

하지만 필자는 기발하게 생각을 내질렀는데 그것은, 삼국사기 권35 지(志) 제4 「지리2 신라」 편의 기록인 오사함달현(烏斯含縣)의 '오사함(烏斯含)'을 '오사탐(烏斯貪)'의 오자로 본 것이다. 즉 삼국사기 지리 항목에 기록된 한자 '머금을 함(含)'을 '탐할 탐(貪)'의 잘못된 기록으로 본 것이다. 필자의 견해대로 삼국사기 「잡지」 지리(地理)의 기록 '오사함(烏斯含)'을 '오사탐(烏斯貪)'의 오기로 보면, 고구려 사람들은 '오사탐'에서 '오'는 '까마귀 오(烏)'로 음차하고, '사'를 '이 사(斯)'로 음차하고, '탐'을 '탐할 탐(貪)'으로 음차 표기

---

3) 토산현(兔山縣) : 신증동국여지승람 권42 「황해도」 편 토산현 항목에 따르면 '토산'은 황해도 토산군 토산읍 북쪽 2리 있다. 토산읍은 북으로 신계읍, 동북으로 이천읍, 동으로 철원읍, 서북으로 평산시 서남으로 금천읍 사이에 있는 교통의 요지이다. 근초고왕 이후 백제는 이곳을 차지하기 위하여 고구려와 치열한 공방전을 벌였는데, 이에 대한 기록이 삼국사기 곳곳에 보인다.

한 것이 된다. 여기에서 '오사탐'의 사(斯)를 사이시옷으로 보면 '오사탐'은 '옷탐'이 되는데, '옷탐'을 중세 훈민정음으로 소급하여 표기하면 'ᄋᆞᆺ틈'이 될 것이다. 'ᄋᆞᆺ틈'에서 '틈'을 파자하면 「ᄐᆞ+으음(으옴)」이 된다. 여기에서 'ᄐᆞ'는 현대어 '튀다'의 어원일 것이다. 고구려 사람들은 토끼가 잘 튀는 짐승이므로 본디 'ᄐᆞ'에 깜짝 놀랄 때 쓰는 느낌말 'ᄋᆞᆺ'을 붙여 처음에는 'ᄋᆞᆺᄐᆞ다'(읽음소리; 옷튀다)로 불렀을 것이다. 즉 토끼의 어원으로 추정되는 'ᄋᆞᆺᄐᆞ다'의 뜻은 아마 대략,

"오호 요놈 정말 잘 튀는(토끼는) 동물이네"

이런 뜻이었을 것이다. 그리고 고구려 사람들은 토끼를 지칭하는 말인 'ᄋᆞᆺᄐᆞ다'에 명사파생접사 '으음'을 붙여 「ᄋᆞᆺᄐᆞ+으음 = ᄋᆞᆺ틈」라는 파생명사를 만들었을 것이다. 그리고 'ᄋᆞᆺ틈'의 첫 단어 'ᄋᆞᆺ'은 중설모음4)에 가까운 소리로서 특별한 뜻을 가진 말이 아니라 단지 뒷말 'ᄐᆞ'과 '틈'을 강조하는 접두어일 것이다.

이제 이 글의 논지를 마무리하면, 고구려 사람들은 'ᄋᆞᆺ틈'에서 'ᄋᆞᆺ'은 '까마귀 오(烏)', 사이시옷 'ㅅ'은 '이 사(斯)', '틈'는 '탐할 탐(貪)'의 음을 빌려서 오사탐(烏斯貪)으로 표기한 것이다. 그런데 삼국사기를 편찬하는 과정에서 탐(貪) 자가 함(含)으로 오기되어 오사탐(烏斯貪)이 오사함(烏斯含)으로 수록된 것으로 보인다.

한편 고구려에서 토끼를 'ᄋᆞᆺ틈'으로 불렸다면 백제·신라·가야에서는 토끼를 어떤 명칭으로 불렸을까? 이것은 학문

---

4) 중설모음 : 경상도 사람들이 '늬그'(너)라고 발음할 때 내는 소리값 '으'는 모음으로서 그 소리를 낼 때 혀가 입 안 가운데 위치한다.

하는 자의 당연한 의문인데, 백제·신라·가야에서는 토끼를 뜻하는 고구려어 'ᄋᆞᆷ틈'에서 'ㅁ'을 떼어버리고 'ᄋᆞᆺ틐'(옷튀)로 부른 것으로 추정한다. 다만 백제·신라·가야 사람들이 왜 'ㅁ'을 떼어버리고 'ᄋᆞᆺ틐'로 불렀는지 그것을 고증할 수 없음은 필자의 한계이다.

백제·신라·가야 사람들이 'ᄋᆞᆺ틐'를 한자로 표기함에 있어서 – 'ᄋᆞᆺ'은 '까마귀 오(烏)'의 음을 빌리고 '틐'는 '머리 두(頭)'의 음을 빌려서 – '오두(烏頭)'로 표기하였을 것이다. 그러므로 고구려어 「ᄋᆞᆷ틈>오사탐(烏斯貪)」과 백제·신라·가야의 「ᄋᆞᆺ틐>오두(烏頭)」는 모두 토끼를 가리키는 같은 말로 보인다.

4. ᄋᆞᆺ틐의 변천

그 뒤 'ᄋᆞᆺ틐'는 어떻게 변하였을까? 'ᄋᆞᆺ틐'는 세월이 지남에 따라 동물을 뜻하는 접미사 '기'[5]가 붙어서 'ᄋᆞᆺ틐기'(읽음소리; 옷튀기)가 되었을 것이다. 그러다가 중설모음 'ᄋᆞ' 음이 소멸되면서 '틐기'로 변했고, '틐기'가 지금의 「튀기>토끼」로 변한 것으로 본다. 그러니까 'ᄋᆞᆺ틐기'는 '토끼'란 말의 중시조쯤 되는 말이다. 또한 고구려어 「ᄋᆞᆷ틈>오사탐(烏斯貪)」도 나중에는 'ㅁ'음이 소멸하고 동물을 뜻하는 접미사 '기'가 붙여 'ᄋᆞᆺ틐기'로 변하였을 것이다. 지금의 일본어 '우사기(ウサギ)'는 이 「ᄋᆞᆺ틐기>ᄋᆞ사틐기」가 변한 말이 아닐

---

5) 동물을 뜻하는 접미사 기 : 이 말의 용례로 수꿩의 옛말 장끼, 물고기 중 큰 입을 가진 메기 등이 있다.

까? 필자는 이렇게 생각한다. 또한 토(兎)의 훈음은 본디 '읏트 트(兎)'였는데 이것이 세월이 흘러 '토끼 토(兎)'로 변하였을 것이다.

한편 토끼를 뜻하는 한자 토(兎)는 토끼의 형상을 본뜬 글자(상형자)인데 이것의 원형이 되는 고자(古字·갑골문자)를 중국자전에서 찾을 수 없었다. 필자가 생각하기에, 필경(筆耕) 토(兎)는 상고시대 동이족이 만든 한자이기 때문에 중국 문헌에서 토(兎)의 고자(古字)를 찾지 못함은 당연한 귀결일 것이다.

5. 맺는말

그동안 우리가 보고 접한 오두재는 모두 '토끼고개'란 뜻으로 「토끼가 많은 고개」라는 뜻일 것이다. 백제·신라·가야의 '읏트'란 말이 세월이 지남에 따라 토끼로 변하였으나, '읏트'의 이두 표기 '오두(烏頭)'는 변하지 아니하고 그대로 지명(地名)으로 남은 것이다. 이로 인하여 오늘날 오두(烏頭)는 토끼와의 연관성이 끊어진 채, 우리는 이를 곡해하여 '까마귀머리 고개'로 부른 것이리라. 하지만 「오두재의 본디 지명은 토끼고개이다」라는 필자의 견해가 맞는다 하여도 오두재를 새삼스럽게 '토끼고개'로 그 지명을 고칠 필요는 없다. 우리는 편하게 그냥,

'오두재, 아하 토끼고개로구나'

그 정도로 여기면서 기분 좋게 오두재를 넘나들면 될 것이다. 다만 누군가 만약 삼국사기 「잡지」의 지명(地名)을

연구하게 된다면 지명 '오사함달현(烏斯含達縣)'은 '오사탐달현(烏斯貪達縣)'으로 한 번쯤 생각해 주었으면 좋겠다.

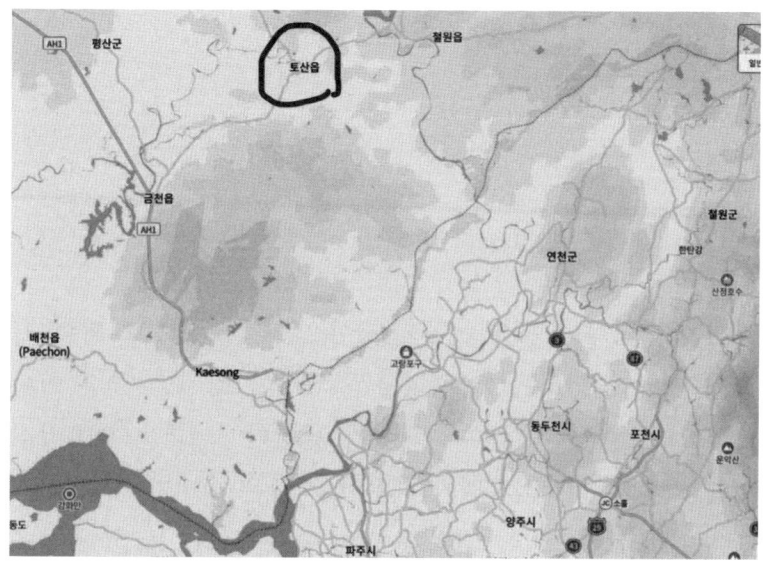

<토산군 현재 위치>

종암동은 싀붉바위 동네

서울 성북구에 종암동(鍾岩洞)이 있다. 고대학교 뒤편 지역이 이에 해당하는데, 종암동은 한자어 같지만 사실 이두 표기이다. 이곳은 예부터 바위가 많았다. 이것을 일제강점기에 막무가내 채석하였기 때문에 지금은 바위가 많이 없지만 아직도 산 중턱에 바위가 많이 남아 있다. 종암(鍾岩)을 훈독하면 '쇠북 종(鐘)'에 '바위 암(岩)'이니 '쇠북바위'가 된다. 쇠북은 소가죽으로 만든 큰 북을 이르는 말이다. 그런데 소가죽으로 만든 북과 바위는 전혀 어울리지 않는다. 그러므로 쇠북에는 다른 뜻이 숨어 있을 것이다. 필자가 생각하기에, 쇠북은 본디 '싀붉'에서 온 말로 보인다. 옛말 '싀붉'은 붉다는 뜻이니 종암(鍾岩)의 본디 뜻은 '붉은 바위'이고, 옛 이름은 '싀붉바위'(읽음소리; 새뼉바위)일 것이다. 아마 이 곳의 바위가 아침에 일출하는 해의 햇빛을 받으면 붉은 색을 띠게 되어 이런 명칭이 붙었을 것이다.

그런데 일제강점기 사람들은 이런 뜻을 인지하지 못한 것으로 보인다. 그래서 '싀붉'을 쇠북 즉 소가죽으로 만든 북으로 새기어 '쇠북 종(鐘)'과 '바위 암(岩)'으로 한역한 것이 지금의 종암(鍾岩)일 것이다. 예컨대 이와 같은 이두 표기로 자포암(紫布岩)[1]이 있다 자포암은 우리말 '사베바위'의 이두 표기인데, '붉을 자(紫)'는 '사'의 음차, '베 포(布)'는 '베'의 훈음사, '바위 암(岩)'은 바위의 훈차 표기로 조합되어 있다. 즉 「사(紫·음차)+베(布·훈음사)+바위(岩·훈차) = 사베바위」인데, 이것은 우리말을 한자로 표기하는 차자표기 방법인 음차·훈차·훈음사을 모두 사용하여 '싀붉'를 표기한 전형적인 예로 볼 수 있다. 아울러 '사베'는 '싀붉'에 대한 동해안 지역의 옛 사투리일 것이다.

이제 이 글을 마무리하면, 노인헌화가의 자포암(紫布岩)과 종암(鍾岩)은 옛 우리말 '싀붉'을 한자를 달리하여 표기한 것으로 같은 뜻의 차자표기이다. 또한 새우의 옛말이 '새뱅이'인데 이것도 '붉은 각류'라는 뜻이다. 새우를 삶으면 붉어진다. 그 밖의 용례로, 삼국사기 권37 지(志) 제6 「지리4 고구려·백제」 한산주 항목에서 사복홀(沙伏忽·赤城), 삼국사기 권37 제6 「지리4 고구려백·제」 우수주 항목에서 사비근을(沙非斤乙·赤木), 삼국사기 권36 제5 「지리3 신라」 비풍군 항목에서 소북포(所北浦·赤烏) 등이 보인다. 사복·사비·소북은 차자표기로 모두 '붉다'의 뜻이며 옛 우리말 '싀붉'의 음차 표기일 것이다.

---

[1] 자포암(紫布岩) : 이 책의 제2장 글 제목 「노인헌화가」를 참조할 것.

차자표기·이두의 이해를 위하여

1. 차자표기 개략

우리 민족은 글자를 다른 국가에 비하여 좀 늦게 가졌다. 우리 글자 한글은 세종대왕께서 1443년 음력 12월 창제하셨는데, 지금 세상에 존재하는 어떤 글자보다 우수하다. 그렇지만 한글이 창제되기 전까지 우리 민족은 우리말을 글자로 표기할 수 없어 엄청난 불편을 겪어야 했다. 다만 한자를 배우고 익힌 일부 상위층만이 한자의 음과 훈을 빌린 이두와 향찰로 우리말을 표기할 수 있었다. 하지만 이두와 향찰은 오래 전에 사라졌고 한자의 사용도 꺼리는 지금, 국문학자조차 이두를 우리말로 해석하기 쉽지 않다. 하물며 아마추어 독자들이 차자표기·이두를 해석하기란 난공불락의 성과 같을 것이다. 그래서 필자는 이 책에 고대 차자표기에 대한 해설을 굳이 한 단원으로 간략하게 실었다. 한자를 이용하여 우리말을 표기한 차자(借字)에 대한 이해가 충분하여야 이 책을 쉽게 접근할 수 있기 때문이다. 차자표기(借字表記)에 대하여 다음과 같이 간략히 소개한다.

2. 이두와 차자표기

이두에 대하여 인터넷에서 찾아보면 「한국민족문화대백과사전」에서 아래와 같이 서술하고 있다.

『한자의 음과 훈을 빌려 우리말을 기록하던 표기법이다. 제왕운기(帝王韻記)에서는 이서(吏書)라 하였고, 대명률직해(大明律直解)에서는 이도(吏道), 「훈민정음」의 정인지(鄭麟趾) 서문과 세종실록에서는 이두라 불렸으며, 그 뒤에도 문헌에 따라 선조실록에서는 이도(吏刀), 유서필지(儒胥必知)에서는 이두(吏頭)와 이토(吏吐), 동국여지승람(東國輿地勝覽)에서는 이찰(吏札), 전율통보(典律通補)에서는 이문(吏文) 등의 명칭이 쓰였다. 이 가운데 가장 널리 쓰여 온 것이 현재 우리가 쓰고 있는 이두(吏讀)인데, 이 말은 글자만이 다를 뿐 이도(吏道) 이도(吏刀) 이두(吏頭) 이토(吏吐)와 같은 말이다. 이(吏)는 '서리(胥吏)'의 이(吏)와 같은 뜻임이 분명하지만, 독(讀) · 도(道) · 도(刀) · 두(頭) · 토(吐) 등은 국어의 어떤 말을 글자만 달리해서 표기한 것이라는 사실만이 분명할 뿐이고 그 어원은 분명하지 않다. 대체로 구결(口訣)의 토(吐)와 같은 어원으로 '구두(句讀)'의 '두(讀)'가 변한 것으로 추측되고 있다. 이와 같이 보면, 이두는 서리들이 쓰는 이두문(吏讀文)의 '토'라는 뜻이 된다.』

과연 이두의 뜻은 한국민족문화대백과사전에서 위와 같이 서술한 대로 맞는 것일까? 현재 인정되는 통설이니 받아들일 수밖에 없다. 하지만 필자가 생각하기에, 이두에서 '이(吏)'는 「글 · 기호 · 그림 등으로 말을 이르다(표기하다)」

라는 뜻의 차자표기로 보인다. 즉 우리말 「니르다>이르다(표기하다)」를 첫 음절인 '이(니)' 한 글자로 줄이고 이것을 한자 '아전 이(吏)'의 음을 빌려서 표기한 것이다. 다음 독 · 도 · 두 · 토(讀 · 道 · 刀 · 頭 · 吐) 등도 「글 · 기호 · 그림 등을 읽고 새겨서 말을 토한다(내뱉는다 · 읽는다)」라는 뜻의 차자표기일 것이다. 즉 우리말 '토한다'를 첫 음절인 '토' 한 글자로 줄이고 이것을 한자 독 · 도 · 두 · 토(讀 · 道 · 刀 · 頭 · 吐)의 음을 빌려서 표기한 것이다. 그러므로 이두란 글 · 기호 · 그림 등의 수단으로 말을 이르고(표기하고) 이것을 읽음으로써 그 말을 토하는(내뱉는) 것을 뜻한다. 즉 이두 · 이도 · 이토 · 이찰 · 이문 등은 우리말 「이르고 토한다」의 차자표기에 해당한다. 다만 이 견해는 필자의 개인적인 주장일 뿐 학계에서 인정되는 것은 아니다. 그런데 이러한 이두는 언제부터 시작하였을까?

상고시대 밝달(倍達 · 밝은땅)의 환족(桓族 · 흔족 · 동이족)이 최초로 한자를 만들었다고 가정할 때 이두는 본디 아주 오래 전부터 시작되었고, 고조선과 부여를 거쳐 삼국시대에도 사용되었다고 본다. 그러다가 삼국시대 말기 상류지식층이 중국식 한문과 사대주의에 빠져들면서 이두는 하급관리인 서리(胥吏 · 아전)들의 문자 표기법으로 격하되었고, 이런 이유로 이두(吏讀) 즉 「서리의 글자」라는 속명(俗名)을 얻었을 것이다.

결론적으로 필자는 「이두를 우리말을 한자의 훈과 음을 빌려서 기록하는 표기법으로서 그것을 표기하고 읽고 해석하는 지식과 행위」로 폭넓게 정의하고, 이두와 향찰에 사용된 한자를 '차자'(借字·빌린 한자)로 정의한다. 아울러 필자는 이두와 향찰의 차자표기 수단(방법)을 크게 음차, 훈차, 훈음사, 절운(切韻) 등 네 가지로 구분한다. 이것을 다음에서 각각 서술하고자 한다.

1) 음차

한자의 음을 빌려서 우리말을 표기하는 것을 음차(音借)라 한다. 이것은 한자의 음으로 우리말을 베낀다하여 음사(音寫)라고도 한다. 예컨대 우리말 '가'를 한자 가(加)·개(皆)의 음을 빌리고, 우리말 '시'를 한자 '주검 시(尸)'의 음을 빌리고, 우리말 '은'을 한자 '소리 음(音)'의 중고한어음(읜)을 빌려서 표기하는 방식이다. 그밖에 한자 '어질 량(良)'의 음(량)의 초성 'ㄹ'을 빌려서 우리말 용언의 활용 중(관형사형) 전성어미 '~ㄹ'를 표기하는 것도 일종의 음차에 해당한다.

2) 훈차

한자의 훈을 빌려서 우리말을 표기하는 것을 훈차(訓借)라 한다. 또한 이것은 한자의 훈으로 우리말을 베낀다 하여 훈사(訓寫)라고도 한다. 훈차와 훈사의 경우 차자의 훈과 「표기된 우리말」의 뜻이 같다. 예컨대 우리말 '바람이'를 한자 풍미(風未)로, 우리말 '달이'를 한자 월리(月利)로, '가까운 근처'를 인근(隣近)으로 표기하는 방식이다. 훈차는 나중에 우리말을 한자의 훈을 이용하여 한자어와 한문을 만드는 한역(漢譯)으로 발전하였다.

3) 훈음사

한자 훈의 음 즉 훈음(訓音)으로 우리말을 베끼는 것을 훈음사(訓音寫)라 한다. 훈음사는 한자 훈의 음만 빌리기 때문에 차자의 훈과 우리말은 아무 상관관계가 없다는 점이 훈차와 다르다. 예컨대 한자 '되살날 소(蘇)'의 훈음인 '되살'로 우리말 '되살'을 베끼는 것이다. 이 경우 차자(借字) 소(蘇)의 훈인 '되살아날'과 우리말 '되살'은 아무 관련이 없다. 우리말 '되살'은 엄한 액신(厄神)을 가리키는 말이다. 또 하나 예를 든다면, '흘겨볼 혜(盻)' 훈음의 첫 음인 '흘'로 우리말 목적격 조사 '을/를'을 베끼는 것이다. 이 '훈음사'라는 용어는 필자가 고대 차자표기를 연구하다가 고안한 용어로서 일반적인 용어가 아니다. 이 글에서 필자는 '훈음사'란 용어를 많이 사용하고 있는데 이것은 독자들에게 분명히 어색하고 이해하기 어려운 용어일 것이다. 하지만 본 해설을 참고하면 이 용어를 이해하는데 조금이나마 도움이 될 것이다.

4) 절운

절운 역시 필자가 발견한 차자표기 방법인데 이것은 두 가지가 있다. 첫째, 한자 두 개를 합성한 글자에서 앞 글자의 음을 반절하여 자음을 취하고 뒤 글자의 음을 반절하여 모음을 취한 뒤 이것을 합성하여 우리말을 표기하는 방식이다. 둘째, 한자 두 개를 합성한 글자에서 앞 글자를 음과 훈을 빌려서 우리말을 표기한 다음 뒤 글자의 음과 훈을 이용하여 우리말 표기를 보충하는 방법이다. 예컨대 균여전의

'헌나명경절하(巘拏名庚 名庚切賀)'와 서동요의 '夘乙(석을)'이 이에 해당하는데, 절운은 후술하는 고대 차자표기의 예에서, 서동요의 색다른 해석에서 자세히 다루기로 한다.

5) 한역

우리말을 한자 훈에 따라 한문으로 옮기는 것을 한역(漢譯)이라 한다. 한역은 이두와 향찰의 수단으로 볼 수 없다. 하지만 '우리말을 한자로 이르고 토한다'라는 점에서 본다면 한역도 넓은 의미의 훈차에 해당할 것이다. 지금 우리가 쓰는 한자어는 대개 우리말을 한자의 훈으로 한역한 것이다.

3. 고대 차자표기의 예

고대 우리말을 한자로 표기하는 데 있어서 일정한 방식이 있었던 것은 아니다. 고구려는 대부분 우리말을 음차 표기하였고, 부여 백제·신라·가야 등은 우리말을 음차와 훈차, 훈음사를 병용한 것으로 보인다. 이하 고대 차자표기의 예를 하나씩 살펴본다.

1) 고조선의 예

천신(天神)의 제사장을 우리말로 '단골(또는 당골)', 만주어로 '당구르', 몽골어로 '텐그리', 수메르어로 '딩기르'로 부르는데 이것을 한자로 표기한 것이 '단군(檀君)'이다. 즉 이 마디말의 첫 음「당·텐·딩」은 '박달나무 단(檀)'의 음을 빌리고,「골·그리·기리」는 '임금 군(君)'의 훈을 빌려서 차자표기한 것이다. 여기에서 단군의 본딧말 '단골'을 풀이하면 '단'은 'ᄒᆞᆫ'1)이라는 뜻이고 '골'은 「괴+이」에서 온 말이다. '괴'는 옛말 '괴다'의 어간이고, '괴다'는 「그리고 사랑하다」라는 뜻이다. '이'는 의존명사로서 사람을 지칭한다. 새김을 연결하면 「괴+이 = 괴이」가 된다. 따라서 단군(檀君)은 옛말로 '단괴이'로서 「단(ᄒᆞᆫ)을 괴는 이」 즉 「단(ᄒᆞᆫ)의 제사장」이라는 뜻이다. 이를 현대적으로 새기면 「단(天·ᄒᆞᆫ)을 사랑하고 모시는 이」라는 뜻일 것이다. 단군(檀君)의 뜻을 새겼으니 다음으로 '단괴이'의 음운 변화 과정을 살펴보자. 상고시대 동이족의 말은 'ㅣ' 음이 겹치는 경우(이+이) 'ㅣ' 음 중 하나는 'ㄹ'로 변하는 특성이 있었다. 이에 따라 '단괴이'는 「단괴이 > 단고ㄹ이 > 단고리 > 단골」로 변한 것이다. 이제 단군(檀君)의 차자표기를 마무리하면 아래와 같다.

① 첫 음절인 단(ᄒᆞᆫ)은 '박달나무 단(檀)'으로 음차하고,

② 둘째 셋째 음절인 '괴이'는 「괴는 이(사람)」 곧 제사장이므로 이를 '임금 군(君)'으로 훈차 표기하였다.

2) 부여의 예

해모수(解慕漱)는 음차, 훈차. 훈음사를 병용하여 우리말을 '해괴이'를 차자표기한 것이다. '해괴이'는 본디 「해(태

---

1) ᄒᆞᆫ : 본디 넓고 크다는 뜻인데, 은유적으로 하늘과 하느님(天主)까지 내포하는 말이다. 'ᄒᆞᆫ'을 옛 사람들은 한자 한(漢·韓), 환(桓), 황(黃) 등으로 음차 표기하였다. 현재 우리는 이 말을 쉽게 '한'으로 읽지만 옛날의 음가는 지금과 달랐을 것이다. 그것은 '아래 ㆍ'의 음가 차이 때문이다. 훈민정음 해례본 제자해에 의하면, '아래 ㆍ'는 턱을 목 아래로 당기고 입을 둥글게 하고 혀를 오그라지게 발음하여야 한다. 그러므로 'ᄒᆞᆫ'의 소리는 지금의 '한'보다 무겁고 깊은 소리로써 '환'에 가까울 것이다.

양)를 괴는 이」이라는 뜻이고, 이것을 현대적으로 새기면 「해를 사랑하고 모시는 이」라는 뜻으로서 태양신의 제사장을 지칭하는 말이다. '해괴이'의 차자표기 방식을 분석하면 아래와 같다.

① 해모수의 첫 음절 '해'는 한자 '풀 해(解)'의 음을 빌려서 음차 표기하였다.

② 둘째 음절 '괴'는 '괴다'를 표기한 것인데, '괴다'는 앞서 설명한 바와 같이 현대어 '그리다' '사랑하다'의 옛말이다. 이 '괴다'를 '괼 모(慕)'의 훈을 빌려서 훈차 표기하였다.

③ 셋째 음절인 '이'는 사람을 지칭하는 의존명사이다. 해모수의 한자 수(漱)는 우리말 의존명사 '이'(사람)를 표기한 한자이다. 즉 한자 '이 닦을 수(漱)' 훈음의 첫 음 '이'를 빌려서 우리말 '이'(사람)를 베낀 훈음사 표기이다. 훈음사는 단지 한자 훈음으로 우리말을 베끼기 때문에 차자 수(漱)의 훈인 '이 닦을'과 우리말은 '이'(사람)는 아무 관련이 없다.

④ 차자를 종합하면 「解(해의 음차)+慕(괴다의 훈차)+漱(이의 훈음사) = 해괴이」가 된다. '해괴이' 역시 나중에 'ㅣ' 음 하나가 'ㄹ'로 변하여 「해괴이>해고ㄹ이>해고리」로 변하였을 것이다.

3) 고구려의 예

어을매곶(於乙買串)의 새김은 고구려어로 '어를매곶'이다. 동사 '어를'의 기본형인 '어르다'는 '성교하다' 뜻이고, '매'(買)는 고구려어로 물이라는 뜻이다. '곶'[2]은 바닷가 · 강 ·

---

2) 곶 : 육지나 산이 강, 호수, 바다 쪽으로 돌출되어 강 등과 접하는

호수 쪽으로 툭 튀어나온 지형으로서 고구려어로 '입'이라는 뜻인데 지금도 이 말은 '곶'으로 통용되고 있다. 새김을 연결하면 어을매곶(於乙買串)은 「두 물이 어르는(교합하는) 곳」이라는 뜻으로 지금의 교하를 말한다. 고구려는 '어를매곶'을 아래와 같이 한자로 표기하였다.

① 옛 우리말 '어를'은 한자 어을(於乙)로 음차하였다.
② 물을 뜻하는 고구려어 '매'는 '살 매(買)'로 음차하였다.
③ 우리말 '곶'은 한자 '곶 곶(串)'으로 음차하였다.
④ 차자를 연결하면 「어을(於乙)+매(於乙)+곶(串) = 어을매곶(於乙買串)」이 되고, 이것을 우리말로 새기면 「두 물이 어르는 곳」 곧 「두 물이 교합(sex)하는 곳」으로 지금의 교하를 말한다.

4) 백제의 예

웅진(熊津)은 옛말 '곰[3)]나루'로 새긴다. 그런데 '곰나루'는 본디 「감해비리국(監奚卑離國)의 나루」의 줄임말이다. 여기에서 감해(監奚)[4)]는 「곰의 것」이라는 뜻으로써 감해비리국은 「곰신(神)의 나라」라는 뜻일 것이다. 그런데 감해비리국

부분을 말한다. 상고시대 동이족의 터전 바이칼에는 지금도 리티곶, 호보이곶, 부르한곶으로 불리는 지형이 있다. 우리말 '곶'은 우리민족이 바이칼에서 이주해 왔음을 간접적으로 입증하는 말이다.

3) 곰 : 우리민족의 원시신앙인 지신(地神)과 수신(水神)을 나타내는 말로 중세 훈민정음 표기인데, '훈'(天神)과 한 짝을 이룬다. 필자는 '곰'을 '감'으로 읽되 턱을 목 아래로 당겨서 무겁고 깊게 발음한다. 그러면 '괌'과 비슷할 것이다.

4) 감해(監奚) : 이 말을 중세 훈민정음으로 소급하여 표기하면 '곰히'이다. '히'는 '뉘해'에서 보듯 '누구의 것' 즉 소유물을 나타내는 말인데, 필자는 감해(監奚)를 「곰히>곰해>곰의 것」으로 해석한다.

은 마한시대 지금의 공주에 있었고, 이곳은 금강이 휘돌아 흐르는 곳이다. 그래서 마한시대 사람들은 이곳에 있던 나루를 '감해비리국의 나루' 곧 '곰나루'로 부른 것이다. 지금은 금강 어귀 공주에 금강대교가 설치되어 이곳을 쉽게 넘나들지만 1940년대만 해도 이곳은 배로 넘나들었던 큰 나루였다. 감해비리국의 나루 곧 '곰나루'를 백제는 아래와 같이 훈음사와 훈차를 병용하여 표기하였다.

① 옛 우리말 '곰'을 한자 '곰 웅(熊)'의 훈음인 '곰'으로 베꼈다. 이것은 훈음사 표기에 해당한다.

② 우리말 '나루'를 '나루 진(津)'으로 훈차 표기하였다.

③ 차자를 연결하면 「곰 웅(雄)+나루 진(津) = 웅진(熊津)」이 된다. 백제인은 '곰나루'를 한자 웅진(熊津)으로 표기하였지만 읽을 때에는 이두 독법에 따라 웅진보다는 '곰나루'로 읽었을 것이다. 그러다가 후대로 오면서 한자의 사용이 보편화함에 따라 점차 이두 독법 없이 한자음을 따라 '웅진'으로 읽었을 것이다.

5) 신라의 예

신라의 도읍 경주의 옛 이름은 '식븘'(읽음소리; 새블)인데, '식'는 서라(徐羅)로 음차하고, '블'은 벌(伐)로 음차 표기하였다. 차자를 결합하면 서라벌(徐羅伐)이 된다. 신라 사람들 역시 처음에 한자 서라벌(徐羅伐)을 이두 독법에 따라 서라벌보다는 '식블'로 읽었을 것이다. 그러다가 후대로 오면서 한자의 사용이 보편화됨에 따라 한자 서라벌(徐羅伐)과 우리말 '식블'이 혼용되었을 것이다. 그 후 개경이 고려의 수도가 된 이후에는 서라벌은 지금 경주를 뜻하는 고유명사로, '싀블'은 수도를 뜻하는 말로 고착한 것으로 보인다.

6) 가야의 예

가락(駕洛)은 우리말 '멍에물'로 새긴다. 멍에물은 저수지에 담긴 물을 뜻한다. 즉 하천이나 강에 'ᄀ룸멍에'(둑)를 쌓고 그 안에 담겨진 물을 말한다. 가야는 '멍에물'을 한자로 표기함 있어서, 멍에는 '멍에 가(駕)'로 훈차하고, 물은 '물이름 락(洛)'으로 훈차 표기하였다, 고대 가야 사람들 역시 지금의 저수지를 뜻하는 '멍에물'을 차자표기 가락(駕洛)으로 쓰되, 이두 독법에 따라 가락(駕洛)보다는 '멍에물'로 읽었을 것이다. 또한 가락(駕洛)의 본딧말이 '멍에물'이니 가야는 가락의 나라 즉 「멍에물의 나라」이고 이는 「저수지의 나라」라는 뜻일 것이다.

7) 고려의 예

고려시대에는 우리말을 한역하는 것이 보편화하였고 이에 따라 차자표기·이두는 서리(胥吏)들의 표기법으로 격하되었다. 다만 특이한 차자표기 방법으로 절운(切韻)이 있다. 균여전5)의 「헌나?명경절하(爓拏名庚名庚切賀)」가 바로 그것이다.

---

5) 균여전 : 이 책은 다른 이름으로 《대화엄수좌원통양중대사 균여전(大華嚴首座圓通兩重大師均如傳)》라고도 불린다. 고려 초기의 도(道)가 높은 스님 균여(均如·생몰 923~973년)의 일대기를 적은 책이다. 고려 문종 29년(1075년)에 쓰였고, 진사 혁련정(赫連挺) 선생이 균여의 문도(門徒)들로부터 자료를 제공받아 편찬하였다.(인터넷 「나무위키」에서 발췌/인용)

이 마디말은 범어 'gandavyūha'를 음사한 말인데, '간다뷰하'는 화엄(華嚴)이라는 뜻이다. 그런데 고대 중국에서 'ㄱ'음은 'h'음으로 'ㄷ'음은 'ㄴ'음으로 'ㅂ'음은 'ㅁ'음으로 변형되어 발음되었다. 따라서 'gandavyūha'는 중국과 우리나라에서 'hannamūha'(헌나뮤하)로 변형되어 발음하였을 것이다. 이에 따라 혁련정 선생은 'gan/han'는 한자 '산봉우리 헌(巘)'으로 음차하고, 'da/na'는 '붙잡을 나(拏)'로 음차하고, 'ha'는 '하례할 하(賀)'로 음차 표기한 것으로 보인다.

문제는 「名庚名庚切(?명경절)」인데 '名庚' 자는 어떤 자전에도 없는 한자라는 점이다. 그래서 필자는 명경절(名庚切)의 경(庚) 자을 '곳집 유(庾)'의 오기로 보았다. 그러면 이 마디말은 「名庚名庾切6)(?명유절)」로 고칠 수 있다. 필자는 이렇게 정정된 명유절(名庾切)을 - '名庚' 자를 읽음에 있어서 「명(名)에서 반절하여 자음 'ㅁ'을 취하고 유(庾)에서 반절하여 모음 'ㅠ'를 취하여 이 글자를 읽으라」라는 뜻으로 새기었다. 따라서 '名庚'은 우리말로 발음하면 「ㅁ+ㅠ = 뮤」로 읽게 된다.

결국 균여전 본문 첫 머리 글발 「巘拏名庚名庚切賀(헌나?명경절하)」는 우리말로 「'헌나뮤하'로 읽으라」는 뜻의 차자표기이다.7) 다만 이와 같은 우리말 차자표기 방식은 아주 새로운 것이며, 앞으로 국문학자들의 연구대상이다.

---

6) 切(절) : 앞 글자를 반절하여 성모(자음)를 취하고 뒤 글자를 반절하여 운모(모음)를 취하라는 뜻으로 본다. 육법언의 저서 「절운」에서 이것을 확인할 수 있다.

7) 이 글은 「《김영만 균여전 이제/헌나뮤하와 '(질)등야》, 고려대학교 국어국문학연구회 語文論集. 24·25('1985. 1.) pp. 81-102」를 인용하였다.

4. 맺는말

이상 간략하게 이두에 있어서 차자표기 방식인 음차, 훈차, 훈음사, 절운에 대하여 살펴보았다. 이두는 고대 우리말을 한자로 표기하는 방식이지만 지금도 우리가 사용하고 있는 말 중에는 이두에서 기원이 낱말이 많이 있을 것이다. 이 낱말들을 찾고 캐내어 자료화하는 노력이 필요하다. 물론 현재 여러 국문학자들이 이두에 관하여 연구한 바 그 성과로서 굉장한 결과물이 존재한다. 바로 단국대학교에서 출판된 「이두사전」이 그것이다. 하지만 이 사전의 내용도 후학들이 더 보충하고 확장하여야 할 것이다.

《균여전 서문 헌나뮤명경절하》

제2장 고전시가 5가 3요

향가의 뜻

1. 들머리 글

향가는 우리의 고유한 시가를 가리키는 말이다. 한국인이라면 모두 자긍심을 갖는 신라시대 향가 중에서 우리들이 처음 접하는 것은 고교 교과서에 실린 '처용가'이다. 현재 향가는 「균여전」에 11가(歌), 「삼국유사」에 14가(歌), 모두 합해서 25가[1](歌)가 전한다. 향가 25가에 대하여 국문학자마다 자기 나름의 해석을 내놓고 있으나 일반적으로 양주동 박사와 김완진 교수의 해석이 주로 인용된다. 필자도 재야 연구가로서 처용가, 원왕생가, 서동요 등에 대하여 졸견을 담아 해석을 시도한 바 있다. 그러다가 향가(鄕歌)란 말에 대하여 의문을 갖게 되었고, 이것이 동기가 되어 향가란 말을 탐구하였다. 그 결과를 정리하여 다음과 같이 싣는다.

---

1) 25가 : 국문학계는 현재 전해오는 사뇌를 모두 25가로 본다. 통설은 이 중에서 삼국유사의 14가는 신라 시대 사뇌로, 균여전의 11가는 고려 시대 사뇌로 본다. 다만 균여전의 11가는 내용이 모두 불교의 찬불가로서 신라의 사뇌보다 문학적으로 격이 떨어진다. 그런데 북한 국문학계는 「장절공유사」에 실려 있는 '두 장수의 노래'를 고려 시대 사뇌로 보아 총 26가로 본다.

2. '향가'라는 말의 뜻

　서울의 어원이 신라어 '시붉'(읽음소리; 새블)이다. '시붉'에서 '시'는 도읍·동쪽·새롭다·붉다·밝다·사이·성하다 등을 뜻하는 말이고, '붉'은 큰 고을을 뜻하는 말이다. 그러므로 '시붉'에서 '시'를 도읍으로 보면 '시붉'은 '도읍 고을'을 뜻한다. 백제의 도읍이었던 소부리(所夫里)도 '시붉'이 그 어원이다. 그러므로 '시붉'은 한자 '서울 경(京)'으로 훈차 표기할 수 있다. 경(京)의 본딧말이 우리의 고대어 '시붉'에서 온 것임을 알았으니 이제 향(鄕)의 훈인 시골의 본딧말을 살펴본다.

　지금은 우리가 시골이라는 말을 잘 쓰지 않지만 불과 사오십년 전만 하여도 '서울 경(京)'에 대응되는 말이 '시골 향(鄕)'이었다. 이 같이 서울 외의 지역을 가리키는 순우리말 '시골'의 어원은 도대체 무엇이고 어디서 기원한 말일까?

　답은 간단하게 '시붉'에 있다. 즉 도읍을 뜻하는 옛말 '시'에 변두리를 뜻하는 접미사 '가'를 붙이면 '시가'가 된다. 그리고 '시가'에 고을을 뜻하는 옛말 '붉'을 합성하면 '시가붉'이 된다. '시가붉'을 현대어로 해석하면 「도읍의 변두리에 있는 고을」이 될 것이다. 그렇다! 한자 향(鄕)의 훈은 신라어(옛 우리말)로 '시가붉'이었다. 이 '시붉'과 '시가붉'의 변천 과정을 살펴보면 아래와 같다.

○ 시붉>시블>셔블>서울

○ 시가붉>싀가블>싀골>시골

　이제 다시 본론으로 돌아가서, 향가(鄕歌)는 '시골 향(鄕)'에 '노래 가(歌)'이니 '시골노래'(촌 가락)'이라는 뜻이다. 신라인들이 그들의 고유시가을 향가(鄕歌)라는 명칭으로 부른 것은, 중국의 오언절구나 칠언율시에 비하여 '시골노래'라는 뜻에서 이렇게 이름붙인 것이다. 이것은 중국의 시가(詩歌)는 차원 높고 신라의 시가(詩歌)는 '시골 촌것'이라는 뜻과 같다. 향가의 속뜻을 알고 보니 향가는 제 것을 스스로 낮춘 사대(事大)의 잔망이 박힌 이름이다. 물론 신라의 고유시가 중국의 한시(漢詩)에 비하여 수준이 조금 떨어지는 것은 이해한다. 그러나 향가가 신라만의 특색[2]이 있는 만큼 '시골노래'이라고 자기비하 할 것은 아닌데 신라인은 스스로 '시골노래'라고 이르고 있다. 또한 지금도 교과서와 모든 책에서 우리의 고유시가을 향가란 명칭으로 가르치고 있다. 아직도 신라의 사대가 뿌리 깊게 살아 있는 느낌이다.

3. 맺는말

향가는 신라와 고려 시대에 존재하였던 우리의 고유시가를 가리키는 명칭으로 이미 고유명사가 되었다. 그런데 앎도 별로 없는 필자가 겁도 없이 「향가의 속뜻은 시골노래」라는 견해를 밝힌다 해도 국문학계에서 변하는 것은 조금도 없을 것이다. 단지 큰 호수에 작은 돌멩이 하나 던지는 꼴

---

[2] 향가만의 특색 : 삼국유사 권2 기이 제2 「경덕왕·충담사·표훈대덕」 편에 경덕왕이 충담사에게 "짐은 일찍이 대사의 '찬기파랑사뇌가'가 그 뜻이 깊고 높다고 들었도다. 이 소문이 과연 그러한가?"(脫嘗聞師讚耆婆郞詞腦歌 其意甚高 是其果乎)라는 기록이 있다. 필자는 이 문장을 근거로 경덕왕 때까지 신라 사람들은 향가를 사뇌로 불렀고, 그들의 고유시가인 사뇌를 스스로 '그 뜻이 깊고 높다'고 평가하였다고 본다.

로 미세한 파동에 불과할 것이다. 하지만 미미한 처지라고 어찌 그릇된 것을 지적하지 않겠는가?

　우리는 지금부터라도 '향가'란 명칭을 저버리고 우리 고유시가의 최초 이름인 사뇌(詞腦)를 - 물론 이에 대한 국문학자들의 연구 검토와 고증이 필요하겠지만 - 마땅히 사용해야 할 것으로 본다. 하지만 향가를 사뇌로 고쳐 부르는 일은 하루아침에 바꿀 수는 없을 것이다. 그렇다고 일손을 놓고 우리의 고유시가을 계속 '시골노래' '촌 가락'으로 후손에게 가르치는 것은 옳은 일이 아니다.

우리 고유시가의 최초 이름은 사뇌

1. 들머리 글

향가(鄕歌)의 뜻이 '시골노래'임을 앞서 서술한 글 「향가의 뜻」에서 밝힌 바 있다. 그런데 신라 사람들이 향가를 '시골노래'로 불렀다면 언어의 대칭성으로 볼 때 분명히 '시골노래'에 대응하는 말이 당시에 있을 것이다. 필자는 이것을 전제로 신라 시대 '시골노래'에 대응하는 말을 찾아 이리저리 문헌을 뒤져 보았다. 그 결과 놀랍게도 향가의 본디 이름은 사뇌(詞腦)이었고, 그것은 「도읍의 가락」이라는 뜻이었다. 다음에서 이것을 펼쳐 본다.

2. 사뇌의 뜻

1) 향가의 또 다른 이름

우리 고유시가의 명칭에 대한 첫 기록은 삼국사기 신라본기 유리이사금(재위; AD.24~AD.57년) 편에 나오는 사뇌

(詞腦)이다. 그밖에 우리 고유시가의 또 다른 이름1)으로 시내(詩腦)·사뇌(思惱)·사내(思內)·신열(辛熱)·삼대(三代)·삼죽(三竹) 등이 있다. 이것들은 모두 신라 시대 우리말 중에서 「어떤 낱말」을 한자로 표기한 이두 명칭들이다. 그런데 이들 명칭은 우리가 흔히 쓰는 향가(鄕歌)와 글자부터 사뭇 다르다. 필자는 위 우리 고유시가의 명칭 중에서 가장 오래된 명칭은 사뇌(詞腦)이므로,

'사뇌(詞腦)를 살펴보면 향가 본딧말을 알 수 있지 않을까?'

이렇게 생각하며 그 추적을 시작하였다.

2) 우리 고유시가의 최초 명칭

삼국유사 권1 기이 제1 「제3대 노례왕」 편에,

「비로소 도솔가를 지었는데 흐느끼는 말(嗟)과 사뇌(詞腦)의 격이 있다2)」

라는 기록이 있다. 또 삼국사기 권1 신라본기 제1 「유리이사금」 편에,

「왕 5년 이 해에 민속이 기쁘고 편안하였다. 비로소 도솔가를 지었는데, 이것이 가악(歌樂)의 시초이다.3)」

라는 기록이 있다. 위 두 기록에서 노례왕과 유리이사금은 명칭만 다를 뿐 신라 제3대 임금으로 동일한 인물이다. 그런데 위 첫 번째 기록에서 우리는 우리 고유시가의 명칭

---

1) 향가의 또 다른 이름 : 위 본문에 열거한 명칭 외에도 향가는 도솔가(兜率歌), 국풍(國風), 자국지가(自國之歌) 등으로도 불린다.
2) 구절 원문 : 始作兜率歌 有嗟辭 詞腦格
3) 구절 원문 : 是年(王 5년) 民俗歡康 始製兜率歌 此歌樂之始也

이 '사뇌(詞腦)'임을 알 수 있다. 아울러 이 기록은 우리 고유시가을 가리키는 최초의 명칭이기도 하다. 그리고 두 번째 기록에서 「사뇌(詞腦)의 격이 있다」라는 표현은 유리이사금 시대 이전에 이미 사뇌(詞腦)가 존재하였음을 짐작하게 한다. 역사적으로 고증할 수 없지만 신라 고유시가인 사뇌(詞腦)는 고조선에서 시작되어 삼한(마한·진한·변한)에 전해지고 신라에서 더욱 발전한 것으로 보인다.

3) 사뇌의 본딧말은 무엇인가?

사뇌(詞腦)는 2,000여 년 전 한자어이다. 그러므로 이것은 신라 시대 '어떤 말'의 차자표기일 것이다. 그런데 '어떤 말'에 해당하는 사뇌의 본딧말을 추적하는데 있어서 가장 먼저 전제하여야 할 조건이 있다. 그것은 「신라 초기는 중국 중고한어(中古漢語)의 사용시기와 겹친다」는 것이다. 그러므로 신라 초기에 우리말을 한자로 표기하는 차자표기 - 곧 한자의 음을 빌려서 우리말을 표기하는 음차는 중국 중고한어음(中古漢語音)을 빌려야 이치에 맞다. 즉 이두와 향찰에 있어서 신라 초기에 사용하던 차자표기 음차는 중국 중고한음과 유사하여야 한다는 전제조건을 벗어날 수 없다. 필자는 이런 전제 아래 우리 고유시가의 최초 명칭인 사뇌(詞腦)에 대하여 살펴본다.

사뇌(詞腦)에서 '말씀 사(詞)'자의 중국 중고한어음은 [sia]이었고, '골 뇌(腦)'의 중고한어음은 [nuăi]이었다. 이를 결합하면 사뇌(詞腦)의 중고한어음은 [sianuăi](읽음소리; 샤놔이)이다. 이것은 한자 사뇌(詞腦)로 음차 표기된 신라의 '어떤 말'은 최소한 사뇌(詞腦)의 중고한어음 [sianuăi]와 유사해야 함을 요구한다. 필자는 이것을 발판으로 신라의 '어떤 말'을 추정하였고, 이 낱말을 중세 훈민정음으로 소급하여 표기하였더니 그것은 '싀ᄂ읶'(읽음소리; 새놔이)이었다. 이 낱말은 필자가 참 많은 생각 끝에 내린 결론이다. 물론 '싀ᄂ읶'는 국문학계에서 인정된 용어는 아니다. 하지만 필자가 어렵게 찾아낸 옛말 '싀ᄂ읶'가 우리 고유시가의 본디 이름이고, 이것을 한자의 음을 빌려서 차자표기한 말이 사뇌(詞腦)일 개연성은 충분히 존재한다.

4) 사뇌의 뜻

만약 필자의 견해대로 사뇌(詞腦)가 '싀ᄂ읶'의 음차 표기라면 '싀ᄂ읶'는 무슨 뜻인가?

옛말 '싀ᄂ읶'는 '싀'와 'ᄂ읶'로 따로 분리하여야만 그 뜻을 알 수 있다. 이에 따라 분리된 옛말 '싀'는 앞서 설명한 바와 같이 여러 뜻이 있는데, 그 중 하나는 도읍을 뜻한다. 다음 'ᄂ읶'는 무슨 뜻인가? 필자는 단도직입적으로 옛말 'ᄂ읶'를 현재 노래를 뜻하는 낱말 '나위'의 본딧말로 본다. 따라서 '싀ᄂ읶'에서 '싀'를 도읍으로 보고 'ᄂ읶'를 나위 곧 노래로 보면, '싀ᄂ읶'의 본디 뜻은 「도읍의 나위」라는 말이 된다. 이것은 길게 설명할 필요 없이 「도읍에서 불리는 노래」라는 뜻이다. 그렇다! 우리의 고유시가의 본디 이름은 '싀ᄂ읶'이고, 이것을 음차 표기한 사뇌(詞腦)의 본디 뜻은 「도읍의 노래」이지 결코 '시골노래' 鄕歌가 아니다. 본디 뜻이 이러하니 '싀ᄂ읶'는 그 얼마나 고귀한 이름인가!

3. 맺는말

위에서 살펴본 바와 같이 사뇌의 뜻과 향가의 뜻은 180도 다르다. 전자는 '도읍의 노래'이고 후자는 '시골노래'이다. 그런데도 예부터 지금까지 우리는 우리 고유시가의 명칭을 오로지 향가로만 불러왔다. 그리하여 이것은 끝내 우리 고유시가의 고유명사가 되었다. 이제 우리는 이것을 바로 잡아야 한다. 지금부터라도 향가라는 명칭의 사용을 지양하고 사뇌(詞腦)와 옛 우리말 '싀느이'를 - 물론 이것은 학계의 고증과 동의가 있어야 하겠지만 - 함께 사용하여야 한다. 아울러 국어사전에 등록된 사뇌(詞腦)의 뜻도 「도읍의 나위」곧 「도읍에서 불리는 노래」로 고쳐야 마땅할 것이다. 사뇌 곧 '싀느이'는 '도읍의 노래'이지 절대 '시골노래' 촌 가락이 아니다.

밑대 · 삼대 · 삼죽의 출현

1. 들머리 글

신라가 삼국을 통일하고 전성시대 8세기를 거친 후 9세기에 이르면 '도읍의 노래'인 사뇌(詞腦)가 일정 형식을 갖춘 정형시가(定型詩歌)로 발전한 것으로 보인다. 그리고 사뇌는 삼대(三代)라는 새로운 이름을 얻은 것으로 보인다. 또 삼대의 우리말은 '밑대'인데 이것은 필자가 삼대목의 뜻을 연구하다가 발견한 것이다. 다음에서 필자가 '밑대'를 추적한 과정을 밝혀본다.

2. 삼대의 뜻

삼대(三代)는 '석 삼(三)'에 '마디 대(代)'이다. 그런데 신라와 고구려에서 숫자 3의 수사로 '밑'이 있었다. 그러므로 삼을 '밑'으로 대치하면 삼대는 '밑대'가 된다. '밑대(代)'에서 '마디 대(代)'는 이두에서 대나무를 표기할 때 쓰는 한자이다. 그러므로 삼대는 '세 개의 대나무'라는 뜻이다. 또한 사뇌는 간혹 삼죽(三竹)으로도 기록되었는데, 삼죽도 '세 개의 대나무'라는 뜻이다. 필자는 밑대·삼대·삼죽을 모두 사뇌의 구성형식에서 비롯된 말이라고 본다. 그 이유는 필자가 여러 사뇌를 해석하면서 - 대부분의 사뇌가 그 내용에 있어서 문장의 맥락이 세 부분으로 나뉘어 있음을 발견했기 때문이다.

3. '밑대'의 차자표기

통일신라 중기 이후에 들어서면, 우리 고유시가인 '싀ᄂ이' 즉 사뇌(詞腦)는 일정 형식을 갖추고 그에 걸맞은 새로운 이름을 얻은 것으로 보인다. 즉 신라인은 사뇌(詞腦)를 '밑대'로 - 세 개의 대나무라는 뜻의 우리말로 - 새롭게 부른 것으로 보인다. 그리고 신라 사람들은 '밑대'를 한자의 훈과 음을 빌려서 삼대(三代)으로 표기하였을 것이다. 즉 '밑대'에서 '밑'을 '밑 삼(三)'으로 훈차하고, 우리말 '대나무'를 한자 '마디 대(代)'의 음을 빌려서 음차 표기한 것이 삼대(三代)이다. 아울러 우리말 '밑'을 '밑 삼(三)'으로 훈차하고, 우리말 대나무를 '대 죽(竹)'으로 훈차 표기한 것이 삼죽(三竹)이다. 그러므로 삼죽(三竹)와 삼대(三代)는 모두 우리말 '세 개의 대나무'의 차자표기로 같은 뜻의 말이다. 다만 삼대(三代)는 우리말 '세 개의 대나무'를 「三(훈차)+代(음차)」로, 삼죽(三竹)은 우리말 '세 개의 대나무'를 「三(훈차)+竹(훈차)」로 표기한 것만 다를 뿐이다. 이 때문에 통일신라 중기에 이르면 우리 고유시가는 사뇌(詞腦)라는 이름보다 밑대 · 삼대 · 삼죽이라는 이름으로 더 많이 불리었을 것이다.

4. 세 개의 대나무

필자는 앞글에서 사뇌의 구성형식이 세 개의 문장 맥락으로 이루어짐을 서술하였다. 이것은 삼대 · 삼죽 · 밑대라는 말 그 자체가 – 신라의 고유시가는 세 개의 문장 맥락으로 이루어짐을 내포하고 있으므로 의심의 여지가 없다. 아울러 현존하는 신라 사뇌 14가를 전부 살펴보아도, 그것들의 내용은 모두 문장의 맥락이 세 부분으로 나뉘어 있음을 확인할 수 있다. 그런데 그동안 국문학계는 어떤 이유인지 사뇌(詞腦)의 구성형식 '세 개의 대나무' 곧 삼대를 아예 언급조차 하지 않았다.

이것은 일제강점기 일본인 학자 가나자와 쇼자부로(金沢庄三郎) · 오구라 신페이(小倉進平)의 영향 때문일 것이다. 일본의 고대 시가집인 만엽집(萬葉集)에 수록된 화가(和歌 · 와카)는 대개 두 글발로 이루어져 우리 사뇌의 구성형식 – 세 개의 대나무보다 그 구성도가 떨어진다. 필자가 생각하기에, 이들은 이 점을 잘 알고 있었고 문화적 열등콤플렉스 때문에 우리 사뇌의 구성형식을 알고도 일부러 모른 채 하였을 것이다. 하지만 필자의 추정은 – 이들이 모두 사망하였고 이것을 기록한 바 없으므로 – 고증할 수 없는 입방아로 치부하여도 할 말 없다.

5. 편(篇)과 수(首)에 대하여

신라인은 당초 사뇌(詞腦)에 중국의 한시에 적용하는 편(篇)과 수(首)란 용어를 사용하지 않았을 것이다. 사뇌(詞腦)에 대하여 편(篇)과 수(首)에 대응하는 신라만의 용어를 가졌는데, 이것이 요(謠)와 가(歌)이었다. 신라 시대에는 사뇌(詞腦)를 수를 1가, 2가로 불렀지 지금처럼 1편(篇), 2편(篇) 또는 1수(首), 2수(首)로 부르지 않았을 것이다. 사뇌(詞腦)의 수를 셈함에 있어서 삼국유사에 기록된 요(謠)와 가(歌)라는 용어가 이를 입증한다. 또한 신라인은 당시 사뇌(詞腦)의 문장에 대하여 죽(竹) 또는 대(代)라고 부르고 그것을 구성하는 문장을 '글발'로 불렀지 지금처럼 행(行)이나 구체(句體)란 용어를 쓰지 않았을 것이다. 옛 것은 가급적 그 당시 말을 써야 한다. 그래야 그나마 옛 것의 원형을 보존할 수 있다. 이에 따라 필자도 사뇌((詞腦)에 대하여 '편'이나 '수' '행'이란 말을 쓰지 않는다. 그럼에도 혁련정 선생이 균여전에서 향가를 11수(首)라고 기록하고, 글발을 당서(唐序)라고 기록한 것은 고려시대 이미 학자들이 중국 영향을 받아 시(詩)와 문장에서 사대화가 깊게 진행하였음을 간접적으로 입증한다.

6. 맺는말

끝으로 사뇌의 정형을 -「사뇌(詞腦)는 세 개의 문장 맥락으로 구성됨을」- 발표하는 것은 아마 필자가 국문학계에서 처음일 것이다. 그동안 발표된 사뇌에 관한 기존의 책이나 논문에서는 이 같은 내용을 전혀 찾아볼 수 없다. 아울러 하찮은 의견이라도 의심을 가짐은 건강한 학문의 자세이지만 냉소함은 오히려 발전을 가로막는 자기만의 패러다임에 갇힐 뿐이다. 이에 필자의 새로운 견해에 대한 독자 여러분의 검증을 기다린다.

사뇌의 정형 형식

1. 들머리 글

　신라의 고유시가의 본디 명칭은 우리말로 '싀ᄂᆞ이'이고 이것은 '도읍의 노래'라는 뜻으로, '싀ᄂᆞ이'을 음차 표기한 말이 사뇌(詞腦)임을 필자는 앞 글에서 이미 밝혔다. 그리고 통일신라 중기에 이르면 사뇌가 일정 형식을 갖춘 정형시가로 발전하였음도 이미 개진하였다. 아울러 사뇌가 '세 개의 문장' 맥락 즉 '세 개의 대나무'로 이루어짐을 빗대어, 통일신라 중기에 밑대·삼대·삼죽이라는 말이 출현하였음 역시 이미 서술하였다.
　그런데 필자는 그동안 여러 사뇌를 해석하면서 그 구성형식에 대하여 깨달은 바가 있다. 필자는 이것을 3죽6명1차(三竹六名一嗟)라고 이름 붙였다. 이번 글은 사뇌의 정형(定型)에 관한 글이다.

2. 사뇌의 정형 3죽6명1차

1) 시조의 정형 3장6구

시조의 구성은 알다시피 3장(章)6구(句)의 정형시가(定型詩歌)이다. 3장은 초장·중장·종장이고, 모두 각각 2구로 구성되어 합하면 6구가 된다. 필자는 초등학교 6학년 때 중학입시를 거쳐 중학교를 들어가는 시절을 겪었다. 그 시절 초교 6학년 때 초장과 중장의 1구당 글자 수는 3·4 : 3·4, 종장의 첫 구 글자 수는 3·5, 마지막 구의 글자 수는 4·3 이렇게 배웠다. 또한 종장에 대개 '어즈버' '아해야' 등의 '차'(嗟·감탄사)가 들어간다. 그런데 이 시조의 정형은 어디서 온 것일까? 이에 대해 필자는 시조의 정형이 사뇌에서 온 것이라고 확신하고 있다.

2) 사뇌의 정형 형식 추정

시조의 구성 형식이 3장6구라면 시조의 원조인 사뇌(詞腦)의 정형 즉 구성형식은 어떻게 될까?

필자의 아버지께서는 시조(時調·時節歌調의 줄임말) 가객(歌客)이셨는데, 아버지와 어울리던 그 세대의 시조 가객들로부터 아주 오래전 어릴 적에,

"시조는 향가로부터 왔고, 향가는 「3구6명(三句六名)」로 이루어진다"

라는 말을 어설피 들은 바 있다. 그런데 이번에 사뇌의 뜻을 탐구하면서 이 기억이 되살아났고, 그리고 마침내 균여전에서 3구6명(三句六名)이란 용어를 확인할 수 있었다.[1]

---

1) 3구6명(三句六名)이란 용어를 확인할 수 있었다 :「균여전」교분통묘 제10권 24편하(下)에 「가(歌)는 우리말로써 배열하여 3구(三句)과 6명

하지만 필자가 생각하기에, 시조가객들이 언급하던 사뇌(詞腦)의 정형「3구6명(三句六名)」도 후대에 붙여진 용어이고, 신라 시대에는 한 문장을 죽(竹)이라 하였으므로 본디「3죽6명(三竹六名)」이었을 것이다.

그러다가 신라 말기에 이르면서 관리나 상류층이 중국의 영향을 받아 사대에 물들기 시작하였고, 그 영향으로 신라인은 사뇌(詞腦)의 고유한 용어인 죽(竹)을 중국 시가를 따라 장(章)·구(句)·행(行) 등으로 대체한 것을 보인다. 즉 신라 말기쯤 이르면 신라인은 자기들의 고유한 용어 3죽6명를 중국식으로 3구6명으로 바꿔서 부른 것으로 필자는 추정한다. 그 후 3구6명은 고려시대를 거쳐 조선시대 시조 가객들에게 전하여졌고, 조선시대 시조 가객들은 구(句)를 다시 장(章)으로 바꾸어 시조의 정형인「3장6구(3章6句)」라는 말이 생겨난 것으로 보인다.

(六名)으로 깎고 가다듬는다. 소리를 논하면 말소리의 구획이 삼성(參星)과 상성(商星)과 같아서 동서(東西)를 분별하기 쉽고, 근거와 이치를 분별코자 하면 적을 마주하는 창과 방패 같아서 강약을 구분하기 어렵다. 비록 펼친 글의 칼날이 부족하여 인정받음이 한결같이 궁색하여도 의해(義海·뜻)는 각기 제자리를 얻은 것이니, 어찌 – 우리나라 재주있는 자재와 명공(名公)들이 당나라 시가는 읊을 줄을 알지만 이 땅의 이름난 유학자(鴻儒)와 큰스님(碩德)이라도 우리 노래는 알지 못하는 – 슬픔을 덜지 않으랴!」라는 문장이 있다. (歌排鄕語 切磋於3句6名 論聲則隔若參商東西易 辨據理則敵如矛楯强弱難分 雖云對衍詞鋒足認同迫 義海各得其所于 何不減而所恨者 我邦之才子名公解吟唐什 彼土之鴻儒碩德莫解鄕謠)
*삼성(參星) : 28수 중 서방 백호(白虎)를 이루는 일곱 별자리 가운데 일곱째 별자리를 말한다. *상성(商星) : 28수 중 동방의 창룡(蒼龍) 7수(七宿) 가운데 다섯 번째 별자리로 3개의 별로 이루어져 있는데, 주별을 상성(商星), 순화(鶉火), 대화(大火), 대진(大辰) 등으로도 일컫는다. (한국사데이터베이스『사기(史記)』에서 발췌/인용)

그런데 필자가 그동안 여러 사뇌를 해석하면서 「3죽6명(三竹六名)」을 사뇌의 정형으로 보기에는 어딘가 부족함을 느꼈다. 그래서 전래되는 사뇌 25가 전부를 살펴보니 대개 '차'(嗟·감탄사)가 있었다. 이것을 확인하는 순간 필자는,

'아하, 사뇌의 구성형식은 3죽6명(3竹6名)에 1차(嗟·감탄사)를 합하여 3죽6명1차(3竹6名1嗟)[2]로구나!'

단번에 이렇게 깨달았다. 그렇다! 이것이 - 그동안 우리가 전혀 관심을 기울이지 않았던 사뇌의 정형이었다. 필자는 글을 쓰는 순간에도 이 3죽6명1차(3竹6名1嗟)를 위대한 발견이라도 한 냥 스스로 대견해 한다. 각설하고.

이제 사뇌의 구성형식을 알았으니 본격적으로 사뇌(詞腦)의 정형, 「3죽6명1차(三竹六名一嗟)」에 대하여 살펴본다.

3) 3죽(竹)이란 무엇인가?

'3죽(三竹)'이란 무엇인가? 이것은 - 신라 사람들이 사뇌의 구성형식을 대나무 세 개에 빗대어 '3죽(三竹)'으로 표현한 것이다. 여기에서 죽(竹)은 문장의 한 맥락을 의미한다. 사뇌(詞腦)를 자세히 살펴보면 그 구성은 3개의 문장 맥락으로 되어 있음을 알 수 있다. 필자는 처용가를 예로 들어 그것을 아래표로 만들었다.

| 1죽 | - | 동경 볼기 ᄃ래 새도록(밤드리) 노니다가 |
| 2죽 | 첫 글발 | 드러ᅀᅡ 내 자리를 보니 가ᄅ리 네히로셰라 |

---

[2] 3죽6명1차(三竹六名一嗟) : 이 용어는 필자가 삼대목의 뜻을 연구하다가 사뇌의 정형 형식을 깨닫고 균여전의 3구6명(三句六名)에 1차를 추가하여 새로이 이름붙인 용어로 개인적인 견해이다.

	둘째 글발	둘흔 내 해이니와 둘흔 뉘 해이니오
3죽	-	본디 내 해다 만은 빼앗겨거늘 어찌하릿고?
	※ 악학궤범(권5)에 훈민정음으로 수록된 처용가 원문에는 3죽이 없다. 삼국유사에 실린 3죽 원문은 아래와 같다. 「本矣 吾下是如 馬於隱 奪叱良乙 何如爲理古(본시 오하시여 마어은 탈질량을 하여위리고)」	

위 1·2·3죽이 바로 문장 맥락을 세 개의 대나무에 빗댄 3죽이다.

4) 명(名)이란 무엇인가?

사뇌의 정형 「3죽6명1차(三竹六名一嗟)」에서 명(名)이란 무엇인가? 우선 비근한 예로 일본의 문자를 보자. 가명(仮名)은 일본어로 '가나'로 읽는데 '가짜 글자'라는 뜻이다. 진명(眞名)은 일본어로 '마나'로 읽는데 한자를 말한다. 편가명(片仮名)은 일본어로 '히라가나'로 읽는다. 현재 '히라가나'는 신라의 토씨를 기본으로 만들어진 글자로 본다. 그러니까 고대 신라와 일본에서는 명(名)을 글자로 본 것이다. 그런데 대나무에는 마디가 있다. 시조가객들은 시조와 사뇌(詞腦)에도 마디가 있다고 보고, 이것을 명(名)이라 부른 것이다. 이것은 균여전에서 고증된 말이므로 이 용어를 쓰지 않을 수 없다. 그런데 다행히 명(名)에 해당하는 우리말이 있다. 바로 어절(語節)이다. 어절(語節)은 문장을 구성하고 있는 각각의 마디인데, 문장 성분 중 가장 작은 단위로 띄어쓰기의 단위이며, 말할 때 사이를 두지 않고 붙여 발음하는 말의 단위이다. 어절(語節)을 순우리말로 이름 붙인다면 '마디말'이 될 것이다. 다만 필자가 제시한 '마디말'은 국문학계에서 인정된 용어가 아니다.

하지만 사뇌(詞腦)의 해석에서 필자는 명(名)이나 어절(語節)이라는 용어 대신 '마디말'이라는 낱말을 사용한다. 왜냐하면 사뇌는 대나무 세 개로 구성되고 대나무에는 마디가 있기 때문이다. 아울러 마디말은 첫째 낱말 그 자체, 둘째 「낱말+조사」, 셋째 「어간+용언 활용」, 넷째 술어 그 자체로 이루어진다. 명(名) 곧 마디말을 좀 더 설명하기 위하여 앞 글 (3)항에서 게시한 처용가를 예로 든다.

첫 죽(竹)은 「동경/불긔/ᄃ래/새도록/노니다가」 5개의 명(名)로 되어 있다. 둘째 죽(竹) 첫 글발은 「드러사/내/자리를 보니/가ᄅ리/네히로셰라」 5개의 마디말로, 둘째 글발은 「둘흔/ 내 해이니와/둘흔/뉘해이니오」 4개의 명(名)으로 되어 있다. 셋째 죽(竹)은 「본디/내해다 만은/앗아겨꺼늘/어찌 하릿고?」 4개의 명 즉 4개의 마디말로 되어 있다. 그러니까 사뇌(詞腦)의 구성에 있어서 한 개의 죽(竹)이나 한 개의 글발은 「6개의 명(名)」로 이루어지되 그 6개의 마디말은 고정된 것이 아니고, 6명(名) 내외의 마디말로 구성됨을 뜻한다.

5) 1차(嗟)란 무엇인가?

사뇌의 전형 「3죽6명1차(三竹六名一嗟)」에서 마지막으로 1차(嗟)는 무엇인가?

1차(嗟)는 '흐느끼는 말'이다. 이것은 아, 아사, 아으, 아아 등의 감탄사인데, 사뇌(詞腦)의 구성에 있어서 '흐느끼는 말'이 하나의 형식으로 꾸며짐을 뜻한다. 하지만 현재 전해 오는 사뇌 25가(歌) 중 감탄사가 있는 것이 19가, 없는 것이 6가이다. 그러므로 1차(嗟·감탄사)도 고정된 것이 아니다. 또한 사뇌(詞腦)에 있어서 또 중요한 점은 그것이 단가로 지어졌음을 지적한다. 다만 통일신라 말기 혜성가 등과 고려 시대 균여대사가 지은 찬불가 사뇌(모두 10구체 11가)는 여러 글발을 갖추고 있다. 하지만 그것들도 단가임은 부인할 수 없다.

3. 맺는말

위에서 사뇌의 정형에 관하여 살펴본 내용을 정리하여 필자의 소견을 마무리하면 아래와 같다.

「사뇌는 – 전체적 문장을 세 부분의 맥락으로 틀을 짜고 (3竹), 각 맥락을 구성하는 글발은 6개 내외의 마디말로 조합하며(6名), 시가 마지막 3죽 첫 글발에 '흐느끼는 말' 1차(嗟·감탄사)를 가지는 정형시이다」

끝으로 국문학계에서 필자의 견해를 접한다면 잡설을 들은 것처럼 아마 황당할 것이다. 하지만 혹시 천년의 울림, 사뇌를 탐구하는 사람 중에서 단 한 사람이라도 필자의 글에 공감한다면, 그것은 이심전심(以心傳心)으로 이름 없는 서생에게 적잖은 위로가 될 것이다.

향가란 명칭 사용은 이제 여기까지

1. 들머리 글

필자는 신라의 고유시가의 본디 명칭은 우리말로 '시ᄂᆞ이'이고, 이것을 한자로 표기한 것이 사뇌(詞腦)로 본다. 그리고 '시ᄂᆞ이' 곧 사뇌의 뜻은 도읍의 노래이다. 그런데 향가의 뜻은 시골노래로써 사뇌의 뜻과 정반대이다. 이번 글은 도읍의 노래였던 사뇌(詞腦)가 시골노래 향가(鄕歌)로 전환되는 과정에 관한 글이다.

2. 사대와 향가라는 말의 고착

신라에서 제29대 태종무열왕(재위 654~661년) 이후 중국에 대한 사대가 급속도로 번지면서 제 것을 스스로 낮추는 사대 풍조가 생겨났다. 그래서 신라 사람들은 이 때부터 자기의 고유시가인 '도읍의 노래' 곧 '시ᄂᆞ이'를 스스로 폄하하기 시작한 것으로 보인다. 필자가 생각하기에, 신라 사람들은 '시ᄂᆞ이'를 처음에 '도읍의 노래'에서 '시'를 동쪽으로 간주하여 '동방의 노래'란 뜻으로 일차 폄하하였을 것이다. '싀'가 도읍이라는 뜻과 동쪽이라는 뜻을 겸하고 있으니 '도읍의 노래'에서 슬그머니 '동방의 노래'로 둔갑시킨 것이다. 즉 신라 사람들은 자기의 고유시가 '싀ᄂᆞ이'을 중국의 한시(漢詩)에 견주어,

"우리 '싀ᄂᆞ이'가 무슨 '도읍의 노래'인가?"
"중국의 동쪽 변방의 노래이지"

라고 그 뜻을 격하시켰을 것이다. 그러나 도읍의 노래와 동방의 노래는 모두 '싀ᄂᆞ이'라는 말을 공유하므로 이것은 그나마 나은 폄하로 보인다. 그 다음 신라 말기에 더욱 사대가 더욱 형형하였고,

"에구 동쪽 변방의 노래는 또 무엇인가?"
"시골노래, 촌 가락에 불과하지"

라고 여겼을 것이다. 그래서 그들은 곧 '동방의 노래'란 1차 폄하마저도 미련 없이 걷어차 버리고, 아예 '싀ᄂᆞ이'에 시골을 뜻하는 '가볼'을 첨가하여 「싀+가볼+ᄂᆞ이 = 싀가볼ᄂᆞ이」로 2차 폄하한 것으로 보인다. 그리고 「싀가볼ᄂᆞ이>싀골ᄂᆞ이>시골나위」를 한자로 한역한 것이 '시골노래' 곧 향가(鄕歌)이다. 이를 정리하면 다음과 같다.

1) 신라 초기

우리 고유시가의 우리말 이름인 '싀ᄂᆞ이'는 본디 「도읍의 나위(노래)」라는 뜻으로서 한자의 음을 빌려서 사뇌(詞腦)·시내(詩腦)·사뇌(思惱)·사내(思內) 등으로 음차 표기하였다. 필자가 우리 고유시가의 본이름으로 사용하기를 고집하

는 명칭 사뇌(詞腦)는 여기서 비롯된 것이다.

2) 신라 중기

이 시기에 이르면 「도읍의 나위(노래)」인 '싀ᄂᆞ이'는 일정 형식을 갖춘 3죽6명1차(三竹六名一嗟)로 발전하였고, 그 정형에 터 잡아 '밑대(3개의 대나무)'라는 새로운 이름으로 불렸다. 그리고 신라 사람들은 '밑대'를 한자의 훈과 음을 빌려서 삼죽(三竹)와 삼대(三代)으로 차자표기하였다. 이 밑대·삼죽·삼대라는 명칭은 향가라는 명칭이 출현하기 전까지 우리 고유시가을 지칭하는 말로 신라 지식층에서 널리 통용되었을 것이다.

3) 제35대 경덕왕 이후

이 시기에 이르면 중국 문화가 신라에 급속히 유입되어 사대가 더욱 강화되었고, 경덕왕은 나라의 관직 지명 복식 등 나라의 골격을 한화(漢化·중국화)하는 정책을 실시하였다. 이에 따라 이 때 우리나라 지명은 모두 중국식으로 한역(漢譯)되었다. 필자가 생각하기에, 이 때부터 신라 사람들은 그들의 고유시가인 '싀ᄂᆞ이'에서 '싀'를 동쪽으로 보아 '당나라 변방의 노래'로 1차 폄하하는 풍조가 싹이 트기 시작하였을 것이다.

4) 신라 말기

이 시기에 이르면 우리말 이름인 '싀ᄂᆞ이'에 '가볼'을 첨가하여 「싀가볼ᄂᆞ이>싀골ᄂᆞ이>시골나위」로 2차 폄하하고, 동시에 이것을 한역하여 향가(鄕歌)로 불렀다. 또한 이 시기에 향가란 말이 신라 지식층에 널리 통용되어 우리 고유시가의 일반적인 명칭이 되었다. 이에 따라 그동안 사용되던 이두 명칭인 사뇌(詞惱)·사내(思內)·삼대(三代)·삼죽(三竹)·밑대 등의 명칭도 자연히 쓰이지 않게 되었다. 그리하여 우리 문학사에서 '싀ᄂ이'와 사뇌(詞惱)·사내(思內)라는 명칭은 물론 밑대와 삼대(三代)·삼죽(三竹) 명칭까지 자취를 감추었고 오로지 향가(鄕歌)라는 명칭만 쓰이게 되었을 것이다.

5) 고려

이 시기에 이르면 우리의 고유시가 '싀ᄂ이' 곧 '도읍의 노래'는 그 명칭이 '싀가볼ᄂ이'로 전환되어 '시골노래' 곧 향가(鄕歌)로 굳게 고착한 것으로 보인다.

6) 조선 ~ 일제강점기

조선 역시 사대의 나라였으므로 아예 향가의 본이름을 헤아릴 여유조차 없었고 고려시대부터 전해오는 향가라는 명칭을 고수하였다. 다음 일제강점기 일본인 가나자와 쇼자부로(金沢庄三郎), 오구라 신페이(小倉進平) 등이 사뇌(詞腦)를 처음 해독하면서 암묵적으로 사뇌라는 명칭보다는 향가(鄕歌)를 더 사용하였고, 뿐만 아니라 사뇌의 정형 '3죽6명1차'조차 모른 척 하였다. 이런 이유로 향가는 우리 고유시가에 대한 고유명사로 그 고착이 가속화하였다. 그 뒤 광복 후 국문학자들이 신라 고유시가의 명칭을 헤아림 없이 일본인 학자들이 암묵적으로 사용하던 향가(鄕歌)를 그대로 본받아 사용하였다. 그리하여 오늘날 향가는 우리 고유시가의 고유명사로 마침내 정착하였다.

3. 맺는말

 향가(鄕歌)란 명칭은 「균여전」에서 처음 보이지만[1] 균여전의 저자 혁련정(赫連挺) 선생이 지어낸 말이 아닐 것이다. 혁련정 선생은 학자로서 신라 말기에 통용되다가 고려에 전해진 '향가'란 명칭을 균여전에 사뇌라는 명칭과 더불어 수록하였고, 그는 사뇌를 폄하하기커녕 오히려 칭송하기까지 하였다. 그런데 어찌된 일인지 그 이후부터 고려의 사대부들은 사대의 물증인 '향가'란 명칭을 사용하였고, 우리는 향가를 예나 지금이나 본디 뜻을 헤아림 없이 사용하고 있다. 지금도 이것은 변하지 않았다. 그리하여 신라 고유시가의 명칭은 이제 빼도 박도 못하는 이름, 향가 '시골노래' 촌 가락으로 우리의 국문학사에 견고하게 뿌리를 내렸다. 참으로 통탄할 노릇이다.

---

[1] 향가란 명칭은 균여전(均如傳)에서 처음 보이지만 : 균여전 교분통묘 제10권 24편하(下)에 「무릇 이와 같이 팔구행의 당서(唐序 · 글발)는 뜻이 넓고 글이 풍부하고, 11수의 향가는 사(詞)가 맑고 구(句)는 고운데, 그 지은 것을 일컬어 사뇌(詞腦)라 한다.(夫如是則 八九行之唐序 義廣文豊 十一首之鄕歌 詞淸句麗 其爲作也 号稱詞腦可 ... 생략)」라는 문구가 보인다.(필자 주석)

삼대목의 뜻

1. 들머리 글

삼대목(三代目)은 현재 신라의 사뇌집(향가집)으로 알려져 있다. 이것은 삼국사기 권11 신라본기 제11 「진성여왕[1]」편에 수록된 다음 기록 때문이다.

『왕은 각간 위홍에게 명하여 대구화상(大矩和尙)과 더불어 향가를 수집하고 그 수집한 것을 다듬어서[2] 책으로 편찬하였는데 이것을 삼대목이라 일컬었다.(仍命與大矩和尙 修集鄕歌 謂之三代目云)』

---

[1] 진성여왕(眞聖女王) : 신라 제51대 왕으로 성명은 김만(曼)이며 시호는 진성(眞聖)이다. 제48대 경문왕(景文王)의 딸이며, 어머니는 제47대 헌안왕(憲安王)의 딸인 문의왕후(文懿王后) 김 씨이다. 삼국유사 권1 「왕력」편에는 이름이 만헌(曼憲)이라 기록되어 있고, 혼인과 자녀에 대한 기록은 없다. 진성여왕은 11년(897년) 6월 조카 효공왕에게 양위하고, 북궁(北宮·해인사 근처)에 유폐되었다가 그 해 음력 12월에 북궁(北宮)에서 사망하여 황산(黃山)에 매장되었는데, 오늘날 진성여왕 왕릉의 위치는 아직 확인되지 않고 있다.

[2] 다듬어서 : 원문에서 수집(收集)이 아니라 수집(修集)이란 용어를 썼다. '닦을 수(修)'를 쓴 것은 수집만 한 것이 아니라 '닦다' 즉 '다듬었다'는 뜻이다. 필자가 생각하기에, 위홍은 문인들의 사뇌를 수집하고 대구화상은 스님들의 사뇌를 수집하였을 것으로 추정한다.

이때가 신라 말기에 해당하는 888년이었는데, 당시 만들어진 사뇌집 삼대목은 현재 소실되어 전하지 않는다. 필자는 노인헌화가, 모죽지랑가, 서동요, 원왕생가, 제망매가, 찬기파랑가 등을 해석하면서 삼대목의 뜻에 관한 자료를 여러 문헌에서 찾아보았다. 그 결과 삼대목(三代目)의 뜻에 대하여 해제를 달은 문헌은 없고 오직 여러 백과사전에서,

『삼대목(三代目)은 신라의 향가집으로서 '삼대'라는 말이 신라의 상대·중대·하대를 뜻하고, '목'은 절목(節目) 혹은 요목(要目)이라는 뜻으로 내용의 분류체계의 조목에 쓰였다고 추정된다.』

라는 간단한 서술만 발견할 수 있었다. 과연 그럴까? 필자는 이 같은 뜻풀이에 대하여 의문을 가졌다. 이것이 이 글을 쓰는 이유이다. 그렇다면 삼대목은 과연 무슨 뜻인가?

2. 신라 상대·중대·하대의 구분

삼대목(三代目)을 편찬한 위홍과 대구화상은 백과사전의 설명처럼 스스로 신라를 상대·중대·하대로 구분하지 않았을 것이다. 만일 위홍과 대구화상이 신라를 상대·중대·하대로 구분하였다면 그것은 목숨이 날아갈 대역죄인 것이다. 왜냐하면 삼대목(三代目) 편찬 당시 통일신라는 서쪽과 남쪽에서 도적이 들끓고 있었지만 신라는 아직 왕권이 살아있는 국가였다. 왕권이 살아있는 나라에서 아무리 큰 권력을 가진 신하라도 그 왕대를 스스로 상대·중대·하대로 구분해서도 안 되고 구분할 수도 없었다. 신라를 상대·중대·

하대로 구분하려면 신라가 망한 이후 고려조 이후에나 가능한 일이었다. 그렇기 때문에 위홍과 대구화상이 삼대목을(三代目)을 편찬하면서 신라시대를 삼대 즉 상대·중대·하대로 구분하였다고 간주하는 것은 어불성설이다. 그런데도 대부분의 백과사전에서 삼대목(三代目)을,

「삼대라는 말은 신라의 상대·중대·하대를 뜻한다」

이렇게 서술하고 있으니 이는 참 무책임하고 우스꽝스럽고 우악스런 일이다. 신라가 망한 후 고려시대에 편찬된 삼국사기와 삼국유사는 신라시대를 삼대로 구분하였다. 그러나 이 구분도 삼국사기에서 논하는 삼대와 삼국유사에서 논하는 삼대의 의미가 서로 다르다. 삼국사기에서는 골품을 중심으로 신라를 아래와 같이 구분하고 있다.[3]

① 상대 : 1대 박혁거세거서간에서 시작하여 28대 진덕여왕까지(성골만 왕이 되던 시대)

② 중대 : 29대 태종무열왕부터 36대 혜공왕까지(태종무열왕계의 진골만 왕이 되던 시대)

③ 하대 : 37대 선덕왕부터 56대 경순왕까지(내물왕계의 진골이 왕이 되던 시대)

삼국유사에서는 임금의 왕호를 중심으로 신라를 아래와 같이 구분하였다.

① 상고 : 1대 박혁거세거서간에서 시작하여 22대 지증마립간까지(거서간·차차웅·마립간 왕호 시대)

---

3) 골품으로 중심으로 신라를 다음과 같이 구분하고 있다 : 삼국사기 권12 신라본기 제12「경순왕」편에서 경순왕이 고려 태조 왕건에게 귀순하고 4년 후에 죽으니 나라(고려) 사람이 신라를 상대·중대·하대로 구분하였다는 기록이 있다.

② 중고 : 23대 법흥왕부터 28대 진덕여왕까지(불교의 뜻을 가진 시호 시대)

③ 하고 : 태종무열왕부터 56대 경순왕까지(중국식 시호 시대)

이와 같이 후대에도 신라를 구분하는 경우 삼대는 신라시대를 보는 관점에 따라 차이가 있다. 하물며 위홍과 대구화상이 당시 신라를 무엇을 기준으로 어떻게 삼대(三代)로 구분했단 말인가?

3. '목'은 절목 혹은 요목이라는 뜻일까?

문서나 글의 단위는 그 크기를 권(卷)·장(章)·편(篇)·절(節) … 목(目) 순으로 구분한다. 그런데 문서나 글의 단위는 그것을 기록하는 물건에서 비롯된 말이다. 보자기 하나에 문서나 글을 빼곡히 써서 접은 것을 1권이라 한다. 죽간을 여러 개로 엮은 다음 그곳에 문서나 글을 써서 두루마리 한 것을 1편이라 한다. 또 옛 종이는 그것을 뜨는 발의 크기에 따라 대소 차이가 있다.(대발 75cm ×142cm, 소발 63cm×93cm) 대발 종이 1장에 문서나 글을 빼곡히 쓴 것을 1장이라 한다. 1장은 죽간 여러 개를 엮은 편보다 글자 수의 양이 많다. 절은 종이를 1/2이나 1/4로 접어서 문서나 글을 쓴 것을 1절이라 한다. 그리고 나무로 깎은 목간 한 개에 쓴 문서나 글을 1목이라 한다. 목은 문서나 글의 쓴 재료 중 가장 작은 단위이다. 즉 문서(글자 수)의 크기는 예컨대 「권>장>편>절>조>항>목」으로 분류할 수 있다. 그런데 지금의 백과사

전에서,

> 「삼대목의 '목'은 절목(節目) 혹은 요목(要目)이라는 뜻으로 내용의 분류 체계의 조목에 쓰였다고 추정된다.」

라고 서술하고 있다. 이것은 위홍과 대구화상이 권(卷)·장(章)·편(篇)·절(節)·조(條)·항(項)·목(目) 중에서 끝 단위 '목'을 택하여 향가를 분류했다는 말과 같다. 왜 하필이면 문서나 글의 분류 체계 중 가장 작은 단위인 '목'을 향가집의 제목으로 삼았단 말인가?

분류 체계로 본다면 '삼대권'이나 또는 '삼대장'이나 '삼대편' 적어도 '삼대절'이라 이름을 붙여야 마땅할 것이다. 그러므로 '삼대'가 신라의 상대·중대·하대를 뜻하는 말이 아니듯이 '목'도 향가의 분류 체계를 이르는 말이 아니다. 또한 지금의 백과사전에서 삼대목의 '목'을 문서나 글의 분류 체계 중 가장 작은 단위로 보는 것은, 옛 신라인이 향가(鄕歌)를 스스로 '시골 노래'로 낮춘 것과 진배없는 행위이다. 그래서 필자는 백과사전의 '삼대'와 '목'에 대한 뜻풀이를 도저히 수용할 수 없다.

4. 삼대목의 뜻

1) 삼대의 뜻

앞서 서술한 글 「밑대·삼대·삼죽의 출현」에서 삼대(三代)의 본디 우리말은 '밑대'이고, 이것은 사뇌의 구성형식에서 온 말로 「세 개의 대나무를 뜻한다」라고 설명하였다. 그리고 우리말 '밑대'를 한자로 표기함에 있어서 밑을 삼(三)으로 훈차하고, 대(대나무)를 '마디 대(代)'의 음을 빌려서 음차 표기한 것이 삼대라고 설명하였다. 즉 삼대는 신라 고유시가 '싀누이'의 차자표기로 신라 초기부터 쭉 사용하던 사뇌(詞腦)와 더불어, 통일신라 중기 이후 신라 사람들이 그들의 고유시가 사뇌에 대하여 새로이 이름 지어 부르던 명칭이었다.

2) 목의 뜻

고대 우리말에는 1, 2, 3, 4, 5, 6, 7, 8, 9, 10, 100, 1,000, 10,000에 대한 수사가 있었다. 숫자에 대한 신라 수사는 다음과 같다.

1	2	3	4	5	6	7
흔/홀	둘ㅎ/토/부	밀/실/사	녁	옻/우치	묻	난/난은
8	9	10	100	1,000	10,000	
열	끃/근	뭇/덜(德)	짐/온	목/ 즈믄	골/궐	

위와 같이 우리의 수사가 다양한 것은 한반도에 부여·마한·진한·변한·고구려·백제·신라·가야·동예·맥 등 많은 국가들이 존재했기 때문이다. 그런데 신라에서 1뭇[4]은 10이고, 뭇의 열 배가 1짐이고, 짐의 열 배가 1목이었다. 그러므로 1목은 옛말 수사로서 숫자 1,000을 뜻하는 말이었다.

---

4) 뭇 : 이 말의 용례로 현대어 여러 사람이라는 뜻인 '뭇사람'이 있다.

필자가 생각하기에, 사뇌집 '삼대목(三代目)'에서 '목'은 우리말로 숫자 1,000을 뜻하는 말일 것이다. 즉 신라인은 우리말 수사 목(1,000)을 한자 '눈 목(目)'의 음을 빌려서 음차 표기한 것이다. 그러면 이제 삼대목(三代目)의 뜻이 금방 나온다. 삼대는 우리말로 '밑대'이니 삼대목은 우리말로 '밑대목'이다. 이것을 좀 더 풀이하면 '밑대'는 사뇌(詞腦)의 또 다른 우리말 명칭이고, 이것을 한자로 차자표기한 것이 삼대(三代)이니, 「삼대+목」은 곧 「삼대+1000」이고, 삼대목(三代目)은 「사뇌(詞腦) 1,000가(歌)를 모은 책」이란 뜻의 차자표기이다. 바로 이것이 삼대목의 본디 이름이다. 그런데 필자는,

'현대에도 이런 유형의 책 제목이 또 있지 않을까?'

이렇게 생각하고 찾아보니 근래에 삼대목과 비슷한 제목을 가진 대중가요 책이 있었다. 첨부한 사진이 바로 그것인데 제목이 「대중가요 1,100Q」이고 대중가요 1,100곡이 실린 노래책이었다.

<현대 대중가요 책자 표지>

필자가 이 책을 구하려고 백방으로 탐색하였으나 현재 품절이었다.

5. 맺는말

우리는 곡절 많은 민족이기에 세계 어디 내놓아도 손색이 없는 문화유산인 사뇌(詞腦) 시가집 「삼대목」을 챙기지 못했다. 또한 사뇌(詞腦) 역시 1,000가(歌) 중에서 고작 신라의 것 14가(歌), 고려의 것 11수만 전해 받았다. 그 뿐만이 아니라 사뇌집 「삼대목」의 뜻풀이마저도,

「신라의 향가집으로서 '삼대'는 신라의 상대·중대·하대를 뜻하고, '목'은 절목(節目) 혹은 요목(要目)이라는 뜻으로 내용의 분류 체계의 조목에 쓰였다고 추정된다.」

라고 건성으로 허접하게 달았다. 만약 진성여왕, 그리고 삼대목을 편찬한 위홍과 대구화상의 혼이 있다면 이것을 두고 얼마나 가슴이 저미시겠는가? 우리민족 문학사의 보물인 삼대목도 못 챙긴 주제에 책 이름까지 허접하게 새겼으니 말이다.

하지만 고인(故人)들이시여 이제 1목(천) 년의 한을 녹이소서! 고인의 뜻을 받들어 선산을 지키는 굽은 솔처럼 후학 하나 이제야 비로소 제목이나마 본디대로 새겼나이다.

노인헌화가의 새로운 해석

1. 들머리 글

　삼국유사를 읽다가 크게 감명 받은 사뇌(詞腦) '헌화가(獻花歌)'를 소개한다. 대략 신라시대 어떤 노인이 수로부인에게 꽃을 꺾어 받치면서 노래까지 함께 곁들여 받친 일화이다. 헌화가는 삼국유사 권2 기이 제2 「수로부인(水路夫人)」편에 해가(海歌)[1]와 더불어 끝 부분에 실려 있다.

　헌화가란 이름은 국문학자들이 '노인헌화가'에서 노인을 떼고 붙인 명칭이다. 삼국유사에는 이 시가의 이름이 '노인헌화가'로 실려 있다. 이에 따라 필자는 '노인헌화가'란 제목을 고수하는데 이는 첫째, 원전에 충실하기 위함이고 둘째, 시가의 내용이 젊은이보다 노인에게 더 어울리기 때문이다. 뿐만 아니라 이 시가는 비록 34자의 단문이지만 글 속에서 지은이의 고결한 인품까지 느낄 수 있기 때문이다. 이제 본론을 다음과 같이 펼치기 시작한다.

---

[1] 해가(海歌) : 4구절 중 첫 구절과 마지막 구절의 내용이 김수로왕의 탄생설화에 실려 있는 구지가와 유사하다. 원문 : 龜乎龜乎出水路 掠人婦女罪何極 汝若悖逆不出獻 入網捕掠燔之喫

2. 노래의 배경, 수로부인과 노인

삼국유사에 실린 노인헌화가의 창작 배경을 소개하면 다음과 같다.

『신라 성덕왕 때에 순정공(純貞公)이 강릉 태수로 부임하다가 행차 중에 바닷가에서 낮참(점심)을 먹었는데, 그 때 그곳 옆에 바위 벼랑이 있었다. 마치 병풍 같았으며 높이가 천 길이나 되었고, 위에는 철쭉이 흐드러지게 피어 있었다. 그 때 순정공의 부인 수로가 그것을 보고 주위 사람들에게 말하였다.

"누가 내게 저 벼랑의 꽃을 꺾어다 주시겠어요?"

뫼시던 사람이 말하기를,

"사람이 밟아서 오를 수 있는 높이가 아닙니다."

다들 나서기를 꺼리어 삼가는데, 옆에서 암소를 끌고(牽牸牛·견자우) 지나가던 노옹이 부인의 말을 들었다. 그리고는 그 꽃을 꺾어다가 받치면서 더불어 가사(歌詞)까지 지어 함께 바치었다. 허나 그 노옹이 어떤 사람인지 아무도 몰랐다. ... (원문은 후술하므로 생략)』

3. 노인헌화가 원문

현재 국문학계는 노인헌화가를 아래와 같이 4구체 시가로 해석하고 있다.

紫布岩乎邊希	(자포암호변희)
執音乎手母牛放敎遣	(집음호수모우방교견)
吾肹不喩慚肹伊賜等	(오힐불유참힐이사등)
花肹折叱可獻乎理音如	(화힐절질가헌호리음여)

하지만 삼국유사에 실린 노인헌화가는 본디 분절 없이 실려 있다. 그러므로 기존 해석과 같이 4구로 구분함이 불변의 옥조(玉條)는 아닐 것이다. 이에 따라 필자는 삼국유사에 실린 원문을 아래와 같이 사뇌의 구성형식인 3죽(三竹)으로 구분한다.

1죽	紫布岩 乎 邊希 執音 乎手 母 牛放敎遣 (자포암 호 변희 집음 호수 모 우방교견)
2죽	吾肹 不喩 漸肹伊賜等 (오힐 불유 참힐이사등)
3죽	花肹 折叱可 獻乎理音如 (화힐 절질가 헌호리음여)

4. 해석과 근거

사뇌는 글 내용의 맥락을 나타내는 죽(竹)[2] 세 개로 구성되고, 죽마다 여섯 개 내외의 명(名·마디말)로 구성되는 시가이다. 그래서 필자는 죽(竹)마다 그것의 명(名)에 순번

---

2) 죽(竹) : 사뇌(향가)의 구성형식은 「3죽(竹)6명(名)1차(嗟)」이다. 여기서 3죽(三竹)이란 '대나무 세 개'로 비유되니, 시가의 문장 맥락이 세 단원으로 이루어짐을 뜻한다. 3죽은 밑대와 3대(三代)로 표기하기도 한다.

을 매겨서 해석하는 방식을 취한다. 또한 해석에서 「훈을 취하여」「훈을 빌려서」는 훈차를 말하고, 「음을 취하여」「음을 빌려서」는 음차 표기를 말한다. 훈음사는 별도로 설명하거나 괄호로 처리 하고자 한다.

1) 첫 죽의 해석

「紫布岩 乎邊希 執音乎手 母牛放敎遣(자포암 호변희 집음호수 모우방교견)」에서,

① 자포암(紫布岩) : '붉을 자(紫)'의 음을 취하여 우리말 '사'로 새기고3), '베 포(布)'는 그 훈음으로 우리말 '베'를 베낀 훈음사표기로 본다. 즉 포(布)의 훈인 옷감 '베'란 뜻은 취하지 않고 그 음 '베'만 취하여 우리말 '베'를 베끼는 것이다. 그러므로 자포에는 옷감 '베'란 뜻은 전혀 없다. 다음 '바위 암(岩)'의 훈을 취하여 '바위'로 새기면, 자포암(紫布岩)은 「사+베+바위 = 사베바위」가 된다. '사베바위'는 무슨 뜻인가?

필자가 생각하기에, 사베는 '시븕'4)에서 온 말이고 이것은 '붉다'는 뜻일 것이다. '시븕'은 「동틀 무렵 동쪽 하늘에 어스름히 피는 붉은 빛」을 말한다. 그러므로 자포암은 「붉

---

3) '붉을 자(紫)'의 음을 취하여 우리말 '사'로 새기고 : 이런 예가 또 있는데, 바로 삼국유사 권2 기이 제2 「가락국기」편에 수록된 자승(紫繩)이다. 이 한자어를 국문학계는 '자주 빛 끈'으로 해석한다. 하지만 필자는 '붉을 자(紫)'의 음을 취하여 우리말 '사'로 새기고, '노끈 승(繩)'의 음을 취하여 우리말 '슬'로 새긴다. 그러면 자승(紫繩)은 우리말 '사슬'의 음차 표기로 볼 수 있다.
4) '시븕' : 이 옛말은 현대어 새벽으로 변하였다. 필자는 옛말 '시븕'를 턱을 목 아래로 당기어 '새벽'으로 발음한다.

은 색깔을 가진 바위」라는 뜻이다. 현재 국문학계에서 노인 헌화가의 자포암을 '붉은 바위'로 해석한 것이 대부분이다. 사베가 '붉다'의 뜻이니 '붉은 바위'로 해석하는 것은 맞지만 시적 새김으로는 적절치 않아 보인다. 이 바위를 당시 이곳 사람들은 그냥 「싀붉바위>사베바위>자포암(紫布岩)」로 불렀지 '붉은 바위'로 부르지는 않았을 것이다. 그러므로 필자는 원문에 충실하게 자포암을 '사베바위'로 새긴다.

② 호 변희(乎 邊希) : 이두와 향찰에서 '어조사 호(乎)'의 새김은 '~온', '~오', '~랴', '~지', '~이겠지', '~도다', '~에', '~보다', '~그러하다', '그(관형사)', '~여(감탄사)', '~인가?(의문사)' 등 그 새김이 다양하다.5) 따라서 '호(乎)'를 획일적으로 새기면 안 될 것이다. 이 마디말에서는 앞에서 언급한 '사베바위'를 가리키는 지칭관형사로 보아 '그'로 새긴다. 다음 변희(邊希)에서 '가 변(邊)'의 훈을 취하여 '가'로 새기고, '바랄 희(希)'의 음을 취하여 '히'로 새기면 「가히>가에」가 되고, 각 새김을 연결하면 「그+가히 = 그 가에」가 된다.

③ 집음(執音) : '잡을 집(執)'의 훈을 취하여 '잡다'로 새기고, '소리 음(音)'의 음을 취하여 용언의 활용 중 (관형사형)전성어미 '~은'의 음차로 새긴다. 음(音)의 음가는 지금은 '음'으로 읽지만 2,000여 년 전 중고한어음은 [iěn·읜]

---

5) 호(乎)는 ~그 새김이 다양하다 : 그밖에 호(乎)의 이두 용례로 다음과 같은 것이 있다. ① 호나(乎那)는 우리말 '오나'로 새긴다. ② 역위여호(亦爲如乎)는 우리말 '~라 하였는데' 또는 '~라 하였으나'로 새긴다. ③ 위유여호(爲有如乎)는 우리말 '~라 하였는데'로 새긴다. ④ 위유와호(爲有臥乎)는 우리말 '~라 하였는가?'로 새긴다.

이었다. 그러므로 집음(執音)을 현대어로 새기면 「잡읜>잡은」이 될 것이다.

④ 호수(乎手) : '어조사 호(乎)'를 앞 ③의 '잡은'을 가리키는 지칭관형사로 보아 '이'로 새기고, '손 수(手)'의 훈을 취하여 '손'으로 새기면, '이 손'이 될 것이다. 다음 여기에 위 ③~④를 연결하면 「잡은+이+손 = 잡은 이 손」이 된다.

⑤ 모(母) : 현재 국문학계는 모(母)와 우(牛)를 결합하여 모우(母牛) 한 단어로 보아 암소로 해석한다. 그러나 어미 소와 암소는 전혀 다른 것이다. 어미 소는 송아지가 딸린 소이고 암소는 아직 새끼가 없는 암컷이다. 일연스님은 설화의 배경을 설명하는 글에서 '견자우(牽牸牛 · 암소를 끌고 가다)'라는 표현을 썼다. 그러므로 지은이가 노인헌화가에서 암소를 표현하고자 하였다면 '모우(母牛)'보다는 일연스님과 같이 '자우(牸牛 · 암소)'를 표현을 써야 시가의 문맥이 더 어울릴 것이다. 그러므로 필자는 모우(母牛)의 '어미 모(母)'는 어미의 뜻으로 새기지 아니하고 우리말 「어미쪼록>아무쪼록」으로 새긴다. 즉 '어미 모(母)'의 훈음으로 우리말 '어무>아무쪼록'을 베낀 훈음사 표기로 본다.

⑥ 우방교견(牛放敎遣) : '소 우(牛)'의 훈을 취하여 '소'로 새기고, '놓을 방(放)'의 훈을 취하여 '놓다'로 새긴다. 교(敎)는 '가르치다'의 훈 외에 '하여금'이라는 뜻도 있다. 이두와 향찰에서 대체로 '하여금'을 취하여 사역동사 '~하게 하다'로 새긴다. '보낼 견(遣)'은 그 음을 취하여 대개 종결어미 '~고'로 새긴다. 다만 이 마디말에서는 하게체 종결어미 '~하오'로 새긴다. 각 새김을 연결하면 「소+놓다+하여금

+하오 = 소를 놓게 하여금 하오」가 된다. 이것을 현대적 표현으로 옮기면 「소를 놓게 하오」가 될 것이다.

⑦ 위 ①~⑥ 새김을 종합하면 첫 죽(竹)은 「사베바위 그 가에 잡은 이 손, 아무쪼록 소를 놓게 하오」로 해석할 수 있다.

2) 2죽의 해석

「吾肹 不喩 慚肹伊賜等(오힐 불유 참힐이사등)」에서,

① 오힐(吾肹) : '나 오(吾)'의 훈을 취하여 '나'로 새기고, '소리울릴 힐(肹)'의 중국 중고한어음 [xi·씨이]를 취하여 '씨이'로 새기면 오힐(吾肹)은 '나씨이'인데, 이것은 우리말 로 새길 수 없다. 필자가 생각하기에, 힐(肹) 자는 글자 모 양이 비슷한 '흘겨볼 혜(盻)'의 오자일 것이다.

필자의 견해와 같이 한자 힐(肹)을 혜(盻)로 고치면 오힐 (吾肹)은 오혜(吾盻)가 된다. 다음 정정한 오혜(吾盻)에서 '흘겨볼 혜(盻)' 훈음인 '흘겨보다'의 첫 음 '흘'로 옛말 '홀' (목적격 조사 '을/를')을 베낀 것으로 보면 「나(吾)+홀(盻) = 나홀」이 되고, 이것을 현대어로 바꾸면 '나를'이 될 것이다.

② 불유(不喩) : '아닐 불(不)'의 훈을 취하여 '아니'로 새 긴다. '이를 유(喩)'는 이두와 향찰에서 우리말 '디', '지', '~ ㄴ디', '~ㄹ지'를 표기할 때 사용하는 글자이다. 따라서 '이 를 유(喩)'를 우리말 '디'의 음차로 새기면, 불유(不喩)의 새 김은 「아니+디 = 아니디」가 될 것이다. '아니디'는 옛말 '아 니디다'의 어간이고 현대어로 '안 되다'의 뜻이다.

③ 참힐(慚肹) : 이 마디말에서도 필자는 한자 힐(肹)을

'흘겨볼 혜(盻)'의 오자라고 본다. 이에 따라 힐(肹)을 혜(盻)로 고치면 참힐(慚肹)은 '참혜(慚盻)'이 될 것이다. 다음 정정한 '참혜(慚盻)'에서 '부끄러워할 참(慚)'은 그 훈을 취하여 '부끄러워하다'로 새긴다. 다음 '흘겨볼 혜(盻)'는 그 훈음 '흘겨보다'의 첫 음 '흘'로 보조동사 '하다'의 (관형사형) 전성어미 '~ㄹ'의 활용인 '~할(爲)'을 베낀 훈음사 표기로 본다. 즉 위 ①의 혜(盻)처럼 그 훈음의 첫 음 '흘'로 목적격조사 '흘'(을/를)을 베낀 것으로 보지 아니하고, 이번에는 훈음 '흘겨보다'의 첫 음 '흘'로 '~할'(옛말 '흘')을 베낌으로 보는 것이다. 그러면 참혜(慚盻)는 「부끄러워하다+흘 = 부끄러워흘」이 되고, 이것을 현대어로 바꾸면 '부끄러워할'이 될 것이다.

④ 이사등(伊賜等) : '저 이(伊)'의 음을 취하여 '이'로 새기고, '줄 사(賜)'는 이두와 향찰에서 우리말 중 존칭어미 '사'로 새기고, '가지런할 등(等)'의 음을 취하여 우리말 연결어미 '~든'으로 새긴다. 각 새김을 연결하면 「이+사+든 = 이사든」이 되고, 옛 존칭어미 '사'는 지금 '시'로 변하였으므로 이것을 현대어로 바꾸면 '이시든'이 될 것이다.

⑤ 위 ①~④ 각 새김을 종합하면 둘째 죽(竹)은 「나를 아니디 부끄러워흘 이사등」이 된다. 그리고 이것을 현대적 표현으로 바꾸면 「나를 아니 부끄러워하시거든」으로 해석할 수 있다.

▲2죽에 대한 필자의 새로운 해석 보충

원문과 같이 참힐이사등(慚肹伊賜等)으로 보는 경우 그 새김은 '부끄러워씨이시든'이고, 이 새김은 우리말이 이루어지지 않는다. 그러므로 '소리울릴 힐(肹)'자는 '흘겨볼 혜(盻)'의 오자 표기로 봄이 옳을 것이다. 이 견해는 현재 국문학계에 발표된 기존 해석에서는 전혀 찾아 볼 수 없는 필자만의 새로운 해석이다.

결론적으로 위 ①에서 오힐(吾肹)을 정정한 오혜(吾盻)의 경우 혜(盻)는 목적격 조사 '을/를'을 베낀 훈음사 표기이고, 위 ③에서 참힐(慚肹)을 정정한 참혜(慚盻)의 경우 혜(盻)는 '하다'의 (관형사형)전성어미 '~ㄹ의 활용인 '~할(爲)'을 베낀 훈음사 표기에 해당한다. 즉 '흘겨볼 혜(盻)'에서 보는 바와 같이 훈음사의 경우 차자(借字)의 훈음으로 우리말 하나만 베끼는 것이 아니라 여러 말을 다양하게 베낌을 알 수 있다.

그래서 이두와 향찰에서 빌린 한자가 같더라도 글발(行)마다 그 뜻을 각각 따로따로 해석하여야 하는 것, 이것이 오늘날 사뇌(詞腦)의 해석이 쉽지 않은 이유이다.

3) 3죽의 해석

「花肹 折叱可 獻乎理音如(화힐 절질가 헌호리음여)」에서,

① 화힐(花肹) : '꽃 화(花)'의 훈을 취하여 '꽃'으로 새기고, '소리(울릴) 힐(肹)'의 중국 중고한어음 [xi]를 취하여 '씨이'로 새기면 '곶씨이'가 될 것이다. 이 새김은 마지막 죽(竹)의 문맥과 어울리지 않는다. 그러므로 이 마디말의 힐(肹)도 '흘겨볼 혜(盻)'자의 오자일 것이다. 이에 따라 힐(肹)을 혜(盻)로 고치면 화힐(花肹)은 화혜(花盻)가 될 것이다. 다음 정정한 화혜(花盻)에서 '흘겨볼 혜(盻)' 훈음의 첫

음인 '홀'로 목적격 조사 '홀(을/를)'을 베낀 것으로 보면 화혜(花肹)는 「곶+홀 = 곶홀」이 된다. 이것을 현대어로 바꾸면 「곶홀>꽃을」이 될 것이다.

② 절질가(折叱可) : '꺾을 절(折)'의 훈을 취하여 '꺾다'로 새기고, '꾸짖을 질(叱)' 훈음의 첫 음 '꾸'의 초성 'ㄲ'을 취하여 절(折)과 질(叱)의 새김을 연결하면 「꺾+ㄲ」이 된다. 다음 '옳을 가(可)'의 음을 취하여 '가'로 새긴다. 각 새김을 연결하면 「꺾+ㄲ+가 = 꺾가」가 되고, 이것을 현대어로 바꾸면 '꺾어'가 될 것이다.

현재 '질(叱)'의 이와 같은 용례는 처용가, 원왕생가, 찬기파랑가 등에서 확인할 수 있다.

③ 헌호이음여(獻乎理音如) : 이 마디말에서 '받칠 헌(獻)'의 훈을 취하여 '받치다'로 새기고, 호(乎)의 음을 취하여 존칭어미 '~오'의 음차로 새기고, '이치 이(理)'의 음을 취하여 '이'의 음차로 새긴다. 2,000여 년 전 '소리 음(音)'의 중국 중고한어음은 [iĕn·읜]이었으므로 그 음을 취하여 우리말 '인'의 음차로 새기고, '같을 여(如)'를 서술격 조사 '~이다'로 새긴다. 각 글자의 새김을 연결하면 「받치+오+이+인+이다 = 받치오이인이다」가 된다. 이것을 다시 현대어로 바꾸면 「받치오리이니다」가 될 것이다.

④ 위 ①~③을 종합하면 「곶홀 꺾가 받치오리인이다」이 되고, 이것을 현대적 표현으로 바꾸면 「꽃을 꺾어 받치오리이니다」가 될 것이다.

5. 필자의 새로운 해석의 귀납

1) 원문의 오자를 정정함

필자가 원문의 오자 힐(肹)을 혜(盻)로 고쳐 다시 정리하면 아래와 같다.(※ 굵은 글자가 고친 글자임)

1죽	紫布岩 乎 邊希 執音 乎手 母 牛放敎遣 (자포암 호 변희 집음 호수 모 우방교견)
2죽	吾**盻** 不喩 慚**盻**伊賜等 (오혜 불유 참혜이사등)
3죽	花**盻** 折叱可 獻乎理音如 (화혜 절질가 헌호리음여)

2) 새로운 해석의 귀납

노인헌화가에 대한 필자의 새로운 해석을 귀납하면 아래와 같다.

사베바위 그 가에, 잡은 이 손 아무쪼록 소를 놓게 하오
나를 아니디 부끄러워할이사등
꽃을 꺾어 받치오이인이다

위 새김에 대하여 원문을 가급적 훼손하지 않으면서 다시 현대적 시가로 바꾸면 아래와 같을 것이다.

나를 아니 부끄러워하시거든
아무쪼록 소를 잡은 이 손 놓게 하오
사베바위 그 가에 꽃을 꺾어 받치오리이다

노인헌화가는 사뇌의 구성형식 중 하나인 차(嗟·감탄사)

가 없다. 하지만 은유(소·십우도6)·참나), 시적 상황(벼랑 아래 바닷가), 시상 전개 방식(수로부인과 꽃·노옹의 헌화), 색채어(사베>새붉>붉다), 반복어(乎·盻) 등이 어우러진 멋진 시가이다. 아울러 지은이는 현대시에서 흔히 쓰는 도치법까지 사용하였는바, 이 시가는 현대시에 견주어도 손색이 없다 할 것이다.

6. 맺는말

  수로부인(水路夫人)은 아주 빼어난 미인이었는가 보다. 필자는 수로(首路) 뜻을 「세상에서 으뜸인 사람」으로 해석하기 때문이다.(김수로왕의 수로首露도 같은 뜻임) 따라서 한자는 달라도 여성의 이름이 수로(水路)라면 이는 세상에 둘도 없는 뛰어난 미인이라는 뜻일 것이다. 또 신라에서 '부인'이란 호칭은 왕족인 성골과 그 다음 진골 귀족의 아내에

---

6) 십우도(十牛圖) : 불교에서 견성(見性) 곧 득도에 이르는 과정을 열 단계로 간명하게 묘사한 그림으로 송(宋)의 곽암(廓庵)이 그린 십우도(十牛圖)에서 비롯된 것이다. 열 단계는 다음과 같다. ①심우(尋牛·소를 찾다) ②견적(見跡·소 자취를 보다) ③견우(見牛·소를 보다) ④득우(得牛·소를 얻다) ⑤목우(牧牛·소를 기르다) ⑥기우귀가(騎牛歸家·소를 타고 집으로 돌아오다) ⑦망우존인(忘牛存人·소를 잊고 사람을 존중하다) ⑧인우구망(人牛俱妄·소도 사람도 모두 잊다) ⑨반본환원(返本還源·근원으로 돌아가다) ⑩입전수수(入廛垂手·저자에 들어가 손수 거친 일을 하며 중생을 제도하다) 여기서 소는 진리를 가리킨다. 현재 십우도를 가진 사찰로는 서울 관악구 삼성산 삼막사, 전남 순천군 조계산 송광사 등이 있다. 또 근자에 십우도와 같은 삶을 수행하다가 입적한 고승으로는 100여 년 전 경허선사가 있다. 이 분의 본전(전기)을 읽어보면, 십우도의 경지는 웬만한 비구나 비구니들이 함부로 흉내 내거나 입에 올릴 처지가 못 된다.

게만 붙이는 귀한 이름이다. 신분도 고귀한 절세미인(絶世美人)이 꽃을 따다 달라는데, 도(道) 닦는 노익장이라고 뒷짐만 질 수는 없다. 위험을 무릅쓰고 꽃을 꺾어다 받치고 더불어 노래까지 지어 받쳤으니 그 노옹의 호기가 참 부럽다!

이제 필자도 지긋이 나이 들었다. 그래서 그런지 노인헌화가를 읽고 새기면서 그 감명이 남달리 깊었다. 이에 나이에 걸려들지 말고 단 하루를 살더라도 나만의 세상을 살아야 한다고 다짐해 본다.

모죽지랑가의 새로운 해석

1. 들머리 글

  삼국유사 권2 기이 제2 「효소왕대 죽지랑」 편에 '죽지랑의 이야기'가 실려 있고, 이 이야기 끝에 사뇌 모죽지랑가(慕竹旨郎歌)를 실음으로써 글을 마무리하고 있다. 모죽지랑가는 삼국유사에 실린 사뇌 14가 중에서 해석이 난해한 노래 중 하나이다. 양주동 박사가 이 노래를 해석한 이래 여러 학자들이 해석을 시도하였고, 이후 김완진 교수를 비롯하여 여러 국문학자들이 모죽지랑가에 대하여 새로운 해석을 내놓았다. 그러나 그 어떤 해석도 필자에게 그 느낌이 옹골차게 감동을 주는 바가 없었다. 최근에 최철 교수의 해석이 진일보한 글로 평가 되고 있지만 이 해석도 모죽지랑가의 정확한 뜻과 느낌을 손에 잡을 수 없었다.
  대가들의 해석이 이러할진대 재야의 필부가 모죽지랑가의 해석에 도전하는 것은 국문학자들로부터 그야말로 '가소롭다' 비아냥거림을 받을 만하다. 그럼에도 필자는 사뇌에 대한 순수한 마음으로 이 노래에 대하여 새로운 해석을 시도하였고, 그 결과를 다음과 같이 싣는다.

2. 노래의 배경

삼국유사에 실린 모죽지랑가의 배경은 아래와 같다.

『신라 제32대 효소왕 때에 죽지랑(竹旨郞)[1]의 무리 가운데 득오(得烏)[2]라는 급간이 있었는데, 풍류황권(화랑 명부)에 이름을 올려놓고 날마다 나오다가 열흘 동안 보이지 않았다. 죽만랑이 그의 어머니를 불러 물었다.
"너의 아들은 지금 어디 있느냐?"
득오의 어머니가 말하였다.
"당전[3]인 모량부[4]의 아간[5] 익선이 제 아들에게 부산성[6]

---

1) 죽지랑(竹旨郞) : 또 다른 이름 죽만(竹曼), 지관(智官)으로도 불린다.
2) 득오(得烏) : 다른 이름 곡(谷). 득오곡(得烏谷) 출신이기 때문에 득오란 이름으로 불린 것으로 보인다. 득오곡은 '얻을 득(得)' 훈음으로 우리말 '엇'(비스듬한 것)을 베끼고, '가마귀 오(烏)' 훈음으로 우리말 '가마'를 베낀 훈음사 표기이고, 곡(谷)은 마을(골)의 훈차 표기이다. 그러므로 득오곡은 우리말로 '엇가마골'이 될 것이다.
3) 당전(幢典) : 당(幢)은 신라의 군대 조직 중 가장 큰 집단으로 지금의 사단에 준하고, 전(典)은 신라의 직관 중 지금의 실무국장에 준하는 직책으로 보인다. 그러므로 당전은 지금의 연대장에 준하는 군직일 것이다.
4) 모량부(牟梁部) : 진한 6부의 하나로서, 점량부(漸梁部), 잠탁부(岑啄部)라고도 한다. 모량, 박곡 등 경주의 서촌이 이에 속하였다. 지금의 경주시 건천읍, 현곡면, 서면, 산내면 등이 해당되는데, 모량부의 호족은 손씨이다. 모량부의 호족 손씨는 무산대수촌(茂山大樹村)의 촌장 구례마(俱禮馬)가 유리이사금으로부터 손씨를 사성 (賜姓)받은 것이 그 시초이다.(인터넷 위키백과에서 발췌/인용)
5) 아간 : 다른 말로 아찬이라고도 한다. 신라 17관등 중 6위에 해당한다. 이 관등은 진골과 6두품(신라 6촌의 호족)만 오를 수 있었다.
6) 부산성(富山城) : 경주시 간천읍에 있는 포곡식 산성이다. 다른 이름으로 주사산성((朱砂山城)으로도 불린다.

의 창고지기를 맡게 하였는데, 그 직을 맡으려 급히 가야 하기에 낭께 말씀 드릴 겨를이 없었습니다."

죽지랑이 말하였다.

"너의 아들이 만약 사사로운 일로 그곳에 갔다면 찾아볼 필요가 없으나 지금 공적인 일로 갔으니 마땅히 그에게 가서 음식을 대접해야겠다."

곧바로 설병(기름에 튀긴 떡) 한 합과 술 한 동이를 갖고 좌인 개질지[7]을 거느리고 떠나는데, 낭의 무리 137명 역시 의장을 갖추고 따라나섰다. 부산성에 도착하여 낭이 문지기에게 물었다.

"득오실 아해야, 어디 있으냐?"

문지기가 말하였다.

"지금 익선의 밭에서 관례에 따라 부역을 하고 있습니다."

낭은 그 밭으로 가서 갖고 간 설병과 술로 득오를 대접하였다. 그리고 익선에게 휴가를 청하여 득오와 함께 돌아오려 하였으나 익선이 고집스럽게 반대하면서 허락하지 않았다. 그 때 사리(使吏)[8] 간진이 추화군(推火郡)[9]의 능절조(세

---

[7] 좌인 개질지 : 원문은 左人皆叱知이다. '다 개(皆)'의 고대 음가가 '가'이고, '꾸짖을 질(叱)'은 그 훈음의 첫 음 '꾸'의 초성으로 우리말 겹자음 'ㄲ'을 표기하는 훈음사 표기이다. 그러므로 개질지는 「가+ㄲ+지 = 갂지」인데, 이두에서 지(知)는 사람으로 새기므로 '갂지'는 우리말로 해석하면 「깎지>깎지기」가 될 것이다. 대개 귀인의 왼쪽에서 시중드는 사람을 뜻하는 말로 보인다. 예컨대 이두 표기인 문지(門知)는 우리말로 문지기이다.

[8] 사리(使吏) : 신라 17관등과 외위(外位) 11관등에 이 명칭이 없으므로 세금을 거두는 하급관리로 보인다.

[9] 추화군(推火郡) : '밀 추(推)' 훈음으로 우리말 '밀'을 베끼고, '불 화(火)' 훈음으로 우리말 '벌'을 베낀 훈음사 표기이다. 따라서 추화군은

금을 말함) 30석을 거두어 성 안으로 수송하고 있었는데, 선비를 중히 여기는 낭의 풍미(風味)를 아름답게 보고, 익선의 옹졸한 불통을 더럽게 여겼다. 그래서 운송해 가던 그 30석을 익선에게 주고 도움을 청하였으나 여전히 허락하지 않았다. 또다시 사지(舍知)10) 간절이 기마와 말안장을 주니 그제야 허락하였다. 조정의 화주11)는 그 소식을 듣고 나졸을 보냈는데, 익선을 잡아다가 그의 더럽고 추잡함을 씻어주기 위함이었다. 그런데 익선이 달아나 숨었으므로 그의 맏아들을 잡아 갔다. 이때는 몹시 추운 날이었는데, 성 안의 연못 가운데서 (익선의 더럽고 추잡함을 씻어주는 형벌로써) 익선의 아들을 목욕시키니 그대로 얼어 죽고 말았다.

대왕12)은 그 말을 듣고서 모량부 사람으로 벼슬에 종사하는 자는 모두 내쫓아 다시는 관청에 발을 붙이지 못하게 하고, 재색 옷(승복)을 입지 못하게 하였으며, 만약 승려가 된 자라면 종을 치고 북을 울리는 절에는 들어가지 못하도록 명령을 내렸다. 또 명을 내려 사리 간진의 자손에 대해 신분을 올려주고 평정호손(枰定戶孫)13)으로 삼아 표창하였다.

이 때 원측법사는 해동의 고승이었으나 모량부 사람이었

우리말로 '미르벌'이고, 이것은 '용벌' 곧 '용이 나오는 벌'이란 뜻이다. 지금의 밀양을 말하는데, 미르는 용의 옛말이다.
10) 사지(舍知) : 관청지기(관청 관리인)에 해당하는 벼슬로서 신라 17관등 중 제13위 관등이다.
11) 화주(花主) : 조정에서 화랑의 무리를 관장하는 관리이다. 또 다른 뜻으로 풍월주의 부인도 '화주'라고 한다.
12) 대왕 : 이 글에서는 신라 제26대 진평왕(재위 579~632년)을 말한다.
13) 평정호손(枰定戶孫) : 평정호는 당나라 때 한 마을의 사무를 맡아보단 호장이고, 손은 손 씨로 짐작된다. 그러므로 '손 씨 마을의 평정호'란 뜻이다.

던 까닭으로 승직을 주지 않았다. 그 후 세월이 흘러 신라 술종공(述宗公)이 삭주14)도독사가 되어 다스릴 곳으로 부임코자 할 때 이때는 삼한이 전쟁 중이었으므로 기병 3,000명으로 그를 호송하게 하였다. 가다가 죽지령15)에 이르렀을 때 한 거사가 그 고갯길을 평평하게 다지고 있었다. 공은 그것을 보고 감탄하고 이름답게 여겼다. 거사 역시 공의 위세가 매우 빛남을 좋게 여겼고, 서로 그 뜻을 마음으로 공감하였다. 공이 삭주에 부임하여 다스린 지 한 달이 되었을 무렵, 공은 거사가 방안으로 들어오는 꿈을 꾸었다. 그 아내도 공의 꿈과 같은 내용의 꿈을 꾸었으므로 더욱 심히 놀라고 괴상하게 여겼다. 이튿날 사람을 시켜 그 거사의 안부를 물으니, 심부름 갔던 사람이 돌아와 말하였다.

"거사는 죽은 지 며칠이 되었습니다."

거사가 죽은 날을 아내와 더불어 헤아려 보니 공이 꿈을 꾸던 날과 같은 날이었다. 공이 말하였다.

"장차 거사가 우리 집에 태어날 것 같소"

다시 나졸을 보내 거사의 시신을 죽지령 고갯마루 북쪽 봉우리에 장사지내고, 돌미륵 한 구를 만들어 그 무덤 앞에

---

14) 삭주(朔州) : 삭(朔)은 '북쪽 끝'을 뜻하는 말이다. 이곳은 「고조선 멸망 후 열국시대」 초기에 맥국이 있던 지역으로 지금의 춘천을 말한다. 고구려는 이곳을 차지한 후 우두주로 불렀다. 그 뒤 신라는 고구려로부터 이 지역을 빼앗고 삭주로 개칭하였다가 삼국통일 후 수약주(首若州)로 개칭하였다,

15) 죽지령(竹旨嶺) : 경주에서 춘천으로 가려면 대체로 「경주-영천-의성-영주-단양-제천-원주-횡성-홍천-춘천」을 거치게 되는데, 영주와 단양 사이 소백산맥에 있는 지금의 죽령을 말한다. 죽령에 대한 최초 언급으로는 삼국사기에, 신라 제8대 아달라이사금(재위 154~184년) 때 변방의 관리인 죽죽(竹竹)에게 명하여 죽지령을 개척하도록 하였다는 기록이 있다.

세웠다. 공의 아내가 꿈을 꾸던 날부터 태기가 있어 임신하였고, 마침내 사내아이를 낳자 이런 이유로 이름을 죽지(竹旨)라고 지었다. 그는 장성하여 벼슬길에 올라 김유신 공과 함께 부수(副帥)가 되어 삼한을 통일하고 진덕, 태종, 문무, 신문 등 4대에 걸쳐 재상이 되어 나라(신라)를 안정시켰다. 득오곡은 낭을 그리워하는 마음에서 비롯하여 모죽지랑가를 지었다.… (모죽지랑가 원문은 후술하므로 생략)』

위 글의 끝에 모죽지랑가를 싣고 있다.

3. 죽지는 누구인가?

삼국사기 권5 신라본기 제5 진덕여왕(28대)과 태종무열왕(29대) 편, 삼국사기 신라본기 제6 문무왕(30대) 편 각각에 장군 죽지의 기록이 나온다. 아울러 진덕여왕 시대에 죽지는 이미 여러 장군 중 한 명으로 활약하고 있으니 이때 나이를 약 35세 전후로 추정하면 죽지의 출생년도는 612년에서 619년 사이로 추정된다.[16] 이 시기는 제26대 진평왕(재위 579~632년)이 신라를 다스리고 있던 때이다. 또 신라에서 남아(男兒)가 화랑이 되어 활약하는 나이를 15~18세로 보면 죽지가 화랑으로 활약하던 시기(627~632년 무렵)는 진평왕 시대라는 추론이 가능하다.

한편 죽지의 또 다른 이름이 죽만랑(竹曼郎)인데, 여기에

---

16) 출생년도는 612년 ~ 619년으로 추정 된다 : 죽지의 출생년도는 진덕여왕 재위기간(647~654년)에서 죽지가 왕성히 활약하였다고 짐작되는 나이 35세를 차감하여 추정한 것이다.

서 만(曼) 자가 덕만(德曼·선덕여왕), 승만(勝曼·진덕여왕)의 이름 돌림자 만(曼)과 같다. 필자가 생각하기에 죽만은 선덕여왕과 진덕여왕과 항렬이 같은 김 씨 진골 귀족일 것이다. 죽지가 137명의 화랑을 거느린 국선이었음은 이것을 입증한다.(신라에서 화랑의 우두머리 국선은 진골 이상의 귀족만 될 수 있었다)

삼국유사에 의하면, 죽지가 진덕여왕(재위 7년), 태종무열왕(재위 7년), 문무왕(재위 12년), 신문왕(재위 10년) 등 4대 무릇 45여 년을 장군, 각간, 재상으로 사직에 봉사하였으니 상당히 오랜 기간 벼슬에 있었던 것으로 보인다. 그런데 삼국유사 권2 기이 제2「효소왕대 죽지랑」편에서 죽지랑을 신라 제32대 효소왕(재위 692~702년) 때 사람으로 간주하고 있다. 이것은 삼국사기에 나오는 죽지의 기록과 무려 약 70여년의 차이가 난다. 필자가 생각하기에, 삼국사기의 기록이 옳을 것이다. 여러 정황을 고려하여 죽지가 장수하다가 80세 전후로 생을 마감하였다면 이때는 신라 제31대 신문왕이 죽고 효소왕이 즉위한 692년으로 보인다. 그러므로 모죽지랑가는 죽지가 죽자 생전에 그를 따르고 모시던 득오가 효소왕 원년에 그를 추모하면서 지은 노래일 것이다.

4. 모죽지랑가 원문

삼국유사에 수록된 모죽지랑가는 분절 없이 실려 있고, 이것을 양주동 박사가 8구체로 분절한 이래 모든 학자들이 이 노래를 8구체로 받아들였다. 하지만 필자는 사뇌의 구성 형식을 3죽(대)으로 간주함으로 모죽지랑가를 3죽으로 구분하고자 하며, 이에 따른 원문은 아래와 같다.

1죽	첫 글발	去隱春 皆理米 (거은춘 개리미)
	둘째 글발	毛冬 居叱沙 哭屋尸以 憂音 (모동 거질사 곡옥시이 우음)
2죽	첫 글발	阿 冬音 乃叱 好支賜烏隱 貌史 年數 就音 墮支行齊 (아 동음 내질 호지사오은 모사 년수 취음 휴지행제)
	둘째 글발	目煙 廻於尸七 史伊衣 逢烏支 惡 知作 乎 下是 (목연 회어시칠 사이의 봉오지 오 지작 호하시)
3죽	첫 글발	郎也 慕理尸 心未 行乎尸道尸 (낭야 모리시 심미 행호시도시)
	둘째 글발	蓬次叱 巷中 宿尸 夜音 有叱下是 (봉차질 항중 숙시 야음 유질하시)

5. 해석과 근거

다음 글에서 표현하는 「훈을 취하여」「훈을 빌려서」는 훈차를 말하고, 「음을 취하여」「음을 빌려서」는 음차 표기를 말한다. 훈음사에 해당하는 경우 괄호로 처리하였다.

1) 1죽에 대한 해석

1죽(竹은) 두 개의 글발을 거느리고 5개의 명(名·마디말)

으로 이루어져 있다. 각 글발의 마디말마다 순번을 매겨서 다음과 같이 해석한다.

(1) 1죽의 첫 글발

「去隱春 皆理米(거은춘 개리미)」에서

① 거은춘(去隱春) : '지날 거(去)'의 훈을 취하여 '지나다'로 새기고, 은(隱)은 용언의 활용17) 중에서 (관형사형)전성어미 '~ㄴ'으로 새기고, '봄 춘(春)'의 훈을 취하여 봄으로 새기면 '거은춘'은 「지나다+ㄴ+봄 = 지난 봄」이 된다.

② 개리미(皆理米) : 이 마디말은 그 한자음을 취하여 「개리미>가리매」로 새긴다. '가리매'의 본딧말은 '가리다'인데, 옛말 '가리다'는 '헤아리다'의 뜻이다. 그러므로 '개리미'는 현대어 '헤아려보매'로 새긴다.

③ 위 ①~② 각 새김을 종합하면 '거은춘 개리미'(去隱春 皆理米)는 「지난 봄 헤아려보매」가 된다.

(2) 1죽의 둘째 글발

「毛冬 居叱沙 哭屋尸以 憂音(모동 거질사 곡옥시이 우음)」에서,

① 모동(毛冬) : 이 마디말은 그 한자음을 취하여 우리말

---

17) 용언의 활용 : 용언이란 동사와 형용사 중에서 문장을 서술하는 기능을 가진 낱말을 말한다. 용언은 변하지 않는 어간과 다양한 용도의 어미로 결합되는데, 이것을 용언의 활용이라 한다. 용언의 활용은 어간에 붙는 어미의 기능에 따라 ①연결어미(문장과 문장을 이어줌) ②종결어미(문장을 끝맺음) ③전성어미(용언의 어간에 붙어 다른 품사의 기능을 수행하게 함)로 구분된다.

「모동>모든」으로 새긴다. 이두에 이와 비슷한 표기로 거등(去等)이 있는데, 이것은 우리말 '~거든'으로 새긴다.

② 거질사(居叱沙) : '거할 거(居)'는 그 음을 취하여 우리말 '거'로 새긴다. 다음 '꾸짖을 질(叱)'은 그 훈음의 첫 음 '꾸'의 초성 'ㄲ'으로 우리말 된소리(겹자음) 'ㄲ'을 베낀 훈음사 표기이다. 사(沙)는 경상도 사투리로 지금의 주격조사 '이/가'와 같은 말이다. 각 새김을 연결하면 '거질사'(毛冬居叱沙)는 「거+ㄲ+사 = 겪사」가 되고, 이것을 현대어로 바꾸면 「겪사>것이」로 해석할 수 있다. 아울러 질(叱)은 향찰이나 이두에서 경상도 말의 특징인 된소리 'ㄲ'이나 센소리 'ㅋ'을 표기하는 글자이다.

③ 곡옥시이(哭屋哭屋尸以) : '울 곡(哭)'은 그 훈의 음으로 우리말 '올'을 베낀 훈음사이다. '집 옥(屋)'은 현재 '옥'으로 발음하지만 중국 중고한어음은 [iəu · 우]이었다. 그러므로 옥(屋)의 음을 취하여 '우'로 새기고, '시이(尸以)'의 음을 취하여 '시이'로 새기면, 곡옥시이(哭屋哭屋尸以)는 우리말로 「올+우+시이 = 올우시이」가 된다. 이것은 다시 「올오시이>올오시>오로시」로 새길 수 있고, '오로시'를 현대어 바꾸면 '오롯이'[18]가 될 것이다.

④ 우음(憂音) : '시름할 우(憂)'의 훈을 취하여 옛말 '실흐다(근심하다)'로 새기고, 이 경우 '소리 음(音)'을 명사파생 접사로 보아 '으ᄋᆞᆷ'(으옴)으로 새기면 「실흐ᄋᆞᆷ>실흠>시름」이 된다.

⑤ ①~④ 각 새김을 종합하면 「모동 겪이 올오시이 시름」

---

18) 오롯이 : '온전히' 또는 '본바탕 그대로 고스란히'의 뜻이다.

이 되고, 이것을 현대적으로 표현으로 바꾸면 「모든 것이 올우시이 시름」 곧 「모든 것이 오롯이 시름」이 될 것이다.

2) 2죽에 대한 해석

2죽은 4개의 글발을 갖고 있고 글발마다 4~5개의 명(名·마디말)으로 이루어져 있다. 이것도 편의상 각 글발의 마디말마다 순번을 붙여서 다음과 같이 설명한다.

(1) 2죽의 첫 글발

「阿(何) 冬音 乃叱 好支賜烏隱 貌史(아 동음 내질 호지사 오은 모사」에서,

① 아 동음(阿 冬音) : 한자 '언덕 아(阿)'는 사뇌에서 3죽의 첫 글발에서 차(嗟·감탄사)에 해당하는 아사(阿邪), 아야(阿也) 등에 사용하는 글자이다. 그런데 현존하는 사뇌 25가 중에서 2죽에 차(嗟)가 있는 작품은 찾아 볼 수 없다. 그러므로 필자는 모죽지랑가 2죽의 첫 글발에 있는 아(阿)를 차(嗟·감탄사)로 보지 않는다. 또 기존의 해석과 같이 아(阿)를 '아름답다'의 음차로 봄은 더욱 동의할 수 없다. 이런 이유로 필자는 모죽지랑가 2죽의 첫 글발에 있는 아(阿)를 '어찌 하(何)'의 오자로 본다. 아(阿) 자를 하(何)로 고치면 '아 동음(阿 冬音)'은 '하 동음(何 冬音)'이 된다. 이제 정정한 '하 동음(何 冬音)'을 해석하면, '어찌 하(何)'는 우리말 의문 부사 '언제나'로 새긴다. 다음 한자 '겨울 동(冬)'[19]은 이두에서 우리말 '둥글다'를 표기하는 글자이다.

---

19) 동(冬) : 차자표기에서 '겨울 동(冬)'의 쓰임이 몇 가지 있는데, 예컨

'소리 음(音)'20)은 동음(何冬音)에서 명사파생접사 '으음'으로 보지 않고 중고한어음(中古漢語音) [iĕn·읜]으로 본다. 각 새김을 연결하면 '하 동음(何 冬音)'은 「언제나+둥글+읜 = 언제나 둥그런」으로 새길 수 있다.

② 내질(乃叱) : '이에 내(乃)'는 경상도 사투리 '나'의 음차 표기이고, '꾸짖을 질(叱)'은 그 훈음의 첫 음 '꾸'의 초성으로 된소리 'ㄲ'을 베낀 훈음사 표기이다. 그러므로 '내질(乃叱)'은 「나+ㄲ = 낚」으로 새기는데, '낯'(얼굴)의 향찰 표기로 보인다. 예컨대 신라시대에는 낯과 낚 즉 'ㅊ'과 'ㄲ'의 구별이 분명하지 않았거나 또는 낯(얼굴)이 경상도 사투리로 '낚'과 비슷했던 것으로 보인다. 또한 사뇌를 해석하다 보면 '꾸짖을 질(叱)'은 간혹 자음 「ㄱ/ㅊ/ㅋ/ㅎ」으로도 새기게 되는데, 이것은 고대 우리말에서 이 네 자음의 구별이 분명하지 않았음을 뜻할 것이다.

③ 호지(好支) : '아름다울 호(好)'를 취하여 '아름답다'로 새기고, '가를 지(支)'의 음을 취하여 '디'로 새기면 「아름답+디 = 아름답디」가 된다. 한편 이두와 향찰에서 '좋다'의 뜻을 표기하는 글자는 '좋을 선(善)' 자를 사용하므로 호지(好支)의 뜻을 「좋지>좋은」의 뜻으로 새기면 앞 마디말과 어울리지 않는다.

대 삼국사기 지리지에 나오는 모을동비(毛乙冬非·지금의 철원을 말함)는 '쇠가 나오는 둥그런 고을'이란 뜻이고, 동비홀(冬比忽)은 개성을 말하는데 '둥그런 성'이란 뜻이고, 동사힐(冬斯肹)은 '둥근 씨' 곧 밤송이를 말한다.

20) 소리 음(音) : 한자 음(音)의 중국 중고한어음은 [iĕn]이었다. 그런데 '소리 음(音)'은 이두와 향찰 표기에서 ①명사파생접사 '~으음' ②보조사 '은/는' ③전성어미 '~은' 또는 '~인' 등으로 다양하게 쓰였다.

④ 사오은(賜烏隱) : 이 마디말은 이두와 향찰에서 우리말 중에서 상대방을 높이는 종결어미 '~으신'·'~사오신'으로 새긴다.

⑤ 모사(貌史) : '얼굴 모(貌)'이지만 여기서는 얼굴이 아니라 모습이란 뜻으로 새겨야 한다. '엮을 사(史)'는 경상도 사투리로 주격 조사 '가'의 표기이다. 현재에도 경상도 사람은 '내사(내가)'라는 말을 많이 쓴다. 그러므로 모사(貌史)는 '모습은'으로 새길 수 있다.

⑥ 위 ①~⑤ 각 새김을 종합하면 「언제나 둥그런 낯이 아름답디사오신 모습은」이 된다. 이것을 현대적 표현으로 바꾸면 「언제나 둥그런 낯(얼굴)이 아름답사오신 모습은」이 될 것이다.

(2) 2죽의 둘째 글발

「年數 就音 墮支行齊(년수 취음 휴지행제)」에서,

① 년수(年數) : 이 마디말을 뜻 새김하면 '해의 수'이므로 '우리말 '햇수'로 새긴다.

② 취음(就音) : '이룰 취(就)'의 훈을 취하여 '이루어지다'로 새기고, '소리 음(音)'은 이 경우 중국 중고한어음 [iĕn]으로 새기지 않고 명사파생접사 '으음'으로 새긴다. 그러면 '취음'은 「이루어지+으음 = 이루어짐」이 된다.

③ 휴지행제(墮支行齊) : 한자 '떨어질 타(墮)'는 또 다른 훈음인 '황폐해질 휴(墮)'로도 읽는다. 이 마디말에서는 '황폐해질 휴(墮)'로 읽고 그 훈음을 취하여 '황폐해지다'로 새긴다. 다음 '가를 지(支)'의 음을 취하여 '디'로 새기고, '갈

행(行)'의 훈을 취하여 '가다'로 새기고, '가지런할 제(齊)'를 경상도 사투리로 보아 용언의 활용 중에서 종결어미 '~제'로 새기면, 「황폐하다+디+가+제 = 황폐해져 가제」가 된다. 「황폐해져 가제」를 현대적 표현으로 바꾸면 「흐릿해져 가니」가 될 것이다.

④ 위 ①~③ 각 새김을 종합하면 「햇수 이루어짐(따라) 황폐해져 가제」가 된다. 이것을 현대적 표현으로 바꾸면 「햇수 이루어짐에 따라 흐릿해져가니」 또는 「햇수 흐름에 따라 (얼굴이) 흐릿해져가니」가 될 것이다.

(3) 2죽의 셋째 글발

「目煙 廻於尸七 史伊衣(목연 회어시칠 사이의)」에서,

① 목연(目煙) : '눈 목(目)'의 훈을 취하여 '눈'으로 새기고, '그을릴 연(煙)'의 훈을 취하여 '그을리다'로 새기면, 목연(目煙)은 '눈을 그을리다'가 될 것이다. 이것은 「눈을 지그시 감고」 뭔가를 회상하는 몸짓을 표현한 것이고 현대적 표현으로 바꾸면 「눈을 지그시 감고」로 새길 수 있다.

② 회어시칠(廻於尸七) : '돌 회(廻)'에서 훈을 취하여 '돌다'로 새기고, '어조사 어(於)'를 우리말 '이'로 새기고, '주검 시(尸)'를 'ㅅ'불규칙 어미로 보고, '일곱 칠(七)'의 음을 취하여 '칠'로 새기면, 「돌+이+ㅅ+칠 = 돌잇칠」이 되고 이것을 현대어로 바꾸면 '돌이킬'이 될 것이다.

③ 사이의(史伊衣) : 이 마디말은 그 한자음을 취하여 우리말 「사이의>사이에」로 새긴다.

④ 위 ①~③ 각 새김을 종합하면 「눈을 그을리고 (뭔가

를) 돌잇칠 사이에」가 되고, 이것을 현대적 표현으로 바꾸면 「눈을 지그시 감고 (옛 일을) 돌이킬 사이에」가 될 것이다.

(4) 2죽의 네 번째 글발

「逢烏支 惡 知作 乎下是(봉오지 오지작 호하시)」에서

① 봉오지(逢烏支) : '만날 봉(逢)'의 훈을 취하여 '만나다'로 새기고, '까마귀 오(烏)'의 음을 취하여 '오'로 새기고, '가를 지(支)'의 음을 취하여 '~디'로 새기면, 「만나+오+디 = 만나오디」가 될 것이다. 이것을 현대적으로 표현으로 바꾸면 「만나오게 되면」으로 새길 수 있다.

② 악(惡) : 대개 '미워할 악(惡)'으로 읽지만 간혹 또 다른 훈음인 '어찌 오(惡)'으로도 읽는다. 「봉오지 오 지작호하시(逢烏支 惡 知作乎下是)」에서는 '어찌 오(惡)'로 읽고 그 훈을 취하여 의문부사 '어찌'로 새긴다.

③ 지작(知作) : '알 지(知)'의 훈을 취하여 '알다'로 새기고, '지을 작(作)'의 훈을 취하여 '짓다'로 새기면, 「알다+짓다 = 앎 짓다」로 새길 수 있다. 이것을 현대어로 바꾸면 「(어떤 사람을) 알아보다 · 인식하다」라는 뜻이 될 것이다.

④ 호하시(乎下是) : 한자 호(乎)의 음을 취하여 '~오'로 새기고, '아래 하(下)'는 그 훈음으로 옛말 '아로(래)'를 베낀 훈음사 표기로 본다. 다음 '옳을 시(是)'는 경상도 사투리 '시'로 보아 의문사 '~시'로 새긴다. 그러면 「오+아로+시 = 오아로시?」가 된다. 이것을 현대어로 바꾸면 「오아로시>오로까?」로 새길 수 있다.

⑤ 위 ①~④ 각 새김을 종합하면 「만나오디 어찌 앎짓오 아로시?」가 될 것이다. 이것은 다시 「만나오게 되면 어찌 알아오로까?」로 새길 수 있고, 현대적 표현으로 바꾸면 「만나오게 되면 어찌 알아 보올까?」가 될 것이다.

3) 3죽에 대한 해석

3죽은 세 개의 글발을 거느리고 글발마다 4~5개의 명(名·마디말)으로 이루어져 있다. 이것도 편의상 각 글발의 마디말에 순번을 붙여서 다음과 같이 설명한다.

(1) 3죽의 첫 글발

「郎也 慕理尸 心未 行乎尸 道尸(낭야 모리시 심미 행호시 도시)」에서,

① 낭야(郎也) : '잇기 야(也)'를 명칭에 붙어 그것을 부르는 말로 변화시키는 호격 조사 '이여'로 보아 '낭이여'로 새기며, 여기서 낭(郎)은 죽지랑을 가리킨다.

② 모리시(慕理尸) : '괼 모(慕)'의 훈을 취하여 '괴다'(그리다)로 새기고, '마을 리(理)'의 음을 취하여 '리'로 새기고, '주검 시(尸)'는 경상도 사투리 '시'로 보아 용언의 활용 중에서 (관형사형)전성어미 '~는'으로 새긴다. 각 새김을 연결하면 「괴+리+시 = 괴리시」가 된다. '괴리시'는 '시'를 경상도 사투리로 보아 옛말 '괴리는'으로 새기고, 이것을 현대어로 바꾸면 '그리는'의 뜻이 될 것이다.

③ 심미(心未) : '마음 심(心)'의 훈을 취하여 마음으로 새기고, '아닐 미(未)'는 앞 글자의 종성(받침) 'ㅁ'이 주격 조

사 '이'와 접하여 '미'로 연음된 것이다. 그러므로 '마음이'로 새긴다. 차자표에는 이러한 연음 표기가 많다.(예; 바람이 → 風未)

④ 행호시도시(行乎尸道尸) : '갈 행(行)'의 훈을 취하여 '가다'로 새기고, '어조사 호(乎)'의 음을 취하여 '~오'로 새기고, '주검 시(尸)'를 경상도 사투리 보아 (관형사형)전성어미 '~는'으로 새긴다. '길 도(道)'의 훈을 취하여 길로 새기고, 마지막 '주검 시(尸)'를 경상도 사투리로 보아 장소를 나타내는 부사격 조사 '~에'로 새긴다. 그러면 행호시도시(行乎尸道尸)는 경상도 사투리로 「가+오+시+길+시 = 가오시길시」가 되고, 이것을 현대어로 새기면 「가고 오는 길에> 가오는 길에」가 된다.

⑤ 위 ①~④각 새김을 종합하면 「낭이여 그리는 마음이 가오는 길에」가 될 것이다.

(2) 3죽의 둘째 글발

「蓬次叱 巷中 宿尸夜音 有叱下是(봉차질 항중 숙시 야음 유질하시)」에서,

① 봉차질(蓬次叱) : '떠돌아다닐 봉(逢)'의 훈을 취하여 '떠돌아다니다'로 새기고, '꾸짖을 질(叱)'은 이 마디말에서는 'ㄲ'을 표기하는 훈음사로 보지 아니하고, 그 음을 취하여 우리말 '~질'을 음차 표기한 것으로 본다. 우리말에서 '~질'은 동작의 연속으로 습관화된 행동을 나타내는 낱말이다. 그러므로 봉차질(蓬次叱)은 떠돌아다님을 반복하는 행동을 뜻한다. 봉차(蓬次)와 같은 유형으로 행차(行次), 개차

(皆次 · 왕의 행차를 뜻하는 고구려어) 등이 있다. 그러므로 '봉차질'은 우리말 '떠돌이질'로 새길 수 있다.

② 항중(巷中) : '거리 항(港)'의 훈을 취하여 (길)거리로 새기고, '가운데 중(中)'의 훈을 취하여 가운데로 새기면, 이것은 '거리 가운데'가 된다.

③ 위 ①~② 새김을 종합하면 봉차질 항중(蓬次叱 巷中)은 「떠돌이질하는 거리 가운데」가 될 것이다.

④ 숙시(宿尸) : '잘 숙(宿)'의 훈을 취하여 '잠자다'로 새기고, '주검 시(尸)'를 경상도 사투리 '시'로 보아 용언의 활용 중 (관형사형)전성어미 '~는'으로 새기면, 숙시(宿尸)는 '잠자는'이 된다.

⑤ 야음(夜音) : '밤 야(夜)'의 훈을 취하여 옛말 '바ㅎ다'으로 새기고, '소리 음(音)'은 이 마디말에서 명사파생접사 '~으음'으로 보면 「바ㅎ+으음 = 바ㅎ음」이 되고, 이것은 현대어로 '밤'이다.

⑥ 유질하시(有叱下是) : '있을 유(有)'는 그 훈음으로 우리말 '있'(읶)을 베낀 훈음사 표기로 본다. 다음 '꾸짖을 질(叱)'을 그 훈음의 초성으로 된소리 'ㄲ'을 베낀 훈음사 표기로 보고, '하시(下是)'를 2죽과 같이 '~아로시'로 새기면, 「있(읶)+ㄲ+아로+시 = 읶아로시」로 새길 수 있다. 이것은 다시 '익어로시'로 새길 수 있고, 여기에서 '시'는 경상도 사투리로 종결어미에 해당한다. '익어로시'를 현대어로 바꾸면 '익어가는구나' 또는 '익어가네'로 새길 수 있다. 지금도 경상도 사람은 '시'을 전라도 사람의 '거시기'만큼 다양하게 쓰고 있는데, 옛날에도 지금과 같이 그러하였나 보다.

⑦ 위 ①~⑥ 새김을 종합하면 「떠돌이질하는 거리 가운데 잠자는 밤이 읶아로시」가 되고, 이것을 현대적으로 표현하면 「잠자는 밤이 익어가네」가 될 것이다.

6. 새로운 해석의 귀납

모죽지랑가에 대한 필자의 새로운 해석을 귀납하면 아래와 같다.

지난 봄 가리매
모둔 것이 올오시이 시름
언제나 둥글왼 닊 아름답디사오신 모습은
햇수 이루어짐(따라) 황폐해져가제
눈 그을려 (옛 일을) 돌이칠 사이에
(낭을) 만나오디 어찌 앏짓오로시?
낭이여 괴리는 마음이 가고 오는 길에
떠돌이질 거리 가온데
잠자는 밤이 익어로시

위 새김에 대하여 원문을 가급적 훼손하지 아니하면서 다시 현대적 시가로 바꾸면 아래와 같을 것이다.

지난 봄 헤아려보매
모든 것이 오롯이 시름이라
어느 때나 둥그런 얼굴 아름다우신 모습은
햇수 흐름에 따라 흐릿해져가니

눈을 지그시 감고 (옛 일을) 돌이킬 사이에
(낭을) 만나오게 되면 어찌 알아 보올까?
낭이여, 그리는 마음이 가오는 길에
떠돌이질 하는 거리 가온데
잠자는 밤이 익어가네

7. 맺는말

 시가의 첫 글발 「지난 봄 헤아려 보매 모든 것이 올오시 이 시름」이란 표현은 죽지와 신문왕이 동시에 죽은 692년 봄을 헤아려서 오롯이 시름한다는 뜻일 것이다. 아울러 이 노래는, 신문왕을 이어 즉위한 효소왕 원년(692년)에 득오가 죽지랑을 그리면서 지은 노래로 보인다. 이야기 첫 머리에 나오는 글발 「신라 제32대 효소왕대에 죽만랑(竹曼郎)의 무리 가운데」라는 표현은, 죽지가 생전에 활약한 시대를 뜻하는 말이 아니라 득오가 모죽지랑가를 지은 시기를 이르는 것이다. 아울러 삼국유사에서 득오를 급간(級干)이라 칭하였으므로 그는 화랑 무리에서 문서와 서간을 담당하던 화랑으로 보인다. 그렇다면 득오는 죽지의 서장관으로 평생 그를 모시던 사람이었을 것이다. 이 때문에 득오는 이두와 향찰에도 능숙하였던 것으로 보인다.
 끝으로 필자가 이 시가를 새롭게 새기어 놓고 감상해보니, 모죽지랑가(慕竹旨郎歌)는 옛 주군(主君)을 돌이켜 생각하고 그리워하는 너무나 아름다운 서정시이다.

서동요의 색다른 해석

1. 들머리 글

　향가(鄕歌)는 알다시피 신라와 고려 시대 시가이다. 향가는 중국 한시(漢詩)에 맞서는 우리 민족의 우리말 시가라는 주체적인 명칭일 수도 있다. 하지만 필자가 생각하기에, 한시에 견주어 격이 떨어지는 '시골 노래' 또는 '촌 가락'라는 뜻의 명칭으로 보인다. 그러므로 이 명칭은 사대와 자기비하의 뜻이 있어 가급적 그 사용을 지양해야 할 것이다. 이에 필자는 향가란 명칭을 쓰지 않고, 대신 이 글에서 향가의 최초 명칭인 사뇌(詞腦)라는 명칭을 사용하고자 한다. 좀 생뚱맞지만 이 점을 독자께서 이해해 주기 바라며 본론을 시작한다.

2. 양주동 김완진 두 대가의 해석

　사뇌는 현재 삼국유사에서 14가를 전하고 있는데 모두 향찰로 쓰였다. 향찰은 한자로 기록되었지만 쉽게 해독할 수 없고, 사뇌(詞腦)에 대한 해석은 일제강점기 일본인 학자들이 처음으로 그 해독을 시도하였다.1) 그 뒤 여러 국문학자들의 노력으로 어느 정도 그 해독이 이루어졌다. 현재 사뇌 해석의 시조(始祖)로 추앙받는 양주동 박사와 김완진 교수의 해석이 국문학계의 주류를 이루고 있는데, 이 중에서 가장 짧은 서동요(薯童謠)에 대한 두 분의 해석은 아래와 같다.

양주동 박사 해석	김완진 교수 해석
善化公主니믄	善化公主니믄
눔 그스지 어러 두고	눔 그슥 어러 두고
맛둥 바울	薯童 바울
바믹 몰 안고 간다	바매 알홀 안고 간다

통설로 굳어진 두 분의 위 해석은 사뇌가 쓰인 당시 신라어가 아니다. 향찰로 기록된 사뇌를 조선 중세의 훈민정음으로 소급하여 바꿔 써놓은(해석한) 작품이다. 그러하기에 이 작품들은 마치 처음부터 조선 중세의 훈민정음으로 쓰인 「고문(古文)」 같은 착각을 일으킨다. 하지만 조선 중세 훈민정음으로 표기된 사뇌는 악학궤범(樂學軌範)2) 권5 시용향악

---

1) 일본인~해독을 시도하였다 : 일제강점기 가나자와 쇼자부로(金沢庄三郎, 생몰 1872~1967년)가 향가를 1918년 처음으로 우리말과 일본어로 해독을 시도하였다. 그 후 오구라 신페이(小倉進平)가 「향가 및 이두의 연구 鄕歌及び吏讀の研究(1929)」를 저술하였고, 그는 사뇌 25수를 최초로 해독하여 이 책에 실었다. 이것이 향가 연구의 효시이다.(위키백과에서 발췌/인용)

2) 악학궤범(樂學軌範) : 1493년(성종 24년)에 예조판서 성현, 장악원 제조 유자광(柳子光), 장악원 주부 신말평(申末平), 전악 박곤(朴棍)·

정재도의(時用鄕樂呈才圖儀)」에 기록된 처용가가 유일하다.

<출처 : 국립국악원, 악학궤범 권5 처용가에서 발췌>

조선 제9대 성종 재위기간 중에, 예조판서 성현, 장악원 주부 신말평·박곤·김복근 등이 사뇌(詞腦) 중에서 「처용가」하나만 우리말로 해석하여 이를 훈민정음으로 정읍사, 동동, 여민락과 같이 악학궤범(1493년)에 수록하였다. 국문학

김복근(金福根) 등이 왕명을 받아 편찬하였다. 당시 장악원에 있던 의궤와 악보가 오래되어 헐었고, 요행히 남은 것들도 모두 엉성하고 틀려서 그것을 수교(讐校 : 다른 것과 대조하며 교정校訂함)하기 위하여 새로이 악규책(樂規冊)을 편찬한 것으로 조선시대 음악·무용에 관한 책이다. 모두 9권 3책으로 구성되어 있다.(한국민족문화대백과사전에서 발췌/인용)

계는 이를 「훈민정음 처용가3)」라 지칭하는데 이 훈민정음으로 쓰인 처용가 6구의 가치는 무한하다. 현존하는 사뇌 25가의 해석은 모두 이 악학궤범에 실린 처용가 6구을 바탕으로 해석하기 때문이다. 또한 신라시대 사뇌집 「삼대목(三代目)」이 있었으나 유실되어 지금은 전하지 않는다. 다만 현재 사뇌는 일연스님이 지은 「삼국유사」에 14가, 고려 균여스님의 전기를 기록한 「균여전」에 11가 등 모두 25가가 전한다. 이 글의 주제인 서동요는 삼국유사 권2 기이 제2 「무왕(武王)」편에 분절(分節) 없이 실려 있다.

3. 해석과 근거

1) 서동요 원문

고전을 다룸에 있어서 원문 존중은 가장 중요한 원칙이다. 이에 따라 먼저 서동요 원문을 아래와 같이 소개한다.

善化公主主隱　　（선화공주주은）
他密只嫁良置古　（타밀지가량치고）
薯童房乙　　　　（서동방을）
夜矣夘乙抱遣去如（야의(?)을포견거여）

2) 필자의 색다른 해석과 해설

(1) 필자의 새로운 구성

---

3) 훈민정음 처용가 : 악학궤범 권5에 시가 전체 8구 중 6구만(3죽 중 2죽까지) 중세 훈민정음으로 수록되어 있다.

삼국유사 권2 기이 제2 「백제 무왕」편에 수록된 서동요는 현존하는 사뇌 중 시대적으로 제일 오래된 것이다. 국문학계는 사뇌에 대하여 통상 4구체니 8구체니 10구체니 이렇게 구분한다. 이에 따라 국문학계는 서동요를 4구체로 시가로 본다. 하지만 사뇌는 크게 3죽(竹)으로 구성된 시가이다. 필자는 사뇌의 본디 구성형식을 존중하여 서동요를 4구체 형식이 아닌 3竹(또 다른 명칭 三代)으로 아래와 같이 구성하였다. 또한 이하 글에서 「훈을 취하여」「훈을 빌려서」는 훈차를 말하고, 「음을 취하여」「음을 빌려서」는 음차 표기를 말한다. 훈음사인 경우 별도로 해석하거나 괄호로 처리하였다.

1죽	善化公主主隱 他密只 (선화공주주은 타밀지)
2죽	嫁良 置古 薯童房乙 (가량 치고 서동방을)
3죽	夜矣 卯乙 抱遣 去如 (야의 석을 포견 거여)

(2) 1죽(竹)에 대한 필자의 해석

「善化公主主隱 他密只(선화공주주은 타밀지)」에서,

① 첫 마디말 마디말 선화공주(善化公主)는 긴 말이 필요 없다. 선화공주 주은(主隱)은 '임금 주(主)'의 훈을 취하여 '임'(님)으로 새기고, 은(隱)의 음을 취하여 주격 조사[4] '은'

---

4) 조사 : 체언과 결합하여 즉 체언의 뒤에 붙어서 다른 낱말과 함께 문장을 구성하는 9품사 중 하나이다. 조사는 ①체언과 다른 낱말의 문법적 관계를 나타내는 격조사 ②자신만의 고유한 의미(자격)를 추가하는 보조사(은/는) ③문장과 문장을 접속하는 기능을 가진 접속조사로 구분한다. 그리고 격조사는 다시 주격 조사, 목적격 조사, 관형격 조사, 부

으로 새기면, '선화공주님은'이 된다. 첫 마디말 '선화공주주은(善化公主主隱)'의 풀이는 누가 해석해도 같을 것이다.

② 타밀지(他密只)에서 타(他)는 '남 타(他)'의 훈을 취하여 '남'으로 새긴다. 다음 밀지(密只)는 '몰래 밀(密)'의 훈을 취하여 '모르다'로 새긴다. 자음 'ㅈ'과 'ㄱ'은 충청도에서 혼용하여 쓰였으므로(예; 김치>짐치) 필자는 '다만 지(只)'를 우리말 '기'의 음차 표기로 본다. 이에 따라 '지(只)'를 우리말 용언의 활용 중에서 연결어미「기>게」로 새긴다. 각 새김을 연결하면 타밀지(他密只)는「남+모르다+기 = 남모르기」가 되고 이것을 현대적 표현으로 바꾸면 '남모르게'가 될 것이다.

③ 위 ①~② 각 새김을 종합하면「선화공주님은 남모르게」가 될 것이다.

(3) 2죽(竹)에 대한 필자의 해석

「嫁良 置古 薯童房乙 (가량 치고 서동방을)」에서,

① '시집갈 가(嫁)'는 지금은 '시집가다'의 뜻이지만 옛 옥편은 그 훈을 '어르다'(성교하다)로 기록하고 있다. 그러므로 가(嫁)의 훈을 취하여 '어르다'로 새긴다.

② '어질 량(良)'5)은 그 훈음 '량'의 초성 'ㄹ'를 취하여 우리말 용언의 활용 중에서 (관형사형)전성어미 '~ㄹ'을 베낀

사격 조사, 호격 조사로 구분한다.

5) '어질 량(良) : 이두나 향찰에서 행동이나 장소를 나타내는 부사격조사「에/에서」역할을 하거나 용어의 활용 중에서 (관형사형)전성어미 '~ㄹ'를 역할을 한다. 또한 이두나 향찰에서는 이 글자를 읽을 때 '량(양)'으로 읽지 않고 '~라' 또는 '~랄'로 읽는다. 용례로 위량여(爲良如)는 우리말 '~를 하여라'로 새긴다.

훈음사 표기이다. 그러므로 가량(嫁良)은 우리말 「어르다 +'~ㄹ' = 어를」로 새긴다. '어를'을 현대적으로 표현하면 '연애할'이 될 것이다.

③ '치(置)'는 예나 지금이나 낮잡아보는 사람을 지칭하는 말이다. 예컨대 염사치6), 벼슬아치, 양아치, 장사치, 음치, 둔치, 젊은치 등이 그 용례가 있다. 이를 현대어로 바꾸면 남자 친구, 지금의 속어 '남친'이 될 것이다.

④ '옛 고(古)'는 그 음을 취하여 - 다른 것과 비교하거나 기준대상임을 나타내는 접속조사 '하고'로 새기는데, 이것은 다른 접속조사 '와' 또는 '과'로 바꿔 쓸 수 있다.

⑤ 서동(薯童)을 양주동박사는 '맛둥이'로, 김완진 교수는 한자 서동(薯童)으로 해석하였다. 양주동 박사의 '맛둥이'는 부여군 장암면의 지명 '맛바위'(한역; 長巖)에서 보듯 '맛(맏) 둥이'는 큰아들을 뜻하기 때문에 '마를 캐는 아이'와 어울리지 않는다. 또 김완진 교수처럼 한자 서동(薯童)을 새기지 않고 그대로 서동(薯童)으로 씀은 더욱 찬성할 수 없다. 필자는 서동을 「마를 캐어 시장에 내다 파는 아이」로 보아 '마둥이'로 새긴다. '둥이'의 용례로 쌍둥이, 다둥이 등이 있다.

---

6) 염사치(廉斯鑡) : 마한 염로국과 사로국 연맹체(염사국)의 우거수(右渠帥)로 있다가 신지(통치자)가 되지 못하자, AD.20~AD.23년 무렵 진한에 노예로 붙잡혀 있던 한(漢)나라 사람 호래(戶來)와 함께 낙랑군의 함자현(舍資縣)에 들어갔다. 그 뒤 역관(譯官)이 되어 진한에 잡혀 있던 한나라 포로 1,000명을 배로 데리고 낙랑(樂浪)에 귀순하였다. 이 공로로 낙랑으로부터 관책(官幘)과 전택(田宅)을 받고 자손이 수대를 계승하여 부역과 조세의 면제를 받았다.(인터넷 한국민족문화백과사전에서 발췌) 필자가 생각하기에, 염사치는 마한시대에 있었던 우리민족의 첫 매국노에 해당할 것이다.

⑥ 방을(房乙)은 '방 방(房)'의 훈을 취하여 '방'으로 새기고, '새 을(乙)'의 훈음인 '새'를 취하여 우리말 '새'를 베낀 훈음사 표기이다. '새'는 '사이'의 줄임말이니 방을(房乙)은 「방 새>방 사이>방 안에서」가 될 것이다.

⑦ 위 ①~⑥ 각 새김을 연결하면 「어를+치+하고+마둥이+방안 = 어를 치하고 마둥이 방안」이 된다. 이것을 현대적 표현으로 바꾸면 「연애할 남친 하고 마둥이 방안에서」가 될 것이다.

(4) 3죽(竹)에 대한 필자의 해석

「夜矣 夘乙 抱遣 去如(야의 석을 포견 거여)」에서,

① 야의(夜矣) : '밤 야(夜)'의 훈을 취하여 '밤'으로 새기고, '어조사 의(矣)'는 이두와 향찰에서 시간과 장소에 붙는 조사 '~에'로 봄이 일반적 견해이다. 하지만 필자는 의(矣)를 뒤 마디말 포견(抱遣)과 연결지어 보조사 '~마다'로 새긴다. 그러면 '밤마다'가 될 것이다.

② 夘乙(석을) : 양주동 박사는 이것을 '卯乙(묘을)'로 보아 우리말 '몰래'로 해석하였는데, 이렇게 해석하면 앞 마디말 밀지(密只)의 새김 '모르게'와 비교하여 왠지 낯설고 어색하다. 김완진 교수는 '夘乙(?을)'에서 '夘'을 '알 란(卵)'의 오기로 보아 '卵乙(난을)'로 해석하였다.

③ 포견(抱遣) : '안을 抱(포)'의 훈을 취하여 '안다', '품다'로 새기고, '보낼 견(遣)'은 그 음을 취하여 용언의 활용 중에서 종속절을 이끄는 연결어미 '~하곤'의 음차 표기로 본다. 그러면 「품다+하곤 = 품곤」이 될 것이다.

▲ '夗乙'에 대한 필자의 새로운 해석

필자도 위 두 분과 같이 오래된 자전에서 '夗' 자를 뒤졌으나 역시 찾을 수 없었다. 그래서 '夗'를 하나의 기호로 파악하였다. 그래서 먼저 「저녁 녁(夕)+병부 절(卩)」으로 파자하였다. 여기에서 '저녁 석(夕)'의 '녁'은 방향(쪽)·때·편을 뜻하는 의존명사이다. '병부 절(卩)'은 또 다른 훈으로 '둘로 쪼개다'의 뜻도 가지고 있다.

그래서 필자는 '병부 절(卩)'을 「'夗' 자를 '저녁 석'으로 읽되, 뜻은 '저녁때'로 보지 말고 저녁(이녁의 저편·반쪽)으로 새기라」라는 기호로 보았다. 이에 따라 필자는 '夗' 자의 음을 '저녁 석(夕)'으로 읽고, 그 뜻을 우리말 '저녁' 즉 이녁의 저편·반쪽으로 새기었다.

다음 '새 을(乙)'[7]의 음을 취하여 우리말 목적격 조사 '을/를'의 음차 표기로 보았다. 그러면 '夗乙(석을)'은 우리말 「저녁+을 = 저녁을(이녁의 저편)」이 될 것이다. 이것을 뒤에 오는 마디말 포견(抱遣)과 연결 지으면 그 뜻이 확실해 지는데 「저녁을 품곤」로 새기게 된다. 이 해석에서 '저녁'은 나의 반쪽으로 두 말할 것도 없이 「섹스할 나의 반쪽>섹스(sex)할 남친」을 가리키는 말이다. 지금도 이와 비슷한 은어가 존재하는데 젊은이들의 신조어 「라면 먹고 가자」가 바로 그것이다.

---

[7] '새 을(乙)' : 이 한자의 이두 용례로 거을(去乙)이 있다. 이것은 우리말 '~거늘'로 새기는데, 까닭이나 원인을 연결하는 어미에 해당한다. 또 비슷한 이두 표기로 위거을(爲去乙)이 있는데, 이것은 우리말 '~라 하거늘'로 새긴다.

아울러 '夗' 자에 대한 필자의 해석은 그동안 국문학계에 발표된 기존의 해석에서 전혀 찾아볼 수 없다. '夗'(석)의 예처럼 두 개의 한자를 파자하여 각 글자의 음과 훈을 이용한 우리말 차자표기법은 필자가 최근에 발견한 것이다. 필자는 이 차자표기법을 수나라 때 중국인 육법언을 따라 '절운(切韻)'으로 이름 붙였다. 절운은 우리말 차자표기의 수단인 음차, 훈차, 훈음사와 더불어 앞으로 연구대상이다.

④ 거여(去如) : '갈 거(去)'는 그 훈을 취하여 '가다'로 새긴다. 다음 '같을 여(如)'는 이두와 향찰에서 대개 용언의 활용 중에서 종결어미 '~다'로 새긴다. 그런데 서동은 현재 백제 무왕으로 봄이 통설이고, 무왕은 지금의 충청도에 기반을 둔 왕이니 '가다'보다는 충청도 사투리 종결어미 '가유'로 새겨야 어감상 더 어울릴 것이다.

⑤ 위 ①~④ 각 새김을 종합하면 「밤마다 저녁을 품곤 가유」가 된다. 이것을 현대적 표현으로 바꾸면 「밤마다 저녁과 섹스하곤 가유」 또는 「밤마다 라면 먹고 가유」가 될 것이다.

4. 색다른 해석의 귀납

필자는 서동요를 조선 중세 훈민정음으로 소급하여 해석하는 과정 없이 곧바로 현대어로 새기어 본 바, 그 색다른 해석을 귀납하면 아래와 같을 것이다.

원문 직역	현대적 표현
선화공주님은 남모르게	선화공주님은 남몰래
어를 치하고 마둥이 방안에서	연애할 남친하고 마둥이 방에서
밤마다 저녁을 품곤 가유	밤마다 라면 먹고 가유

5. 맺는말

서동요는 신라시대 저자거리에서 아이들이 부른 참요[8]인데, 이 내용이라면 아버지 신라 진평왕이 노발대발하여 선화공주를 어찌 내쫓지 않으랴! 왕이 딸 선화공주를 쫓아내자 마자 마둥이가 냉큼 채갔을 것이다. 백제의 노래인 서동요가 신라까지 전해진 이유는 가사가 짧고, 아이들의 노래였기 때문이다. 지금도 소싯적 부른 노래는 누구나 노년에도 잊히지 않는다. 또 아이들의 노래는 금방 유행을 탄다.

끝으로 필자는 이두와 향찰은 고조선에서 시작된 것으로 본다. 마한·진한·변한 사람들은 모두 고조선의 유민이므로 이두는 삼한으로 전해져 널리 통용되었을 것이다. 서동요가 그것을 어렴풋이 입증한다.

---

8) 참요(讖謠) : 옛날에 세간에서 불리던 유언비어의 일종으로 어떤 사건이나 일의 조짐을 미리 예언하는 노랫가락을 말한다.

원왕생가, 극락정토가 어디메뇨?

1. 들머리 글

　신라는 중국과 교류를 시작한 때부터 귀족이나 관리들은 문서를 이미 중국식 한문으로 작성하였고, 시가도 중국의 한시(漢詩)를 모방하기 시작하였을 것이다. 이런 이유로 신라 사람들은 자기들의 고유시가를 중국의 한시(漢詩)에 견주어 '시골노래' 또는 '촌 가락'으로 낮추어 향가(鄕歌)라는 명칭으로 불렸다. 이와 같이 향가에는 사대와 자기비하의 뜻이 있으므로 필자는 이 글에서 향가 대신 사뇌(詞腦)라는 명칭을 쓴다.
　신라에서 사뇌는 대부분 스님들에 의하여 서민들이 알기 쉽도록 우리말로 쓰였고, 한자를 빌려 이것을 차자표기하였다. 다만 사뇌는 한자를 빌린 향찰로 표기되었으나 중국식 훈독으로 해석할 수 없고, 1,500여 년 이상의 세월이 흐른 지금 우리말도 변했으므로 그 해석이 쉽지 않다. 또한 중국의 한시가 정형과 이미지가 장점이라면 사뇌는 구어체로서 단순하되 표현의 울림은 강하다. 그 중에서 신라 제30대 문무왕(재위 661~681년) 때 광덕(廣德)스님이 지은 것으로 추정되는 원왕생가(願往生歌)는 불교의 극락왕생을 주제로 한 시가이다. 옛

선인의 마음을 되돌아보는 뜻에서 필자가 새롭게 해석한 원왕생가를 다음과 같이 소개한다.

2. 삼국유사의 「광덕과 엄장」 이야기

신라 불교는 당초 서민들에게 먼저 전파되었고 그 뒤 법흥왕 때 이차돈의 순교를 계기로 나라의 국교가 되었다. 삼국유사와 해동고승전에 의하면 이때가 527년이었다. 당시 중(仲)은 사(師) 곧 스승이라 불렸고 '스승'에서 '스님'이란 말이 생겨났다. 삼국유사 권5 감통 제7 「광덕과 엄장」편에 실린 원왕생가의 배경이 되는 이야기를 먼저 소개하면 아래와 같다.

『문무왕(재위 661~681년) 시절에 광덕 엄장이란 두 사문(중)이 있었다. 두 중은 우애가 돈독하였는데 밤낮으로 약속하기를,

"먼저 서방으로 가는 사람은 반드시 서로 알려주기로 하세"

라고 말하였다. 그 후 광덕은 분황사 서쪽 마을 - 어떤 사람은 황룡사의 서거방이라 하는데 어느 것이 옳은 말인지 알 수 없지만 - 그곳에 숨어서 짚신 만드는 일을 하면서 처자식을 데리고 살았다. 엄장은 남악(산)에 암자를 짓고 살면서 나무를 베어 태우며 (화전) 농사를 크게 지었다. 어느 날 해 그림자(노을)가 붉게 물들고 소나무 그늘에 어둠이 내려 고요함이 깔릴 무렵, 엄장의 집 창 밖에서 소리가 났다. 뇌까리기를,

"나는 벌써 서방으로 가네. 자네는 잘 있다가 빨리 나를 따라오게"

라는 소리가 들렸다. 엄장이 문을 차고 나가 바라보니, 구름 위에서 하늘의 노래가 들려오고 밝은 빛이 땅을 어루만지고 있었다. 이튿날 엄장이 광덕이 살던 곳으로 찾아가 보니 광덕은 과연 죽어 있었다. 그래서 광덕의 아내와 함께 시신을 거두어 함께 장사 지냈다. 일을 마치자 엄장이 아낙네에게 말하였다.

"지아비가 죽었으니 나와 함께 사는 것이 어떠하겠소?"

광덕의 아내가 대답하기를,

"네 그리 따르지요"

허락하고 엄장의 집에 머물렀다. 밤이 되어 엄장이 통정하려고 껄떡거리니 아낙네가 물리치며 말하였다.

"스님이 (극락)정토를 구하는 것은 물고기를 잡으려고 나무 위에 올라가는 것과 같습니다."

엄장이 괴이하게 여겨 아낙네에게 물었다.

"광덕도 이미 그렇게 살았는데 나 또한 그러함이 어찌 안 되겠소?"

아낙네가 말하였다.

"지아비와 나는 10여 년을 함께 살았지만 일찍이 하룻밤도 잠자리를 같이한 적이 없는데, 하물며 몸을 더럽혔을까요? 그 분은 다만 매일 밤마다 단정히 정좌하고 한마음으로 아미타불의 이름만 외었습니다. 혹 16관[1]을 짓고 그 관조

---

1) 16관(觀) : 서방 아미타정토를 관상(觀想)하는 16종의 관법을 말하는데, 관은 마음으로 어떤 대상의 겉과 안을 모두 꿰뚫어 보는 것을 뜻한다. 일상관(日想觀) 수상관(水想觀) 보지관(寶地觀) 보수관(寶樹觀)

(觀照)가 무르익을 때 밝은 달빛이 창문으로 들어오면 때때로 그 달빛에 올라 가부좌를 하였습니다. 이처럼 정성을 다하였으니 비록 극락으로 가지 않으려고 한들 어디로 가겠습니까? 천 리를 가고자 하는 사람은 첫 걸음을 보고 알 수 있는데, 지금 스님을 보니 동방으로 가는 것이지 서방(극락)으로 간다고 할 수 없습니다."

엄장은 이 말을 듣고 부끄러워 얼굴을 붉히며 물러나와 바로 원효법사에게 갔다. 그리고 도 닦는 묘법을 간곡히 구하였다. 원효 법사가 정관법을 지어 엄장을 이끌어 나가자 그는 그제야 몸을 깨끗이 하고 마음을 뉘우쳐 자신을 꾸짖고 한뜻으로 도를 닦아 역시 극락으로 가게 되었다. 정관법은 원효스님 본전(本傳)[2])과 해동고승전에 실려 있다. 그리고 그 아낙네는 바로 분황사의 계집종으로 부처님의 열아홉 응신(應身) 가운데 하나였다. 광덕에게 일찍이 노래가 있었는데, 그것을 이르면 아래와 같다. ... (원왕생가 원문은 후술하므로 생략)』

3. 원왕생가 원문

현재 국문학계는 이 노래를 '원왕생가'로 부르고 있지만

보수관(寶池觀) 보루관(寶樓觀) 화좌관(華座觀) 상상관(像想觀) 진신관(眞身觀) 관음관(觀音觀) 세지관(勢至觀) 보관(普觀) 잡상관(雜想觀) 상배관(上輩觀) 중배관(中輩觀) 하배관(下輩觀)이 그것이다.(한국불교문화사전에서 발췌/인용, 동국대학교 불교문화연구원 편찬, 운주사, 2009)
2) 본전(本傳) : 스님의 전기(傳記) 또는 일대기(一代記)에 대한 존칭이다.

삼국유사에는 분절 없이 다만 광덕스님의 노래로 실려 있다. 필자는 원왕생가를 기존의 8구체를 벗어나 3죽(三竹) 형식으로 구분하였다. 3죽(대)은 사뇌의 구성을 대나무 세 개, 즉 시가의 문장의 맥락을 세 개로 보는 것을 말한다. 한 개의 죽(竹)은 대체로 1~4줄의 글발[3]을 거느린다. 그 원문은 아래와 같다.

1죽	첫 글발	月下 伊底 亦 西方念丁 去賜里遣 (월하 이저 역 서방념정 거사리견)
	둘째 글발	無量壽佛 前乃 惱叱古音(鄕言云報言也) 多可支 白遣賜立 (무량수불 전내 뇌질고음(향언운보언야) 다가지 백견사립)
2죽	첫 글발	誓音 深史隱 尊衣 希仰支 (서음 심사은 존의 희앙지)
	둘째 글발	兩手 集 刀花乎 白良 (양수 집 도화호 백라)
	셋째 글발	願往生 願往生 (원왕생 원왕생)
	넷째 글발	慕人 有如 白遣賜立 (모인 유여 백견사립)
3죽	첫 글발	阿邪 此身 遺也置遣 (아야 차신 유야치견)
	둘째 글발	四十八大願 成遣賜去 (48대원 성견사립)

---

3) 글발 : 꽃다발에서 보듯 '발'은 한 묶음을 나타내는 우리말이다. 글발은 주어와 술어 목적어를 갖춘 간단한 한 줄의 문장을 말한다. 글발은 현대어로는 구절(句節)이나 간단한 단문과 같은 말이다. 예컨대 기둥에 붙이는 주련(柱聯)의 문장이 글발이다. 필자는 사뇌를 새길 때 글발이란 용어를 사용하는데, '글발'과 '마디말'이라는 용어는 필자가 고안한 것으로 일반적으로 인정되는 용어가 아니다.

4. 해석과 근거

다음 글에서 표현하는 「훈을 취하여」「훈을 빌려서」는 훈차를 말하고, 「음을 취하여」「음을 빌려서」는 음차 표기를 말한다. 훈음사는 별도로 해설하거나 괄호로 처리하였다.

1) 첫 죽에 대한 해석

1죽(竹)은 두 글발을 거느리고 있다. 첫 글발은 원왕생가의 시상을 일으키는 문(門)에 해당하고 두 번째 글발은 그 문을 여는 상황 즉 시상의 단서(端緖)에 해당한다. 편의상 각 글발의 명(名·마디말)마다 순번을 붙여서 다음과 같이 설명한다.

(1) 1죽의 첫 글발

「月下 伊底 亦 西方念丁 去賜里遣(월하 이저 역 서방념정 거사리견)」에서,

① 월하(月下) : '달 월(月)'에서 훈을 취하여 '달'을, '아래 하(下)'에서 음을 취하여 「하>아」로 새긴다. 각 새김을 연결하면 「달하>달님아」가 된다.

② 이저(伊底) : 마디글의 한자음을 취하여 현대어 「이저>이제」로 새긴다.

③ 역(亦) : '또 역(亦)'의 훈을 취하여 '또'로 새긴다.

④ 념정(念丁) : '그릴 념(念)'은 그 훈음 '그리다'의 첫 음 '그'로 우리말 '그'를 베끼고(훈음사 표기), '고무레 정(丁)'은 음을 빌려서 경상도 사투리 '정'을 음차 표기한 것이다. 각

새김을 연결하면 「그+정 = 그정」이 되고, 이것은 다시 「그정>끄정>까정」으로 새길 수 있다. 지금도 경상도 사투리로 우리말 '가' 음을 '그'(예; 니그>네가)로 발음하고, 묻는 말의 끝에 '~ㅇ'(예; ~하는공?)을 넣는 경우가 많다.

⑤ 거사리견(去賜里遣) : '갈 거(去)'의 훈을 취하여 '가다'로 새기고, '줄 사(賜)'의 음을 취하여 존칭어미 '사'로 새기고, '마을 리(里)'의 음을 취하여 '리'로 새기고, '보낼 遣(견)'의 음을 취하여 '~교'로 새긴다. 각 새김을 연결하면 去賜里遣(거사리견)은 「가다+사+리+교 = 가사리교?」가 된다. 옛 존칭어미 '사'는 현대에는 존칭어미 '시'로 변하였다. 그러므로 기존 해석들은 去賜里遣(거사리견)을 '가시리고?'로 해석하고 있다. 필자도 이에 동의하지만 '가시리고?' 보다는 경상도 사투리 구어체 '납실는교?'로 해석해야 원문에 더 충실할 것이다. 그래서 필자는 '가시리교?'를 다시 경상도 사투리 '납실는교?'로 새긴다.

⑥ ①~⑤ 각 새김을 종합하면 「달님아 이제 또 서방 까정 납실는교?」가 될 것이다.

(2) 1죽의 둘째 글발

「無量壽佛 前乃 惱叱古音(鄕言云報言也) 多可支 白遣賜立(무량수불 전내 뇌질고음(향언운보언야) 다가지 백견사립)」에서,

① 무량수불(無量壽佛) : 아미타불(阿彌陀佛)[4]을 말한다.

---

4) 아미타불(阿彌陀佛) : 산스크리트로 아미따유스(amita-āyus) 또는 아미따바(amita-ābhā)이며 그 뜻은 '한량이 없는 빛'이다. 영원한 부처의 화현이자 현세를 구원하는 위대한 다섯 구원불(아미타불, 관세음보살,

② 전내(前乃) : '앞 전(前)'의 훈을 취하여 '앞'으로 새기고, '이내 내(乃)'의 음을 취하여 '내'로 새긴다. 각 새김을 연결하면 「전내>앞내>앞에서」가 될 것이다.

③ 뇌질고음(惱叱古音)에 대한 필자의 새로운 해석

뇌질고음(惱叱古音)에 해석은 국문학계에서 그동안 확실한 해석이 존재하지 아니하고, 국문학자마다 그 해석이 다르다. 필자는 뇌질고음(惱叱古音)을 아래와 같이 새긴다.

먼저 '느른할 뇌(惱)'의 음을 취하여 우리말 '뇌'로 새기고, '꾸짖을 질(叱)' 훈음의 첫 음 '꾸'의 초성 'ㄲ'을 취하여 우리말 된소리 받침 'ㄲ'을 베낀 훈음사로 보면 「뇌+ㄲ>뇎」이 된다. 다음 '옛 고(古)'의 음을 취하여 우리말 연결어미 '~고'로 새기고, '소리 음(音)'의 음을 취하여 명사파생접사 '으ㅁ'(으옴)으로 새긴다. 그러면 「뇎+고+으ㅁ = 뇎고ㅁ」이 되고, 이것을 현대어로 바꾸면 「뇌꼬음>뇌꼬아받침」이 될 것이다. 이 해석은 일연스님이 주석으로 달은 향언운보언야(鄕言云報言也)와 연결하면 그 뜻이 확실해 진다. 그러므로 '惱叱古音'(뇌질고음>뇎고옴>뇌꼬아받침)은 경상도 사투리로 윗사람에게 어떤 내용을 '되뇌어 고하는 것'을 뜻한다. 또 이 같이 해석한 것은 국문학계에 처음 발표되는 것이 아닌가 싶다.

④ 향언운보언야(鄕言云報言也) : 이 글발을 직역하면 「시

지장보살, 문수보살, 보현보상)의 하나로, 서방정토에 머무르면서 중생을 극락으로 이끈다는 부처이다. 이 아미타불이 부처가 되기 전 보살이었을 때 이름이 법장이었다.(각원사 불교대학 불교 강좌, 2019.12.30.에서 발췌/인용) 아미타불은 불교의 여러 종파 중 주로 정토종에서 특히 숭배한다. 줄임말로 '미타'로 부른다.

골말로 보고한다」는 뜻이다.

⑤ 다가지(多可支) : 신라 시대 '많을 다(多)'의 중국의 중고한어음은 [tɕwi・둬]였다. 그러므로 '많을 다(多)'는 우리말 '둬'로 새긴다. 다음 가지(可支)는 그 한자의 음을 빌려서 우리말 '가지'를 표기한 것이다. 그러므로 다가지(多可支)는 「둬+가지 = 둬가지」가 되고, 이것을 현대어로 바꾸면 '두어 가지'가 될 것이다.

⑥ 백견(白遣) : '사뢸(알릴) 백(白)'의 훈을 취하여 우리말 '사뢰다'로 새기고, '보낼 견(遣)'의 음을 취하여 우리말 '나'로 새긴다. 그러면 白遣(백견)은 「사뢰다+나 = 사뢰나」가 된다. 여기서 '보낼 견(遣)'은 이두와 향찰에서 용언의 활용 중 연결어미 '~고' '~교' '~나' '~곤' 등으로 다양하게 새기는 글자이다.

⑦ 사립(賜立) : '줄 사(賜)'의 훈을 취하여 '주다'로 새기고, '세울 립(立)'은 그 훈음 '세우다'의 첫 음 '세'로 우리말 '세'를 베낀 훈음사 표기이다. 이 마디말에서 한자 립(立)의 훈음 '세우다'와 우리말 '세'는 아무 관련이 없다. 새김을 연결하면 「주+세 = 주세」가 되고, 앞의 ⑥과 연결하면 白遣賜立(백견사립)은 '사뢰나 주세'가 될 것이다.

⑧ ①~⑦ 각 새김을 종합하면 「(달아 서방정토에 가거든) 무량수불(아미타불) 앞에서 뇌꼬아받침 두어 가지 사뢰나 주세」로 해석할 수 있다.

일연스님은 위 표현을 시골말로 아미타불에게 고하는 것으로 해석하여 '시골말 보고하는 말이다'(鄕言云報言也)라고 주해를 달았다.

2) 2죽에 대한 해석

2죽(竹)은 네 글발을 거느리는데, 광덕스님의 부처님에 대한 한결같은 마음을 엿볼 수 있다. 편의상 각 글발에 순번을 붙여서 다음과 같이 설명한다.

(1) 2죽의 첫 글발

「誓音 深史隱 尊衣 希仰支(서음 심사은 존의 희앙지)」에서,

① 서음(誓音) : '다질 서(誓)'의 훈을 취하여 우리말 '다지다'로 새기고, '소리 음(音)'의 음을 취하여 명사파생접사 '으음'으로 새기면, 서음(誓音)은 「다지+으음 = 다지음」이 될 것이다. 이것을 현대어로 바꾸면 「다지음>다짐」이 된다. 우리말 '다짐'은 「맹세를 잘 지키다」라는 뜻이다.

② 심사은(深史隱) : '깊을 심(深)'의 훈을 취하여 '깊다'로 새기고, '엮을 사(史)'의 음을 취하여 존칭어미 '사'로 새긴다. 다음 '숨을 은(隱)'의 음을 취하여 우리말 용언의 활용중 (관형사형)전성어미 '~은'으로 새긴다. 각 새김을 연결하면 「깊+사+은 = 깊사은」이 되고, 이것을 현대어로 바꾸면 '깊으신'이 될 것이다.

③ 존의(尊衣) : 훈독하면 '존귀한 옷'이라는 뜻이며 이는 부처님에 대한 은유적 존칭 표현이다.

④ 희앙지(希仰支) : '드물 희(希)'는 그 훈의 첫 음 '드'로 '아주 높다'란 뜻을 가진 옛말 '드'를 베낀 훈음사 표기이다. 다음 '우러를 앙(仰)'의 훈을 취하여 '우러르다'로 새기고, '가지 지(支)'의 음을 취하여 우리말 '디'로 새긴다. 각 새김

을 연결하면 「드+우러르+디 = 드우러르디」가 되고, 이것은 「드우러르디>드우러르며」로 새길 수 있다. '드우러르며'를 다시 현대적 표현으로 바꾸면 「드높이 우러르며」가 될 것이다.

⑤ ①~④ 각 새김을 종합하면 「다짐 깊사은 부처님 드우러르디>다짐 깊으신 부처님 드높이 우러르며」로 해석할 수 있다.

(2) 2죽의 둘째 글발

「兩手 集 刀花乎 白良(양수 집 도화호 백라)」에서,

① 양수(兩手) : 이 마디말은 '두 손'의 훈차 표기이다. 한자어 같지만 본디 이두 표기로 예부터 지금까지 전래되어 현대에도 많이 쓰이는 낱말이다.

② 집(集) : '모을 집(集)'의 훈을 취하여 우리말 「모으다>모아」로 새긴다.

③ 도화호(刀花乎) : '칼 도(刀)'와 '꽃 화(花)'이므로 이 마디말은 우리말 '칼꽃'의 훈차 표기이다. 다음 '어조사 호(乎)'의 음을 취하여 보조동사 '~하고'로 새긴다. 각 새김을 연결하면 「두 손 모아 칼꽃 하고」가 되고, 이것을 현대적으로 표현하면 「두 손 모아 칼꽃처럼 (합장)하고」가 될 것이다.

④ 백라(白良) : '사뢸 백(白)'의 훈을 취하여 '사뢰다'로 새긴다. '어질 량(良)'은 그 음 '량'의 첫 자음 'ㄹ'로 우리말 용언의 활용 중 (관형사형)전성어미 '~ㄹ'을 베낀 훈음사 표기이다. 그러므로 白良(백라)는 「사뢰다+'~ㄹ'>사뢰올」로 새길 수 있다. 이것을 뒤의 글발과 연관 지어 현대어로 바꾸면 '사뢰기를'이 될 것이다.

⑤ ①~④ 각 새김을 종합하면 「두 손 모아 칼꽃처럼 (합장)하고 사뢰기를」로 해석할 수 있다.

(3) 2죽의 셋째 글발

「願往生 願往生(원왕생 원왕생)」에서,

① 원왕생(願往生) : 이 마디말은 '원왕생극락(願往生極樂)'의 줄임말이다. 「죽어서 극락에 다시 태어나기를 바란다」라는 뜻이 담긴 말이다.

② 아울러 불상 앞에서 두 손을 합장하고 "원왕생 원왕생 원왕생극락" 염불하는 것, 즉 "극락을 원하나이다. 극락을 원하나이다. 이승을 하직한 뒤 극락행을 원하나이다." 이렇게 반복하며 절실히 축원하는 모습을 표현한 것이다.

(4) 2죽의 넷째 글발

「慕人 有如 白遺賜立(모인 유여 백견사립)」에서.

① 모인(慕人) : '괼 모(慕)'와 '사람 인(人)'의 훈을 취하여 우리말 '괴는 사람'으로 새긴다. '괴다'는 '그리워하다' '사모하다'의 옛말이므로 이것을 「괴는 사람>그리는 사람>그리워하는 사람」으로 새긴다.

② 유여(有如) : '있을 유(有)'[5]의 훈을 취하여 '있다'로 새긴다. '같을 여(如)'는 이두와 향찰에서 종결어미로 새기는데 경상도(진한·신라)에서는 '~이다'로, 충청도(마한·백제)에서는 '~이유'로 새긴다. 새김을 연결하면, 「그리워하는 사

---

[5] '있을 유(有)' : 이 한자의 이두 용례로 유등이(有等以)가 있는데, 이것은 우리말 '~등이 있으므로'로 새긴다.

람 있다」가 된다. 이것을 다시 현대적 표현으로 바꾸면 「(이렇게 염불하며) 그리워하는 사람 (예) 있다」가 될 것이다.

③ 백견사립(白遺賜立) : 1죽의 두 번째 글발의 해석과 같다. 따라서 '사뢰나 주세'로 새긴다.

④ ①~③ 각 새김을 종합하면 「(이렇게 염불하며) 그리워하는 사람 (예) 있다고 사뢰나 주세」로 해석할 수 있다.

3) 3죽에 대한 해석

원왕생가를 끝맺는 3죽은 두 글발을 거느리고, '흐느끼는 말'인 차(嗟)가 있다. 이 부분은 원왕생가의 마무리에 해당한다. 편의상 각 글발의 명(名·마디말)에 순번을 붙여서 다음과 같이 설명한다.

(1) 3죽의 첫 글발

「阿邪 此身 遺也置遣(아야 차신 유야치견)」에서.

① 아야(阿邪) : '언덕 아(阿)'의 음을 취하여 우리말 '아'의 음차로 보고, 다음 '야(邪)'는 그 훈음을 '그런가 야(邪)'로 보면 우리말 '야' 또는 '으'의 음차 표기이고, '간사할 사(邪)'로 보면 우리말 '사'의 음차 표기로 볼 수 있다. 기존해석은 '간사할 사(邪)'의 훈음을 취하여 경상도 사투리 '사'의 음차 표기로 보아 '아사'로 새긴다. 하지만 필자는 '그런가 야(邪)'를 택하여 우리말 '아야/아으'로 새긴다. 다만 阿邪를 우리말 '아야'로 보든 '아사'로 보든 모두 차(嗟·감탄사)에 해당한다. 아울러 사뇌(詞腦)는 3죽(竹) 첫 글발에 흐느끼는

말 차(嗟)를 넣는 것이 정형(定型)이고, 이것은 사뇌의 고유한 형식이다. 현재 전래되는 사뇌(詞腦) 25가 중에서 19가는 3죽 첫 글발에 차(嗟)를 넣고 있다.

② 차신(此身) : '이 차(此)'와 '몸 신(身)'의 훈을 취하여 우리말 '이 몸'으로 새긴다.

③ 유야(遺也) : '남을 유(遺)'의 훈을 취하여 '남기다'로 새기고, '이끼 야(也)'의 음을 취하여 우리말 용언의 활용 중 연결어미 '야'로 새긴다. 그러면 유야(遺也)는 「남기다+야 = 남기야」가 되고, '남기야'는 「남기야>남갸>남겨」로 새길 수 있다.

④ 치견(置遣) : '둘 치(置)'의 훈을 취하여 우리말 '두다'로 새기고, '보낼 견(遣)'의 음을 취하여 우리말 용언의 활용 중 연결어미 '~면'으로 새긴다. 각 새김을 연결하면 遺也置遣(유야치견)은 「남기야+두다+면 = 남겨 두면」이 된다.

⑤ ①~④ 각 새김을 종합하면 「아으 이 몸을 남기야 두면」이 된다. 이 글발에 '극락왕생 시키지 아니하고'를 괄호로 넣어 현대적 표현으로 바꾸면 「아으 이 몸을 (극락왕생 시키지 아니하고) 남겨 두면」으로 해석할 수 있다.

(2) 3죽의 마지막 글발

「四十八大願 成遣賜去(사십팔대원 성견사립」)에서,

① 48대원(四十八大願) : 「48가지 큰 소원」으로 새긴다. 무량수불경에 의하면, 아미타불의 과거세(過去世) 즉 전생의 전신인 법장이 보살이었을 때 중생을 구제하기 위한 48가지 대원을 세우고 그 소원이 이루어지기 전까지 부처가

되지 않겠노라 다짐하였다고 불설아미타경(佛說阿彌陀經)은 전하고 있다.

② 성견사거(成遣賜去) : '이룰 성(成)'의 훈을 취하여 우리말 '이루다'로 새기고, '보낼 견(遣)'의 음을 취하여 용언의 활용인 연결어미 '~나'로 새긴다. '줄 사(賜)'의 훈을 취하여 우리말 '주다'로 새기고, '갈 거(去)'의 음을 취하여 우리말 의문사 어말어미 '~꺼(까)?'로 새긴다. 새김을 연결하면 「이루어+나+주다+꺼 = 이뤄나줄꺼?」이고, 이것을 현대적 표현으로 바꾸면 「이뤄나 줄까?」가 된다. 다시 이 마디말을 시적으로 순화시키면 「이루게 해 주실까?」가 될 것이다.

③ ①~② 각 새김을 종합하면 「(부처님께서 아미타불의) 48가지 대원을 이루게 해 주실까?」로 해석할 수 있다.

5. 새로운 해석의 귀납

원왕생가에 대한 필자의 새로운 해석을 귀납하면 다음과 같다.

달님아 이제 또 서방까지 납실는교?
(서방정토 가시거든) 무량수불 앞에서 뇌꼬아받침 두어
가지 사뢰나 주세
다짐 깊으신 부처님 드높이 우러르며
두 손 모아 칼꽃처럼 (합장)하고 사뢰기를
(극락)왕생을 원하옵니다! (극락)왕생을 원하옵니다!

(이렇게 염불하며 아미타불) 그리워하는 사람 (예) 있다고
사뢰나 주세
아으 이 몸을 (극락 왕생 시키지 아니하고) 남겨 두면
(부처님께서 아미타불의) 48가지 대원을 이루게 해
주실까?

6. 맺는말

　원왕생가는 신라 문무왕 때 승려 광덕(廣德) 스님이 지은 사뇌(詞腦)이다. 지은이의 깊은 미타신앙(彌陀信仰)이 찡하게 느껴지는 찬불가이다. 이 시가는 간결한 구어체이지만 읽을수록 경건과 내세에 대한 염원이 아름답게 배어있음을 느낀다. 사뇌는 한자를 이용한 향찰로 쓰였으나 그 한자를 읽을 때에는 반드시 우리말로 되바꾸어 읽어야 그 느낌과 정서를 조금이나마 되살릴 수 있다.

제망매가 슬픔을 머금다.

1. 들머리 글

　제망매가는 누이의 죽음에 대하여 동기간의 정을 그리며 그 슬픔을 노래한 시가이다. 삼국유사 권5 감통 제7「월명사의 도솔가」편에 도솔가와 함께 이 시가가 실려 있다. 지은이는 월명사(月明師)인데, 필자는 이 작품을 현존하는 사뇌 중에서 모죽지랑가와 더불어 단연 백미로 본다.

　월명사는 이름이 말해 주듯이 스님이었다. 월명사는 당시 사뇌 작가로 이미 유명세를 떨치고 있었던 모양이다. 신라 제35대 경덕왕이 그를 특별히 불러서 어전에서 사뇌를 짓게 할 정도였으니 말이다. 이 월명사에게 누이동생이 있었다. 그 누이동생이 죽자 월명사는 제(祭)를 올리면서 사뇌 하나를 지었는데, 문득 회오리바람이 일어나더니 종이돈[1]을 날려서 서쪽으로 사라지게 하였다고 한다. 여기에서 서쪽은 서방극락정토를 암시할 것이다. 이 때 지은 사뇌(詞腦)가

---

[1] 종이돈 : 죽은 자가 극락으로 갈 때 쓸 노잣돈으로 상례에서 제상에 올려놓는 가짜 종이돈을 의미한다. 이 풍습은 고대 그리스, 로마, 중국 등 세계 곳곳에 있었다.

바로 제망매가(祭亡妹歌)이다. 그 해석과 감상을 다음과 같이 시도해 본다.

2. 제망매가 원문

삼국유사 권5 감통 제7에 실린 제망매가의 원문은 아래와 같다.

生死路隱此矣有	(생사로은차의유)
阿米次肹(肹)伊遣	(아미차힐(혜)이견)
吾隱去內如辭叱都	(오은거내여사질도)
毛如云遣去內尼叱古	(모여운견거내니질고)
於內秋察早隱風未	(어내추찰조은풍미)
此矣彼矣浮良落尸葉如	(차의피의부량락시엽여)
一等隱枝良出古	(일등은기량출고)
去如隱處毛冬乎丁	(거노은처모동호정)
阿也彌陁刹良逢乎吾	(아야미타찰량봉호오)
道修良待是古如	(도수량대시고여)

3. 제망매가의 새로운 구성형식

제망매가는 사뇌의 구성형식인 3죽6명1차(3竹6名1嗟)를 전형적으로 따르고 있다. 글발마다 명(名·마디말)도 6명 내외이다. 이와 같이 사뇌(詞腦)의 본(本)이 되는 제망매가

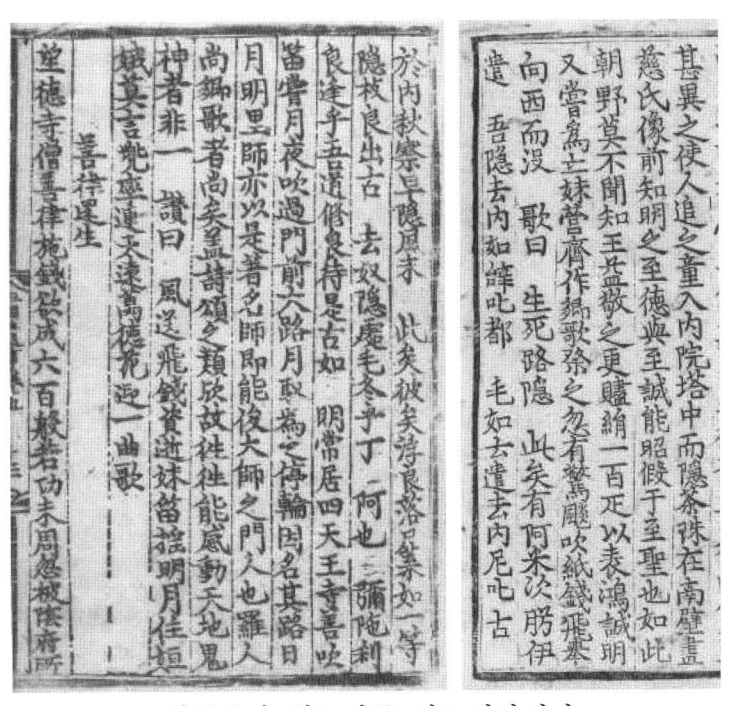

<삼국유사 권5 감통 제7 제망매가>

는 삼국유사에 분절 없이 실려 있고, 이것을 양주동 박사가 10구체로 분절한 이래 모든 학자들이 이 노래를 10구체로 받아들였다. 하지만 필자는 사뇌의 구성형식을 3죽(대)으로 간주함으로 제망매가를 3죽(대)로 구분하고자 한다.

　1죽(竹)은 세 글발을 거느리는데 현재 전체 10구 중 앞 4구가 이에 해당한다. 2죽(竹) 역시 세 글발을 거느리는데 전체 10구 중 그 다음 4구가 이에 해당한다. 3죽(竹)은 두 글발을 거느리는데 전체 10구 중 마지막 2구가 이에 해당하며, 3죽 첫 글발에 차(嗟·감탄사) '아야'(阿也)를 두고 있다. 필자가 세 개의 죽 곧 3죽(대)으로 재구성한 제망매가는 아래와 같다.

1죽	첫 글발	生死路隱 此矣有 (생사로은 차의유)
	둘째 글발	阿(何) 米次 肹(肣)伊遣 吾隱 去內 (아(하) 미차 힐(혜)이견 오은 거내)
	셋째 글발	如辭叱都 毛如云遣 去內尼叱古 (여사질도 모여운견 거내니질고)
2죽	첫 글발	於內 秋 察 早隱 風未 (어내 추 찰 조은 풍미)
	둘째 글발	此矣 彼矣 浮良 落尸葉如 (차의피의 부랑 낙시엽여)
	셋째 글발	一等隱 枝良 出古 去奴隱處 毛冬乎丁 (일등은 지랑 출고 거노은처 모동호정)
3죽	첫 글발	阿也 彌陁 刹良 逢乎吾 (아야 미타찰량 봉호오)
	둘째 글발	道修良 待是古如 (도수라 대시고여)

4. 해석과 근거

다음 글에서 「훈을 취하여」 「훈을 빌려서」는 훈차를 말하고, 「음을 취하여」 「음을 빌려서」는 음차 표기를 말한다. 훈음사인 경우 별도로 설명하거나 괄호로 처리하였다.

1) 1죽에 대한 해석

1죽(竹)은 세 글발을 거느리고 있는데 기존 해석의 전위 4구가 이에 해당한다. 편의상 각 글발의 명(名·마디말)에 순번을 매겨서 다음과 같이 설명한다.

(1) 1죽 첫 글발

「生死 路隱 此矣有(생사로은 차의유)」에서,

① 생사로은(生死路隱) : '날 생(生)'의 훈을 취하여 우리말 '나다'로 새기고, '죽을 사(死)'의 훈을 취하여 '죽다'로 새기고, '길 로(路)'의 훈을 취하여 '길'로 새기고, 은(隱)의 음을 취하여 우리말 보조사[2] '은'으로 새긴다. 그러면 「살다+죽다+길+은 = 살고 죽는 길은」으로 새길 수 있다. 이것을 시적으로 표현하면 「삶과 죽음의 길은」이 될 것이다.

② 차의유(此矣有) : '이 차(此)'의 훈을 취하여 우리말 '이'로 새기고, '어조사 의(矣)'의 음을 취하고, '있을 유(有)'의 훈을 취하여 우리말 '있다'로 새긴다. 각 새김을 연결하면 「이+의(에)+있다 = 이에 있다」로 새길 수 있다.

③ 위 ①~② 각 새김을 종합하면 「살고 죽는 길은 이에 있으니」가 되고, 이것을 시적으로 표현하면 「삶과 죽음의 길은 예 있으니」로 해석할 수 있다.

(2) 1죽 둘째 글발

「阿 米次 肹伊遣 吾隱 去內(아 미차 힐이견 오은 거내)」에서,

---

[2] 보조사 : 우리말 조사는 체언이나 부사·어미 따위에 붙어 그 말과 다른 말의 문법적 관계를 표시하거나 체언·부사·어미의 뜻을 도와주는 9품사 중 하나로, 크게 첫째 격 조사(주격·목적격·관형격·부사격), 둘째 접속 조사, 셋째 보조사로 나눈다. 표준국어대사전에서는 '이/가'와 '께서'를 '주격 조사'로, '을/를' 목적격 조사로, '의'를 관형격 조사로, '이다'를 서술격 조사로 취급하고, '은/는'은 보조사로 분류한다. 그러므로 격조사 중 '이/가', '께서', '을/를', '의', '이다', '은/는'를 제외한 다른 것은 모두 부사격 조사이다.

① 아(阿) : '언덕 아(阿)'는 사뇌의 구성에서 있어서 3죽의 첫 글발 첫 머리에 오는 차(嗟·흐느끼는 말) 즉 아야(阿斯), 아야(阿也) 등에 사용하는 글자이다. 이런 이유로 필자는 제망매가 1죽 둘째 글발의 아(阿)를 '어찌 하(何)'의 오자로 본다.3) 한자 아(阿)를 하(何)로 고치면 '어찌 하(何)'의 훈을 취하여 우리말 부사 '어찌'로 새길 수 있다.

② 미차힐이견(米次次肹伊遣) : 양주동 박사를 비롯한 다수 국문학자들은 마디말 미차힐이견(米次次肹伊遣)의 해석에 있어서,

- 미차(米次)를 '머뭇'으로 해석하고,
- 힐이(肹伊)를 의성어나 의태어에 붙어서 그것을 동사로 만드는 동사파생접사 '거리다'로 해석하고,
- 견(遣)을 용언의 활용 중 연결어미 '~하며'로 해석하여 우리말 '머뭇거리며'로 해석하고 있다.

③ **미차힐이견(米次肹伊遣)에 대한 필자의 새로운 해석**

이 마디말에 대한 필자의 새로운 해석을 밝히면 아래와 같다.

▲미(米) : 필자는 기존의 국문학자들과 달리 '쌀 미(米)'자를 그 자체로 하나의 마디말로 본다. 즉 '쌀 미(米)'의 훈음 '살'로 우리말 「살>살짝」을 베낀 훈음사 표기로 새긴다. 아마 저승사자 몰래 '살짝' 이런 뜻이 숨어 있을 것이다.

▲차(次) : 차(此)는 '버금/다음'의 훈(訓) 외에 또 다른 뜻

---

3) 아(阿)를 '어찌 하(何)'의 오자로 본다 : 필자는 앞서 모죽지랑가의 2죽 첫 글발의 마디말 아동음(阿冬音)에서 아(阿)를 하(何)의 오자로 보았다.

으로 '머뭇거리다'라는 뜻도 있다. 양주동 박사를 비롯한 대부분의 국문학자들은 차(次)를 앞 글자 미(米)와 결합하여 미차(米次)로 보고, 이것을 우리말 '머뭇'의 훈차로 해석하였다. 하지만 필자는 차(次)에 대한 해석을 이 분들과 달리한다. 다만 필자 역시 차(次)를 '머뭇거리다'의 훈을 취하여 '머뭇'으로 해석함은 기존의 해석과 동일하다. 하지만 필자는 차(次)를 앞 글자 미(米)와 결합하지 아니하고 '머뭇거릴 차(次)' 그 자체를 하나의 마디말로 보아 우리말 의태어 부사 '머뭇머뭇'으로 새긴다.

▲힐이(肹伊) : 대부분의 국문학자들은 힐이(肹伊)를 동사 파생접사 '거리다'로 간주하여「미차(米次·머뭇)+힐이(肹伊·거리다) = 머뭇거리다」로 해석하였다. 하지만 필자는 이 분들과 해석을 달리한다.

힐이(肹伊)을 한자의 훈음으로 새기면「소리울리다(肹)+저(伊의 훈)」, 또는「소리울리다+이(伊의 음)」가 되는데, 이것은 우리말이 제대로 이루어지지 않는다. 그래서 필자는 힐(肹) 자를 글자 모양이 비슷한 '흘겨볼 혜(眕)'의 오자로 본다. 그러면 힐이(肹伊)은 '혜이(眕伊)'로 고칠 수 있다. 필자는 정정한 '혜이(眕伊)'에서 '흘겨볼 혜(眕)'를 우리말 '흘겨보다'의 훈차 표기로 본다. 다음 '저 이(伊)'의 음 '이'를 빌려서 옛 하게체 종결어미 '~이'의 음차 표기로 본다. 그러면 '혜이(眕伊)'는「흘겨보다+'~이' = 흘겨보이」가 된다. 마지막 '보낼 견(遣)'은 그 음을 빌려서 용언의 활용 중 연결어미 '~하면서' 또는 '~하곤' 등을 표기하는 글자이다. 여기서는 '~하면서'로 새긴다.

▲필자와 같이 힐(肹)을 혜(盻)의 오자로 보아 차힐이견(次肹伊遣)을 차혜이견(次盻伊遣)으로 고치면, 이것은 「머뭇머뭇 흘겨보이 하면서」로 해석할 수 있다. 이것은 새로운 해석이다.

▲1죽 둘째 글발에 대한 필자 해석의 마무리 : 한자 힐(肹)을 혜(盻)로 정정한 미차혜이견(米次盻伊遣)의 각 새김을 연결하면 「살짝 머뭇머뭇 흘겨보이 하면서」로 해석할 수 있다. 이 해석은 시가의 앞 마디말 '어찌'와 뒤 마디말 '나는 가네'와 문맥상 매끄럽게 어울린다. 또한 이 글발은 사자(죽은 이)가 「저승사자 몰래 살짝 머뭇머뭇 흘겨보는 행동」을 시적으로 표현한 것으로써 지은이의 탁월한 표현에 감탄하지 아니할 수 없다.

필자는 힐(肹) 자를 혜(盻)의 오자로 보았는데, 한자 혜(盻/兮)4)은 이두와 향찰에서 대체로 우리말 목적격 조사 '을/를' 또는 보조사 '은/는'을 표기하는 글자이다. 하지만 필자

---

4) '혜'(盻/兮) : 예컨대 이 글자의 목적격 조사의 용례로는 나옹스님의 '청산가'가 있다. 현재 나옹스님의 작품으로 알려진 이 시가의 전문은 다음과 같다.
青山兮要我以無語(청산은 날 보고 말없이 살라하고)
蒼空兮要我以無垢(창공은 날 더러 티 없이 살라하네)
聊無愛而無憎兮(오로지 괴리(사랑)도 믜리(미움)도 없이)
如水如風以終我(물 가듯 바람 가듯 머물다 마치라하네)
青山兮要我以無語(청산은 날 보고 말없이 살라하고)
蒼空兮要我以無垢(창공은 날 더러 티 없이 살라하네)
聊無怒而無惜兮(오로지 성냄도 아쉬움도 없이)
如水如風以終我(물 가듯 바람 가듯 머물다 마치라하네)
하지만 필자가 「나옹화상행장」(각굉(覺宏) 록 중종 29년 갑오(1534) 종로도서관 소장)과 「나옹화상어록전」(혜근(惠勤) 저 각굉(覺璉) 록 환암(幻菴) 교정/ 이종욱 역 월정사(月精寺) 발행, 1939)을 모두 뒤졌으나 정작 이 두 책에서 이 시가를 찾을 수 없었다. 그러므로 필자는 이 시가를 나옹스님의 작품이라 단정하는 세간의 통설에 의문을 갖는다.

는 이 같은 관행적 해석을 벗어나 혜(盻) 자를 우리말 '흘겨보다'의 훈차 표기로 색다르게 새기었다. 그런데 제망매가 「미차힐이견(未次肹伊遣)」에 대한 위와 같은 해석은 그동안 발표된 기존의 해석이나 논문에서 전혀 찾아볼 수 없다. 그러므로 이 해석만은 필자의 새롭고 독특한 해석이라고 스스로 자부한다.

④ 오은(吾隱) : '나 오(吾)'의 훈을 취하고, '숨길 은(隱)'의 음을 취하여 우리말 보조사 '는'으로 새기면 오은(吾隱)은 「나+는 = 나는」이 된다.

⑤ 거내(去內) : '갈 거(去)'의 훈을 취하고, '안 내(內)'의 음을 취하여 우리말 「가내>가네」로 새긴다.

⑥ 위 ①~⑤ 각 새김을 종합하면 「어찌 살 머뭇머뭇 흘겨보이 하면서 내는 가내」가 되고, 이것을 현대어로 바꾸면 「어찌 살짝 머뭇머뭇 흘겨보이 하면서 나는 가네」가 될 것이다. 다시 이 글발에 '저승사자 몰래'를 괄호로 삽입하면 1죽 둘째 글발은 「어찌 (저승사자 몰래) 살짝 머뭇머뭇 흘겨보이 하면서 나는 가네」로 해석할 수 있다.

(3) 1죽 셋째 글발

「如辭叱都 毛如云遣 去內尼叱古(여사질도 모여운견 거내니질고)」에서,

① 여사질도(如辭叱都) : '같은 여(如)'는 이두와 향찰에서 종결어미 '~하다' 새긴다. 다음 '말 사(辭)'의 훈을 취하여 우리말 '말'로 새기고, '꾸짖을 질(叱)' 훈음의 첫 음 '꾸'의 초성 'ㄲ'를 취하고, '도읍 도(都)'의 음을 취하여 우리말 '도

'로 새기면, 이것은 경상도 사투리「하는+말+ㄲ+도 = 카는 말또」로 새길 수 있다. 질도(叱都·또)는 경상도 사투리에서 흔히 쓰는 된소리 '~또'를 나타내기 위한 신라 사람들의 이두(향찰) 표기일 것이다.

② 모여운견(毛如云遣) : '터럭 모(毛)'의 음을 취하여 경상도 사투리 '몬'으로 새기고, '같을 여(如)'를 용언의 활용 중에서 종결어미 '하다'로 새기고, '이를 운(云)'의 훈을 취하여 '이르다'로 새기고, 견(遣)의 음을 취하여 연결어미 '~하면서'로 새긴다. 그러면 경상도 사투리로「몬+하다+이르다 = 몬해 이르멘서」가 되고, 이것을 현대어로 바꾸면「못 이르면서」가 될 것이다.

③ 거내니질고(去內尼叱古) : '거내(去內)'는 앞에서 설명한 바와 같이 '가네'로 새기고, '중 니(尼)'의 음을 취하여 우리말 '니'로 새기고, '꾸짖을 질(叱)' 훈음의 첫 음 '꾸'의 초성 'ㄲ'을 취하고, '옛 고(古)'의 음을 취하여 우리말 종결어미 '~고'로 새기면, 거내니질고(去內尼叱古)는「가내+니+ㄲ+고 = 가내늒고?」가 될 것이다. 그런데 이 글발은 지금의 표준말로는 해석할 수 없다. 오직 경상도 사투리로만 해석되는데 바로「가네닝교?」를 표현한 것이다.

④ 위 ①~③ 각 새김을 종합하면「카는 말또 몬해 이르멘서 가네닝교?」가 되고, 이것을 현대적 표현으로 바꾸면「하는 말도 못해 이르면서 가시는가?」로 해석할 수 있다.

(4) 1죽 새김의 종합

1죽 각 글발의 새김을 종합하면 다음과 같다.

삶과 죽음의 길은 예 있으니
어찌 (저승사자 몰래) 살짝 머뭇머뭇 흘겨보이 하면서
나는 가네 하는 말도 못해 이르면서 가시는가?

2) 2죽에 대한 해석

2죽(竹)은 세 글발을 거느리는데, 누이를 잃은 월명스님의 슬픔이 여기에 잘 배어 있다. 편의상 각 글발의 명(名·마디말)에 순번을 붙여서 다음과 같이 설명한다.

(1) 2죽 첫 글발

「於內 秋 察 早隱 風未(어내추 찰 조은 풍미)」에서,

① 어내추(於內秋) : '어조사 어(於)'의 음을 취하여 우리말 '어'로 새기고, '안 내(內)'의 음을 취하여 우리말 '내'로 새기고, '가을 추(秋)의 훈을 취하여 가을로 새기면, 「어+내+가을 = 어느 가을」로 새길 수 있다.

② 찰(察) : 이 마디말은 우리말 '차다'를 '살필 찰(察)'의 중고한어음 [tsiat·챠ㄹ]를 빌려서 표기한 것이다. 여기에서는 우리말 '차다'에 (관형사형)전성어미 '~ㄴ'이 활용된 '찬'으로 새긴다.

③ 조은(早隱) : '새벽 조(早)'의 훈을 취하여 우리말 '새벽'로 새기고, 이 마디말의 '숨길 은(隱)'은 전항과 달리 우리말 소유격 조사 '~의'를 표기한 것으로 보면, '새벽의'로 새길 수 있다.

④ 풍미(風未) : 이 마디말은 이두와 향찰의 전형적인 「훈차+음차」 표기인데 「바람이>바라미」로 새긴다.

⑤ 위 ①~④ 각 새김을 종합하면 「어+내+가을+찬+새벽의+바라미 = 어느 가을 찬 새벽의 바라미」가 되고, 이것을 현대적 표현으로 바꾸면 「어느 가을 찬 새벽바람이」로 해석할 수 있다.

(2) 2죽 둘째 글발

「此矣彼矣 浮良 落尸葉如(차의피의 부랑 낙시엽여)」에서,

① 차의피의(此矣彼矣) : '이 차(次)'의 훈을 취하고, '어조사 의(矣)'의 음을 취하고, '저 피(彼)'의 훈을 취하면 「이+의+저+의 = 이의저의」가 되고, 이것은 우리말 '이리저리'로 새길 수 있다.

② 부랑(浮良) : '뜰 부(浮)'의 음을 취하여 우리말 '부'로 새기고, '어질 양(良)'은 용언의 활용 중에서 (관형사형)전성어미 '~ㄹ라'로 새기면, 부랑(浮良)은 「부+ㄹ라 = 불라」가 되고, 이것은 다시 「불라>불러>불어」로 새길 수 있다.

③ 낙시엽여(落尸葉如) : '떨어질 낙(落)'의 훈을 취하여 우리말 '떨어지다'로 새기고, 시(尸)는 경상도 사투리 '시'의 음차 표기로서 용언의 활용 중 (관형사형)전성어미 '~는'으로 새긴다. '나뭇잎 엽(葉)'은 그 훈을 취하여 '나뭇잎'으로 새긴다. '같을 여(如)'는 이두와 향찰의 새김에서 있어서 대개 보조동사 또는 보조형용사 '~하다'로 새기지만, 이 마디말에서는 여(如)의 훈을 취하여 '같이/처럼'로 새긴다. 그러면 「떨어지+시+나뭇잎+같이 = 떨어지시 나뭇잎 같이」로 새길 수 있고, 이것을 현대적 표현으로 바꾸면 「떨어지는 나뭇잎 같이」가 될 것이다.

④ 위 ①~③ 각 새김을 종합하면 「(바람이) 이리저리 불어 떨어지는 나뭇잎 같이」로 해석할 수 있다.

(3) 2죽 셋째 글발

「一等隱 枝良 出古 去奴隱處 毛冬乎丁(일등은 지량 출고 거노은처 모동호정)」에서,

① 일등은(一等隱) : '한 일(一)'의 훈을 취하여 우리말 '한'으로 새긴다. '무리 등(等)'의 훈을 취하여 우리말 '무리'로 새기고, '숨길 은(隱)'은 중국 중고한어음 [iən·윈]을 취하여 서술격 조사 '이다'의 활용인 '인'의 음차 표기로 본다. 각 새김을 연결하면 「한+무리+이다 = 한 무리인」이 될 것이다.

② 지량(枝良) : '가지 지(枝)'의 훈을 취하여 우리말 '가지'로 새기고, 양(良)은 행동이나 장소를 나타내는 부사격 조사 「에/에서」로 새긴다. 여기에 앞 ①의 새김을 연결하면 「한 무리인+가지+라 = 한 무리인 가지라」가 된다. 이것을 현대적 표현으로 바꾸면 「한 무리인 가지에서」가 될 것이다.

③ 출고(出古) : '날 출(出)' 훈을 취하여 우리말 '나다'로 새기고, '옛 고(古)'를 종결어미 '~고'로 새기면, 우리말로 '나고'가 된다.

④ 거노은처(去奴隱處) : '갈 거(去)'의 훈을 취하여 '가다'로 새기고, '종 노(奴)'는 이두와 향찰에서 그 음을 빌려서 우리말 '나' 또는 '내'를 표기하는 글자이다, '숨길 은(隱)'은 전항의 은(隱)과 달리 용언의 활용 중 (관형사형)전성어미

‘~ㄴ’의 음차로 새긴다. 다음 ‘곳 처(處)‘의 훈을 취하여 우리말 ’곳‘으로 새기면, ’거노은처‘(去奴隱處)는 「가다+나+ㄴ+곳 = 가난 곳」이 된다. 이것을 현대어로 바꾸면 ’가는 곳’이 될 것이다.

⑤ 모동호정(毛冬乎丁) : 모동(毛冬)을 모죽지랑가에서는 ‘모든’으로 해석하였는데, 제망매가에서는 모(毛)의 음을 빌려서 우리말 ‘모르다’의 표기로 본다. 다음 ‘겨울 동(冬)’의 음을 취하여 우리말 ‘단’의 음차 표기로 새기고, 호(乎)를 의문사 ‘말인가?’의 표기로 새기고, ‘고무래 정(丁)’을 경상도 사투리 종결어미 ‘~ㅇ‘의 음차로 새긴다. 그러면 모동호정(毛冬乎丁)은 경상도 사투리로 「모르다+단+말인가+ㅇ? = 모른단 말인강?」으로 새길 수 있다. 이것을 현대적 표현으로 바꾸면 「~을 모른단 말인가?」가 될 것이다. 사뇌는 같은 한자를 사용하였더라도 ’모동(毛冬)‘처럼 각 사뇌의 마디말마다 그 뜻이 다름에 유의하여야 한다.

⑥ 위 ①~ ⑤각 새김을 종합하면 「한 무리인 가지에서 나고 가난 곳을 모른단 말인강?」가 되고, 이것을 현대어로 바꾸면 「한 무리의 가지에서 나고 (죽어서 헤어질 때는) 가는 곳을 모른단 말인가?」로 해석할 수 있다.

(4) 2죽 새김의 종합

2죽 각 글발의 새김을 종합하면 그 해석은 아래와 같다.

어느 가을 찬 새벽의 바람이
이리저리 불어 떨어지는 나뭇잎 같이
한 무리인 가지에서 나고 (죽어서 헤어질 때는) 가는 곳을 모른단 말인가?

3) 3죽에 대한 해석

제망매가를 끝맺는 3죽은 두 글발을 거느리는데, 3죽 첫 글발에 '흐느끼는 말' 차(嗟)가 있다. 이 부분은 지은이 월명스님의 생사를 초월한 슬퍼하되 설워하지 않는 마음이 깃들어 있다. 편의상 각 글발의 명(名·마디말)에 순번을 매겨 다음과 같이 설명한다.

(1) 3죽 첫 글발

「阿也 彌陁刹良 逢乎吾(하야 미타찰라 봉호오)」에서,

① 아야(阿也) : '언덕 아(阿)'의 음을 취하여 우리말 '아'로 새긴다. '이끼 야(也)'는 그 훈음의 첫 음 '이/으' 우리말 '으'를 베낀 훈음사 표기이다. 그러므로 '아야(阿也)'는 우리말 감탄사 '아아' 또는 '아으'로 새길 수 있다.

② 미타찰량(彌陁刹良) : '미타찰'은 범어로 「아미타불이 살고 있는 서방정토」를 말한다. 양(良)은 우리말로 '~라'로 읽고 대체로 행동이나 장소를 뜻하는 부사격 조사 「에/에서」와 같은 역할을 한다. 그러므로 미타찰량(彌陁刹良)는 「아미타불이 살고 있는 서방정토에서」로 새길 수 있다.

③ 봉호오(逢乎吾) : '만날 봉(逢)'의 훈을 취하여 우리말 '만나다'로 새기고, '어조사 호(乎)'를 우리말 관형사 '그'로 새기고, '나 오(吾)'는 그 훈음으로 우리말 '날'을 베낀 훈음사 표기로 보면, 「만나다+그+날 = 만날 그 날」이 될 것이다.

④ 위 ①~③ 각 새김을 종합하면 「아으 아미타불의 정토

에서 만날 그 날」로 해석할 수 있다.

(2) 3죽 두 번째 글발

「道修良 待是古如(도수라 대시고여)」에서,

① 도수라(道修良) : '길 도(道)'의 훈을 취하여 길로 새기고, '닦을 수(修)'의 훈을 취하여 '닦다'로 새긴다. 이 마디 말에서 '어질 양(良)'은 부사격 조사 '에/에서'로 보지 아니하고 용언의 활용 중 연결어미 '~면서'로 새긴다. 그러면 「도+닦으다+라 = 도 닦으라」가 되고, 이것을 현대적 표현으로 바꾸면 「도 닦으면서」가 될 것이다.

② 대시고여(待是古如) : '기다릴 대(待)'의 훈을 취하여 '기다리다'로 새기고, '옳을 시(是)'의 음을 취하여 경상도 사투리 '시'의 음차 표기로 새기고, '옛 고(古)'의 음을 취하여 연결어미 '~고'로 새기고, '같을 여(如)'를 종결어미 '~하다'로 보면, 「기다리+시+고+하다 = 기다리시고 한다」로 새길 수 있다. 이것을 현대어로 바꾸면 「기다리고자 하노라」가 될 것이다.

③ 위 ①~② 각 새김을 종합하면 「도 닦으면서 기다리고자 하노라」로 해석할 수 있다.

5. 새로운 해석의 귀납

제망매가에 대한 필자의 새로운 해석을 귀납하면 아래와 같다. 아울러 제망매가를 해석함에 있어서 경상도 사투리로 새김을 시도한 것은 아마 국문학계에서 필자가 처음이 아닐까 생각해 본다.

　살고 죽는 길은 이에 있으니
　어찌 살 머뭇머뭇 흘겨보이 하면서 내는 가내
　카는 말또 몬해 이르고 가는가?
　어느 가을 찬 새벽의 바라미
　이의저의 불어 떨어지는 나뭇잎 같이
　한 무리인 가지라 나고 가난 곳을 모른단 말인강?
　아으 아미타불 정토에서 만날 그 날
　도 닭으라 기다리시고 한다

　위 새김에 대하여 원문을 가급적 훼손하지 아니하면서 다시 현대적 시가로 바꾸면 아래와 같을 것이다.

　삶과 죽음의 길은 예 있으니
　어찌 (저승사자 몰래) 살짝 머뭇머뭇 흘겨보이 하면서
　나는 가네 하는 말도 못 이르고 가시는가
　어느 가을 찬 새벽바람이
　이리저리 불어 떨어지는 나뭇잎처럼
　한 무리 가지에서 나고도
　(죽어서 헤어질 때에는) 가는 곳을 모른단 말인가?
　아으 아미타불 정토에서 만날 그 날까지
　도 닭으면서 기다리고자 하노라

6. 맺는말

　제망매가는 동기간 헤어짐을 참으로 잘 표현한 사뇌이다. 구성의 간결함과 애이불비(哀而不悲)한 표현이 현대에 읊어도 가슴이 울린다. 음풍농월이 대부분인 우리 한시에서 이만한 울림을 가진 시가 있을까? 물론 함축미를 자랑하는 한시도 훌륭한 작품이 많지만 속삭이는 듯 구어체로 나지막이 울리는 제망매가를 뛰어넘을만한 작품은 별로 없을 것이다. 이것이 바로 우리 사뇌의 우수성이다. 근자에 고(故)기형도 시인이 「가을무덤-제망매가」를 지었는데 독자들이 두 시가를 비교하면서 읽으면 감상이 남다를 것이다.

　끝으로 필자 역시 시를 짓는 문학 애호가의 한 사람으로서 단 한 작품만으로 천년의 울림을 가진 월명스님, 이 분이 마냥 부럽다!

찬기파랑가, 그 뜻은 깊고 높다.

1. 들머리 글

　찬기파랑가는 삼국유사 권2 기이 제2 「경덕왕 · 충담사 · 표훈대덕」편에 실려 있다. 경덕왕 때 사뇌의 유명한 작가로는 월명사가 있었는데, 충담사도 그에 못지않은 사뇌 작가였던 것 같다. 삼짇날 경덕왕이 궁궐 뜰에 있는 귀정문 누각에 올라가 충담사를 불러서 차를 마시면서 안민가를 짓도록 청하였고, 이에 충담사가 안민가를 지어 받쳤다. 일연 스님은 이 일화를 기록한 글 말미에 안민가와 곁들여 당시 시중(市中)에서 유행하던 충담사의 찬기파랑가를 싣고 있다. 이 중에서 안민가는 차지하고 찬기파랑가만 필자 나름의 방식으로 새겨 본다.

2. 경덕왕과 충담사의 고사

　삼국유사 권2 기이 제2 「경덕왕 · 충담사 · 표훈대덕」편에 실린 원문을 해석하면 아래와 같다.

『경덕왕이 임금에 올라 나라를 다스린 지 24년이 되던 해에 오악삼산(五岳三山)의 신(神)[1] 무리가 때때로 나타나 궁궐 뜰에서 대왕을 모셨다. 3월 3일[2] 왕은 귀정문(歸正門) 누각 위에 올라가 좌우 사람에게 말하였다.

"누가 길거리에서 영복(榮服)[3]을 가진 스님 한 명을 데려올 수 있겠는가?"

이 때 마침 몸가짐이 위엄 있고 곱고 깨끗한 스님 한 분이 어정거리고 있었다. 좌우 사람들이 쳐다보며 그를 데리고 와 왕을 뵙게 하였다. 그러자 왕이 말하였다.

"내가 말하는 스님이 아니다."

그리고 돌려보냈다. 다시 한 스님이 회색 옷을 걸치고 앵통(櫻筒 또는 메는 삼태기)을 지고 남쪽 길을 따라 내려오고 있었다. 왕은 그것을 보고 기뻐하며, 재빨리 그를 누각 위로 맞아들였다. 통 안을 살펴보니 다구(茶具)가 가득하였다. 왕이 말하였다.

---

1) 오악삼산(五岳三山)의 신(神) : 통일신라 시대 오악은 토함산(吐含山·동악), 계룡산(鷄龍山·서악), 지리산(地理山·남악), 태백산(太伯山·북악), 부악[父嶽: 팔공산·중악]이다. 삼산은 나력(奈歷 또는 奈林), 절야화군(切也火郡)의 골화(骨火), 대성군(大城郡)의 혈례(穴禮)가 그것이다. 그러나 삼산의 위치에 대해서는 아직 정확한 통설이 없다.(한국민족문화대백과사전에서 발췌/인용) 또한 이 문장에서 말하는 신(神)은 귀신이 아니라 도력(道力)이 높은 스님을 말할 것이다.

2) 3월 3일 : 3월 계락지일(三月禊洛之日) 즉 '삼월 삼짇날'이다. 고대에 '삼월삼짇날'은 우리민족의 명절 중 하나였다. 백성들은 이날이 지나면 밭에 파종하고 논에 물을 대는 등 본격적으로 농사일을 시작하였다. 그래서 백성들은 고된 농사일을 시작하기 전 '삼월삼짇날' 그 해 풍년을 기원하는 제사를 지내고 음주가무하며 즐겁게 지내는 풍습이 있었다.

3) 영복(榮服) : 수행의 도력(道力)이 높은 스님을 말한다. 또 다른 말로 탁의(卓衣)라고도 한다.

"그대는 누구인고?"

스님이 아뢰었다.

"소승은 충담이라 하옵니다."

왕이 말하였다.

"어디서 오는 길인고?"

스님이 아뢰었다.

"소승은 매년 삼짇날과 중양절4)에 차를 끓여 남산 삼화령의 미륵세존께 올리는데, 지금도 차를 받치고 돌아오는 길입니다."

그러자 왕이 말하였다.

"과인에게도 그 차 한 잔 나누어줄 수 있겠는가?"

승려는 이에 차를 끓여 왕께 받쳤는데, 차의 향내와 맛이 보통 것과는 달았다. 찻잔 속에서 이상한 향기가 가득했고 따사로웠다. 왕이 말하였다.

"짐은 일찍이 대사의 '찬기파랑사뇌가'가 그 뜻이 깊고 높다고 들었도다.5) 이 소문이 과연 그러한가?"

충담사가 대답하여 아뢰기를,

"황공하옵게도 그러한 것으로 아옵니다."

왕이 말하였다.

"그러하다면 짐을 위해 안민가를 지어보라."

충담사는 곧바로 왕명을 받들어 노래를 지어 받쳤다. 왕이 그 노래를 아름답게 여겼다. 이에 왕은 충담사를 왕사로

---

4) 중양절(重陽節) : 9월 9일을 말하는데, 신라가 사대(事大)를 하면서 중국에서 받아들인 풍습으로 중국 한족(漢族)의 전통 명절이다.

5) 짐은~들었도다 : 이 글발은 사뇌에 대한 평가로 유명한 문장이다.
원문 : 朕 嘗聞 師讚耆婆郎詞腦歌 其意甚高 是其果乎?

봉하고자 하였으나, 그는 삼가 재배하며 간곡히 사양하고 받지 않았다. 안민가6)는 아래와 같다.

「君隱父也 臣隱愛賜尸母史也 民焉狂尸恨阿孩古爲賜尸 知民是愛尸知古如 窟理叱大肹生 以支所音物生此肹湌惡支治良羅 此地肹捨遣只於冬是去於丁 爲尸知國惡支持以支古如 後句君如臣多支民隱如 爲內尸等焉國惡太平恨音叱」

그리고 찬기파랑가는 다음과 같다. … (찬기파랑가 원문은 후술하므로 생략)』

필자가 생각하기에, 일연스님은 위와 같이 안민가의 창작 배경을 삼국유사에 실으면서 이 글 말미에 충담사의 대표작인 찬기파랑가까지 곁들여 실은 것으로 보인다.

3. 기파랑(耆婆郞)은 누구인가?

사뇌의 품격을 높인 찬기파랑가의 주인공 화랑 기파랑(耆婆郞)을 찾기 위하여 필자는 삼국사기와 삼국유사를 섭렵한 일이 있다. 그러나 '기파'란 이름을 가진 왕자나 화랑을 끝내 찾지 못하였다. 그래서 기파랑은 충담사가 지어낸 가공의 인물이라고 단정 지었다. 그 후 책을 출간하기 위하여 찬기파랑가의 해석을 마지막으로 점검하는 과정에서 기파랑(耆婆郞)을 다시 뜻 새김하게 되었다. 그 결과 '억셀 기(耆)'에 '할매 파(婆)'이니 '억센 할매'라는 뜻이었다. 그래서 필

---

6) 안민가 : 이 글에서 찬기파랑가에 대한 필자의 해석만 싣고, 안민가에 대해서는 해석하지 아니하고 원문 그대로 싣는다.

자는 발상을 전환하여,

'기파랑의 뜻은 「억센 할매」이니 청년 화랑이 아니고 혹시 태후나 왕비를 말하는 것이 아닐까?'

이런 생각이 불현 듯 떠올랐다. 동시에 「미추이사금과 메주7)」라는 글을 쓰면서 여기에 「신문왕이 신목왕후(神穆王后)8)을 왕비로 맞이할 때 혼수품으로 메주를 보냈다」라는 기록을 삽입하였는데, 이 때 갑자기 이 기록의 신목왕후가 생각났다.

삼국사기에 의하면, 신목왕후는 신문왕과의 사이에 아들 셋을 두었다. 첫째 아들이 이홍(理洪 또는 이공理恭)으로 태자였고, 둘째 아들이 보질도(寶叱徒·교각스님이라는 설이 있음), 셋째 아들이 융기(隆基)이었다. 첫째가 태자일 때 신문왕이 죽고, 태자가 왕위를 물려받았는데 그가 제32대 효소왕이고 이 때 나이가 겨우 6살이었다. 당연히 왕의 어머니인 신목왕후가 대비로서 수렴청정을 수행하였을 것이다.

필자는 찬기파랑가의 주인공 기파랑을 신목왕후로 본다. 신목왕후는 어린 아들 효소왕을 지키기 위하여 왕에게 해가

---

7) 미추이사금과 메주 : 필자의 졸작 「역사·고전문학·우리말 어원에 관한 구불솥의 작은 울림, 도서출판디자인21, 2022」에서 실려 있다.

8) 신목왕후(神穆王后) : 신문왕이 잡찬 김흠돌(신문왕 원년 681년 반란 주모자)의 딸인 첫 왕비를 폐하고 두 번째로 맞아들인 왕비이다. 신목왕후는 신문왕이 죽자 6살인 효소왕의 어머니(대비)로서 수렴청정을 한 것으로 보인다. 그 기간은 약 9년이었을 것이다. 신목왕후가 700년에 죽은 후 약 2년 뒤 702년 효소왕이 시해 당하였다. 그런데 이때는 우연의 일치인지 몰라도 동양 삼국에서 모두 여성이 권력을 쥐고 있었다. 중국에서는 측천무후(則天武后)가, 일본에서는 여성천황 제41대 지토덴노(持統天皇)가 권력을 휘두르고 있었다. 아으 역사에도 나비효과가 존재하는가?

될 반대파 각간들을 쳐냈을 것은 자명하고, 이 대찬 여장부를 은유적으로 '억센 할매' 즉 기파(耆婆)로 칭하고 여기에 '사내 랑(郎)'를 붙여서 기파랑(耆婆郎)이란 별칭으로 부른 것이다. 그런데 국문학계가 그동안 '사내 랑(郎)'에만 홀려서 오로지 기파랑을 청년 화랑으로만 간주한 결과 – 찬기파랑가를 해석함에 있어서 이것이 오류의 결정적 시발점이 된 것이다.

한편 효소왕은 어머니 신목왕후가 죽은 뒤 2년 후인 702년(16세 되는 해)에 시해 당하여 죽었고, 신문왕과 신목왕후의 셋째 아들 융기(隆基)가 왕위를 물려받았으니 그가 바로 제33대 성덕왕이다. 역사가들의 평가에서 신라 성덕왕은 대체로 명군이라 불리는데 그에게는 세 아들이 있었다. 첫째 아들은 중경(重慶)인데 그는 아버지 성덕왕보다 일찍 죽었다. 그래서 성덕왕이 죽자 둘째 아들 승경(承慶)이 왕위를 물려받았는데 그가 제34대 효성왕이다. 그런데 효성왕도 아들이 없이 일찍 죽었고, 성덕왕의 셋째 아들로 효성왕의 이복동생이었던 헌영(憲英)이 다음 왕위를 물려받으니 그가 바로 제35대 경덕왕이다. 그러므로 경덕왕에게 신목왕후는 친할머니가 된다.

위 내용을 마무리하면, 경덕왕과 충담사의 고사는 – 경덕왕이 자기 친할머니 신목왕후를 높이 추켜세운 충담사의 찬기파랑가를 전해 듣고 – 그것을 지은 충담사를 궁궐로 불러서 '안민가'를 짓게하고, 아울러 충담사를 왕사로 봉하고자 하였으나 충담사가 경덕왕의 책봉을 간곡히 사양한 역사적 사건을 기록한 것이다.

4. 찬기파랑가 원문

삼국유사에 찬기파랑가는 분절 없이 수록되어 있으나 일제강점기 일본인 학자 오구라 신페이(小倉進平·オグラシンペイ)와 양주동 박사가 10구체로 분절한 이래 대부분의 국문학자들은 이를 답습하고 있다. 이에 의하면 원문은 아래와 같다.

咽嗚爾處米 (연명이처미)
露曉邪隱月羅理 (로효사은월라리)
白雲音逐于浮去隱安支下 (백운음축우부거은안지하)
沙是八陵隱汀理也中 (사시팔릉은정리야중)
耆郎矣皃史是史藪邪 (기랑의모사시사수야)
逸烏川理叱磧惡希 (일오천리질적오희)
郎也持以支如賜烏隱 (낭야지이지여사오은)
心未際叱肹(肹)逐內良齊 (심미제질힐(혜)축내량제)
阿耶栢史叱枝次高支好 (아야백사질지차고지호)
雪是毛冬乃乎尸花判也 (설시모동내호시화판야)

5. 찬기파랑가의 새로운 구성형식

필자는 사뇌의 구성형식을 3죽(대)으로 간주함으로 찬기파랑가를 3죽(대)로 구분하고자 한다. 1죽(竹)은 네 글발을 거느리는데 현재 전체 10구 중 앞 5구가 이에 해당한다. 2죽(竹)은 두 글발을 거느리는데 전체 10구 중 그 다음 3구가 이에 해당한다. 3죽(竹)은 두 글발을 거느리는데 전체 10구

중 마지막 2구가 이에 해당하며, 3죽 첫 글발에 차(嗟·감탄사) '아야'(阿耶)를 두고 있다. 이에 따라 삼죽(대)으로 재구성한 찬기파랑가는 다음과 같다.

1죽	첫 글발	咽嗚爾處 米 露 曉邪隱 月羅理 (연명이처 미 로 효야은 월라리)
	둘째 글발	白雲音 逐于 浮去隱 安支下 (백운음 축우 부거은 안지하)
	셋째 글발	沙是 八陵隱 汀理也中 (사시 팔릉은 정리야중)
	넷째 글발	耆郞矣 皃史 是史 藪邪 (기파랑 모사 시사 수야)
2죽	첫 글발	逸 烏川 理叱 磧 惡希 (일 오천 이질 적 오희)
	둘째 글발	郞也 持以支如賜烏隱 心未 際叱肹 逐內良齊 (낭야 지이지여사오은 심미 제질힐 축내량제)
3죽	첫 글발	阿耶 栢史 叱枝次 高支好 (아야 백사 질기차 고지호)
	둘째 글발	雪是 毛冬乃 乎尸 花判也 (설시 모동내 하시 화판야)

6. 필자의 해석과 근거

다음 글에서 「훈을 취하여」 「훈을 빌려서」는 훈차를 말하고, 「음을 취하여」 「음을 빌려서」는 음차 표기를 말한다. 훈음사인 경우 별도로 설명하거나 괄호로 처리하였다.

1) 1죽에 대한 해석

1죽(竹)은 네 글발을 거느리고 있다. 편의상 각 글발의 명(名·마디말)에 순번을 매겨서 다음과 같이 설명한다.

(1) 1죽 첫 글발

「咽嗚爾處 米 露 曉邪隠 月羅理(연명이처 미 로 효사은 월라리)」에서,

① 연명이처(咽嗚爾處) : '목멜 인(咽)'은 '목이 메다'라는 훈 외에 또 다른 훈음으로 '북소리 연(咽)'으로도 읽는다. 이 마디말에서는 '북소리'로 새긴다. 다음 '울 명(嗚)'의 훈을 취하여 '울다'로 새기고, '너 이(爾)'의 음을 취하여 우리말 어미 '이(리)'로 새기고, '곳 처(處)'의 훈을 취하여 '곳'으로 새긴다. 각 새김을 연결하면 「북소리+울리다+곳 = 북소리 울리는 곳」으로 새길 수 있다. 이와 같은 표현으로 제망매가의 「거노은처(去奴隱處)·가는 곳」이 있다.

② 미(米) : '쌀 미(米)'는 제망매가의 미(米)와 같은 표현이다. 우리말 '살짝'으로 새긴다.

③ 로(露) : '이슬 로(露)'는 이슬이라는 뜻 외에 또 다른 훈으로 '드러날 로(露)'라는 뜻도 있다. 이 마디말에서는 '드러나다'로 새긴다. 이것을 위 ②의 새김과 연결하면 「살짝+드러나다 = 살짝 드러난」으로 새긴다.

④ 효사은(曉邪隠) : '새벽 효(曉)'는 옛말로 '시붉'으로 '밝다'라는 뜻이 있다. '간사할 사(邪)'는 '간사하다'라는 훈음 외에 또 다른 훈음으로 '그런가(하다) 야(邪)'도 있다. 이 마디말에서는 '그러하다'를 취하여 '그런'으로 새긴다. 다음

'숨길 은(隱)'은 우리말 용언의 활용 중에서 (관형사형)전성어미 '~은'으로 새긴다. 각 새김을 연결하면 「밝다+그러하다+'~은' = 밝그런」이 되고, 이것을 현대어로 바꾸면 '밝은'이 될 것이다.

⑤ 월라리(月羅理) : '달 월(月)'의 훈을 취하여 달로 새기고, '새그물 라(羅)'의 훈을 취하여 그물로 새기고, '다스릴 이(理)'의 음을 취하여 우리말 조사 '이'로 새긴다. 각 새김을 연결하면 「달+그물+이 = 달그물이」이 된다. 이것은 현대어 '달무리'에 대한 충담사의 은유적 표현인데, 이 같은 표현으로 볼 때 지은이는 뛰어난 시적 감각의 소유자로 보인다.

⑥ 위 ①~⑤ 각 새김을 종합하면 「북소리 울리는 곳 살짝 드러난 밝그런 달그물이」가 된다. 이것을 현대적 표현으로 바꾸면 「북소리 울리는 곳 살짝 드러난 밝은 달무리」가 될 것이다.

(2) 1죽 둘째 글발

「白雲音 逐于 浮去隱 安支下(백운음 축우 부거은 안지하)」에서,

① 백운음(白雲音) : '흰 백(白)'의 훈을 취하여 '희다'로 새긴다. '구름 운(雲)'의 구름은 '구르다'로 새긴다. 그런데 '소리 음(音)'은 이두와 향찰 표기에서 첫째 명사파생접사 '~으음'(으옴)으로, 둘째 보조사 '은/는'으로, 셋째 전성어미 '~은' 또는 '~인' 등으로 다양하게 새긴다. 백운음(白雲音)에서는 '소리 음(音)'을 명사파생접사로 본다. 그러면 이 마디

말은 「흰+구르다+으ㅁ = 흰 구름」이 된다. 즉 지금 우리가 흔히 쓰는 구름이란 낱말은 '구르다'에 명사파생접사 '으ㅁ'이 결합된 파생명사이다.

② 축우(逐于) : '쫓을 축(逐)'의 훈을 취하여 '쫓다'로 새긴다. 다음 '어조사 우(于)'는 또 다른 훈음으로 '향하여(갈) 우(于)'의 뜻도 가지고 있다. 이 마디말에서는 '향하여'로 새긴다. 각 새김을 연결하면 「쫓아+향하여 = 쫓아 향하여」가 된다.

③ 부거은(浮去隐) : '뜰 부(浮)'의 훈을 취하여 '뜨다'로 새기고, '갈 거(去)'의 훈을 취하여 '가다'로 새기고, '숨길 은(隱)'은 우리말 용언의 활용 중에서 (관형사형)전성어미 '~은'으로 새긴다. 각 새김을 연결하면 「뜨다+가다+'~은」 = 떠나간」이 된다.

④ 안지하(安支下) : '편안할 안(安)'은 그 음을 취하여 우리말 '안'으로 새긴다. 다음 '가를 지(支)'는 그 음으로 우리말 '디'를 베낀 훈음사 표기로 보면 '디'는 의존명사 '쪽'(부분)의 경상도 사투리이다. '아래 하(下)'는 그 훈을 취하여 아래로 새긴다. 각 새김을 연결하면 「안+디+아래 =안디 아래」가 되고, 이것을 현대어로 바꾸면 「안쪽 아래」가 될 것이다.

⑤ 위 ①~④ 각 새김을 종합하면 「흰 구름 쫓아 향하여 떠나간 안쪽 아래」로 새길 수 있다.

(3) 1죽 셋째 글발

「沙是 八陵隐 汀理也中(사시 팔릉은 정이리야중)」에서

① 사시(沙是) : '모래 사(沙)'의 훈을 취하여 모래로 새기고, '옳를 시(是)'는 경상도 사투리 '시'인데 경상도 사람들의 '시'는 다양한 조사로 쓰인다. 이 마디말에서는 '모래가'로 새긴다.

② 팔릉은(八陵隐) : '여덟 팔(八)'은 그 음을 취하여 우리말 '팔'을 베끼고, '언덕 릉(陵)' 역시 그 음을 취하여 우리말 '랑'을 베낀 훈음사 표기로 본다. '숨길 은(隱)'은 우리말 용언의 활용 중에서 (관형사형)전성어미 '~은'으로 새긴다. 각 새김을 연결하면 팔릉은(八陵隐)은 「팔랑거리다+'~은' = 팔랑거리는」이 될 것이다.

③ 정리야중(汀理也中) : '물가 정(汀)'의 훈을 취하여 물가로 새기고, '다스릴 이(理)'와 '읽기 야(也)'의 음을 취하여 '리야(理也)'를 우리말 서술격 조사 '이다'로 새긴다. '가운데 중(中)'의 훈을 취하여 가운데로 새긴다. 각 새김을 연결하면 「물가+이다+가운데 = 물가의 가운데」가 된다.

④ 위 ①~③ 각 새김을 종합하면 「모래가 팔랑거리는 물가의 가운데」가 된다. 이 글발에서 키워드는 '정(汀)'인데, 이 글자를 이 글발(沙是 八陵隐 汀理也中)의 첫 머리 사(沙)와 연결하면 사정(沙汀)이 된다. 지금 우리가 '흰 모래밭'이라는 뜻으로 사용하는 백사장(白沙場)은 옛말로 백사정(白沙汀)이었다. 그러므로 이 글발은 백사정(흰 모래밭) 가운데 뭔가가 있는 것을 암시한다.

(4) 1죽 넷째 글발

「耆郞矣 皃史 是史 藪邪(기랑의 아사 시사 수야)」에서,

① 기랑의(耆郎矣) : 이 마디말은 그 한자음을 취하여 '기랑의'로 새긴다.
② 모사(皃史) : '얼굴 모(皃)'의 훈을 취하여 얼굴로 새기고, '엮을 사(史)'는 경상도 사투리로 보조사 '은/는'으로 새긴다. 그러므로 모사(皃史)는 「얼굴+사 = 얼굴은」으로 새길 수 있다. 이 같은 용례로 모죽지랑가의 '모사(貌史)'를 들 수 있다.
③ 시사(是史) : '이것 시(是)'의 훈을 취하여 '이것'으로 새기고, '엮을 사(史)'는 경상도 사투리로 주격 조사 '은/는'의 표기로 본다. 그러면 시사(是史)는 「이것+사 = 이것은」로 새길 수 있다.
④ 수야(藪邪) : '수풀 수(藪)'의 훈을 취하여 수풀로 새기고, '그런가 야(邪)'의 훈을 취하여 '그러하다'로 새기면, 이 마디말은 '수풀이던가'로 새길 수 있다. 즉 모래밭의 수풀이므로 이것은 생명력이 강력한 풀을 의미하는 것이다.
⑤ 위 ①~④ 각 새김을 연결하면 「기랑의+얼굴은+이것은+수풀이던가 = 기랑의 얼굴은 이것은 수풀이던가」가 된다. 그런데 이 글발은 앞 글발과 어울리지 않는다. 그 이유는 도치법을 썼기 때문이다. 앞 글발 「모래가 팔랑거리는 물가의 가운데」에 뒤이어 「수풀 이것은 기파랑의 얼굴이던가」로 연결되어야 어울린다.

필자는 사뇌 '노인헌화가'에서 신라 문인들의 도치법의 사용을 이미 확인하였는데, '찬기파랑가' 역시 도치법을 사용하고 있다. 그러므로 신라시대 사뇌 작가들의 표현력이 현대 작가들의 그것에 뒤지지 않았음을 알 수 있다.

(5) 1죽 새김의 종합

1죽 각 글발의 새김을 종합하면 아래와 같다.

북소리 울리는 곳 살짝 드러난 밝그런 달그물리
흰 구름 쫓아 향하여 떠나간 안디 아래
모래가 팔랑거리는 물가의 가운데
기랑의 얼굴은 이것은 숲 이런가

위 새김을 다시 현대적 표현으로 바꾸면 아래와 같을 것이다.

북소리 울리는 곳 살짝 드러난 밝은 달무리
흰 구름 따라서 떠나간 안쪽 아래
모래가 팔랑거리는 물가의 가운데 수풀
이것은 기파랑의 얼굴이런가

2) 2죽에 대한 해석

2죽(竹)은 두 글발을 거느리는데, 편의상 각 글발의 명(名·마디말)에 순번을 붙여서 다음과 같이 설명한다.

(1) 2죽 첫 글발

「逸 烏川 理叱 磧 惡希(일 오천 리질 적 오희 」에서,

① 일(逸) : '편안할 일(逸)'은 '편안하다' '달아나다' 훈 외에 또 다른 훈으로 '빠르다' '격하다'라는 뜻도 있다. 이 글발에서는 '빠르다'로 새긴다

② 오천(烏川) : 포항시 남구 오천읍에 있는 오천을 말한

다. 토함산에서 발원한 오천은 오천읍을 관통하여 영일만으로 흘러간다. 필자는 이 하천을 직접 답사하여 확인하지는 않았지만 옛날에는 이곳의 냇물이 빠르게 흘렀던 것으로 보인다.

③ 이질(理叱) : '다스릴 이(理)'의 음을 취하여 우리말 '이'를 베낀 훈음사 표기로 보고, '꾸짖을 질(叱)' 훈음의 첫음 '꾸'의 초성 'ㄲ'를 베낀 훈음사 표기로 본다. 그러면 「이+ㄲ = 읶다」가 된다. 이것은 '있다'의 경상도 사투리이다.

④ 적(磧) : '서덜 적(磧)'의 훈을 취하여 서덜로 새기는데, 서덜은 생선을 손질하고 남은 대가리·뼈·껍데기 등의 부산물을 말한다. 그런데 이 마디말에서는 하천이 소재이므로 서덜은 하천의 모래톱을 뜻할 것이다.

⑤ 오희(惡希) : 더러울 오(惡)의 훈을 취하여 '더럽다'로 새기고, '드물 희(希)'의 훈을 취하여 '드물다'로 새긴다. 각 새김을 연결하면 「더럽다+드물다 = 더럽기 드물다」로 새길 수 있다.

⑥ 위 ①~⑤ 각 새김을 종합하면 「빠른 오천 읶는 서덜 더럽기 드물고」가 되고, 이것을 현대적 표현으로 바꾸면 「빠른 오천 물에 있는 모래톱은 더럽기 드물고」로 해석할 수 있다.

(2) 2줄 둘째 글발

「郎也 持以支如賜烏隱 心未 際叱肹 逐內良齊(낭야 지이지여사오은 심미 제질힐 축내량제)」에서,

① 낭야(郎也) : 이 마디말은 그 한자음을 취하여 '낭이여'

로 새긴다. 낭은 기파랑(耆婆郞)을 뜻하고, '이끼 야(也)'는 호격 조사 '이여'로 새긴다. 낭야(郞也)는 '억센 할매'를 화랑에 빗댄 은유적 표현이다.

② 지이지여(持以支如) : '지탱할 지(持)'의 음을 취하여 우리말 '지'를, '써 이(以)'의 음을 취하여 우리말 '니'를, '가를 지(支)' 음을 취하여 우리말 '디'를 베낀 훈음사 표기로 본다. '같을 여(如)'는 서술격 조사 '이다'를 표기하는 글자이다. 각 새김을 연결하면 「지+니+디+이다 = 지니디다」가 된다.

③ 사오은(賜烏隱) : 모죽지랑가의 사오은(賜烏隱)과 같은 표현이다. 우리말 존칭어미 「~사오신>~으신」으로 새긴다. 이 마디말을 앞 ②의 마디말 지이지여(持以支如)와 연결하면 「지니디다+사오신 = 지니디오신」가 된다. 다시 이 마디말을 현대어로 바꾸면 「지니디오신>지니오신>지니신」이 될 것이다.

④ 심미(心未) : 모죽지랑가의 심미(心未)와 같은 표현이다. 우리말 '마음이'로 새긴다.

⑤ 제질힐(際叱肹) : '가 제(際)'의 훈음으로 우리말 '가'를 베끼고, '꾸짖을 질(叱)' 훈음의 첫 음 '꾸'의 초성 'ㄲ'를 우리말 된소리 'ㄲ'를 베낀 훈음사 표기로 본다. 다음 '소리울릴 힐(肹)'은 예컨대 제망매가의 힐(肹) 자와 같이 '흘겨볼 혜(盻)'의 오자로 본다. 그러면 제질힐(際叱肹)은 제질혜(際叱盻)로 고칠 수 있다. 필자가 정정한 제질혜(際叱盻)에서 '흘겨볼 혜(盻)'를 그 훈음 '흘겨보다'의 첫 음 '흘'로 우리말 목적격 조사 '을/를'을 베낀 훈음사 표기로 본다. 각 새김을

연결하면 「가+ㄲ+흘 = 갉흘」이 된다. 이것을 현대어로 바꾸면 '갉을'로 새길 수 있다. 그런데 이 마디말에서 '갉'이란 무엇인가?

필자가 생각하기에, 이 마디말은 찬기파랑가를 이해하기 위한 핵심 시어(詩語)에 해당한다. 즉 '갉'이란 기파랑(耆婆郎)으로 불린 신목왕후(神穆王后)가 6세에 즉위한 어린 아들 효소왕에게 해(害)가 되는 권력자들을 조정에서 몰아낼 때 그 반대파 각간(角干·재상) 무리를 이르는 말일 것이다. 그러므로 제질(際叱·갉)은 당시 각간을 뜻하는 말로 보인다. 아울러 신목왕후가 이와 같이 반대파 각간들을 몰아냈다면, 이것은 효소왕과 성덕왕9)의 어머니로서 어린 아들들을 보호하고자 하는 모성애와 대비로서 신라 왕대를 지키기 위한 용단이었을 것이다. 그리고 이와 같은 과단성과 억셈 때문에 신목왕후가 '억센 할매' 곧 기파랑(耆婆郎)으로 불렸음은 당연할 것이다.

⑥ 축내량제(逐內良齊) : '쫓을 축(逐)'의 훈을 취하여 '쫓아내다'로 새긴다. 다음 '안 내(內)'의 음을 취하여 우리말 '내'를 새기고, '어질 량(良)'은 그 음 '량'의 초성으로 우리말 '~를'을 베낀 훈음사 표기로 본다. '가지런할 제(齊)'는 경상도 사투리 종결어미 '~제'로 새긴다. 각 새김을 연결하면 「쫓다+내+'~ㄹ'+제 = 쫓아낼제」로 새길 수 있다.

⑦ 위 ①~⑥ 각 새김을 종합하면 「낭이여, 지니오신 마음

---

9) 성덕왕(聖德王) : 재위기간은 702년부터 737년까지 약 34년간이다. 신문왕과 신목왕후의 셋째 아들이며 효소왕의 친동생이다. 효소왕이 16세 어린 나이에 시해를 당하여 죽자 그 뒤를 이어 왕이 되었다. 역사가들은 그를 통일신라 중기의 명군(名君)으로 이해한다.

이 갇을 쫓아낼 제」가 되고, 이것을 현대어로 바꾸면 「낭이여, 지니오신 마음이 각간을 쫓아낼 제」로 해석할 수 있다. 여기에서 '지니오신 마음'이란 당연히 자식을 보호하려는 모성애와 신라 왕대를 지키려는 신목왕후의 마음을 뜻한다.

(3) 2죽 새김의 종합

2죽 각 글발의 새김을 종합하면 다음과 같다.

빠른 오천 읽는 서덜(모래톱)이 더럽기 드물고
낭이 지니오신 마음이 갇을 쫓아낼 제

3) 3죽에 대한 해석

3죽은 두 글발을 거느리고 첫 글발에 '흐느끼는 말' 차(嗟)가 있다. 이 부분은 지은이 충담사의 신라 왕조에 대한 충성스런 마음이 들어 있다. 편의상 각 글발의 명(名·마디말)에 순번을 붙여서 다음과 같이 설명한다.

(1) 3죽 첫 글발

「阿耶 栢史 叱枝次 高支好(아야 백사 질기차고지호)」에서,

① 아야(阿耶) : '언덕 아(阿)'의 음을 취하여 우리말 '아'로 새긴다. '이끼 야(也)'는 그 훈음의 첫 음 '이/으'로 우리말 '으'를 베낀 훈음사 표기이다. 그러므로 '아야(阿也)'는 우리말 감탄사 '아야' 또는 '아으'로 새길 수 있다.

② 백사(栢史) : '잣나무 백(栢)'은 훈을 취하여 잣나무로 새기고, '엮을 사(史)' 이것은 경상도 사투리 '사'를 음차 표

기한 것인데, 보조사 '은/는'에 해당한다. 그러므로 백사(栢史)는 '잣나무는'으로 새기는데, 잣나무는 은유적 표현으로써 그 속뜻은 신라 김씨 왕대를 뜻할 것이다.

③ 질지차(叱枝次) : '꾸짖을 질(叱)' 훈음의 첫 음 '꾸'의 초성 'ㄲ'를 취하고, '가지 지(枝)'의 훈을 취하여 가지로 새기고, '이어질 차(次)'의 훈을 취하여 '이어지다'로 새긴다. 각 새김을 연결하면 「ㄲ+가지+이어지다 = ㄲ가지 이어지다」가 되고, 이것을 현대어로 바꾸면 '끝가지 이어지다'가 될 것이다.

④ 고지호(高支好) : '높을 고(高)'의 훈을 취하여 '높다'로 새기고, '가를 지(支)'의 음을 취하여 '디'로 새기고, '좋을 호(好)'는 '아름답다'로 새긴다.10) 각 새김을 연결하면 「높다+디+아름답다 = 높디 아름답다」가 된다. 이것을 현대적 표현으로 바꾸면 「높고 아름다운데」가 될 것이다.

⑤ 위 ①~④ 각 새김을 종합하면 「아으 잣나무는 ㄲ가지 이어져 높디 아름다운데」가 되고, 이것을 현대적 표현으로 바꾸면 「아으 잣나무는 끝가지 이어져 높고 아름다운데」로 해석할 수 있다.

(2) 3죽 둘째 글발

「雪是 毛冬 乃乎尸 花判也(설시 모동 내호시화판야)」에서,

① 설시(雪是) : '눈 설(雪)'의 훈을 취하여 눈으로 새기고, 시(是)는 경상도 사투리 '시'의 음차 표기로 보아 보조

---

10) '아름답다'로 새긴다. : 모죽지랑가에서 '좋을 호(好)'를 '아름답다'로 새기었다. 찬기파랑가도 그와 같고 이것을 '좋다'는 뜻으로 새기면 아니 될 것이다.

사 '은/는'으로 새긴다. 그러면 '눈은'이 되는데, 여기에서 눈은 어떤 사람들에 대한 은유적 표현으로 보인다.

② 모동내(毛冬乃) : 모죽지랑가의 모동(毛冬)은 '모든'으로, 제망매가의 모동(毛冬)은 '모르단'으로 새기었다. 하지만 찬기파랑가의 모동내(毛冬乃)는 우리말 '모르내'로 새긴다.

③ 호시(乎是) : '어조사 호(乎)'는 그 음을 취하여 '하'의 표기로 보고, 시(是)는 경상도 사투리 '시'의 음차 표기로 보아「하시> 하고」로 새긴다

④ 화판야(花判也) : '꽃 화(花)'의 훈을 취하여 꽃으로 새기고, '판단할 판(判)'의 음을 취하여 우리말 '판'으로 새기고, '이끼 야(也)'의 훈을 취하여 '이로구나'로 새긴다. 각 새김을 연결하면「꽃판이로구나」가 된다.

⑤ 위 ①~④ 각 새김을 종합하면「눈은 모르내 하고 꽃판이로구나」로 새길 수 있다. 이 글발에 '잣나무에 얹힌'과 '이것'을 괄호로 삽입하면「(잣나무에 얹힌) 눈은 (이것을) 모르내 하고 꽃판이로구나」가 될 것이다. 여기에서 눈은 신라 조정의 부패한 관리들을 지칭할 것이다.

(3) 3죽 새김의 종합

2죽 각 글발의 새김을 종합하면 아래와 같다.

아으 잣나무는 끄가지 이어져 높디 아름다운데
(잣나무에 얹힌) 눈은 (이것을) 모르내 하고 (눈)꽃판이로구나

7. 새로운 해석의 귀납

찬기파랑가에 대한 필자의 새로운 해석을 귀납하면 아래와 같다. 아울러 이 시가의 주인공 기파랑 곧 '억센 할매'를 신문왕의 왕비인 신목왕후로 새긴 해석은 지금까지 국문학계에서 전혀 찾아볼 수 없고 필자가 처음이 아닌가 싶다.

북소리 울리는 곳 살짝 드러난 밝그런 달그물리
흰 구름 좇아 향하여 떠나간 안디 아래
모래가 팔랑거리는 물가의 가운데
기랑의 얼굴은 이것은 수풀이런가
빠른 오천 읶는 서덜 더럽기 드물고
낭이 지니디오신 마음이 갊을 좇아낼 제
아으 잣나무는 끄가지 이어져 높디 아름다운데
(잣나무에 엱힌) 눈은 (이것을) 모르내 하고 (눈)꽃판이로구나

위 새김에 대하여 원문을 가급적 훼손하지 않으면서 다시 현대적 시가로 바꾸면 아래와 같을 것이다.

북소리 울리는 곳 살짝 드러난 밝은 달무리
흰 구름 좇아서 떠나간 안쪽 아래
모래가 팔랑거리는 물가 가운데 수풀
이것은 기랑의 얼굴이런가
빠른 오천에 있는 모래톱 더럽기 드물고
낭이여 지니신 마음이 각간을 좇아낼 제
아으 잣나무는 끝가지 이어져 높고 아름다운데

(잣나무에 얹힌) 눈은 (이것을) 모른척 하고 (눈)꽃판이로 구나

8. 맺는말

찬기파랑가는 그동안 여러 대가들의 해석조차 시가에 대한 우리말 해석과 그 내용이 확실하지 않았다. 그만큼 해석하기 어려운 사뇌이다. 이런 상황에서 재야의 초부(樵夫)가 감히 이에 대한 해석에 도전하였고, 몇 달에 걸쳐 이 사뇌와 씨름한 바 조그만 결실을 맺었다. 이에 비로소 이것을 이 책에 실어 세상에 선보인다.

끝으로 필자의 졸고에 대하여 국문학계 여러분이 모질게 비아냥거려도 기왕 엎질러진 물 도로 담을 수 없다.

정읍사의 새로운 해석[1])

1. 정읍사 원문

정읍사는 악학궤범(樂學軌範) 권5 「시용향악정재도의(時用鄕樂呈才圖儀)」편에 고려가요 동동·정과정·신라 사뇌 처용가 등과 함께 실려 있다. 이 중에서 동동과 정읍사는 대악후보(大樂後譜)와 악장가사(樂章歌詞)에도 없고, 오직 악학궤범에서만 볼 수 있는 노래이어서 국문학적으로 아주 귀한 시가이다. 아울러 사뇌 서동요와 더불어 몇 안 되는 백제의 노래인데 그 원문은 아래와 같다.

둘하 노피곰 도드샤
어긔야 머리곰 비취오시라
어긔야 어강됴리 아으 다롱디리

져재 녀르신고요
어긔야 즌 디를 드디욜셰라

---

[1]) 이 글은 필자의 시집 「욱리하, 나뭇잎 눈물에 뜨다」(2018. 10. 26. 책 나무 출판사)에 이미 게재된 글이다. 시집에 실린 글이 다소 거친 부분이 있기에 교정하여 다시 이곳에 싣는다.

어긔야 어강됴리

어느 이 다 노코시라
어긔야 내 가논되 졈그를셰라
어긔야 어강됴리 아으 다롱디리

<출처 : 국립국악원 소장 악학궤범 권5 정읍사>

2. 고교 시절 배운 기존 해석

오래된 기억이지만 고교 시절 배운 정읍사의 해석을 되살리면 아래와 같다.

달하 높이 높이 돋아서
어긔야 멀리 멀리 비치오시라
어긔야 어강됴리 아으 다롱디리

(님아) 저자(시장)에 가 계신가요?
어긔야 진 곳을 디디올까(두렵습니다)
어긔야 어강됴리

(님아) 어느 곳이나 (짐을) 모두 놓고 쉬시라
어긔야 (나의 님이) 가는 곳에 날이 저물까(두렵습니다)
어긔야 어강됴리 아으 다롱디리

3. 필자의 새로운 해석

　우선 필자의 새로운 해석을 먼저 제시하고 그 다음 그 해석의 근거를 구체적으로 밝힌다.

달하 높이 좀 돋아서
어긔야 멀리 좀 비치오시라
어긔야 어강됴리 아으 다롱디리

(달님아) 저 고개 높이 (과실처럼) 열리셨나요?
어긔야 (님이) 진 곳을 디디올까(두렵습니다)
어긔야 어강됴리

(달님아) 어느 곳이나 다 (달빛을) 놓으시라
어긔야 (님이) 내 건너가는데 잠길까(두렵습니다)
어긔야 어강됴리 아으 다롱디리

4. 필자의 해석과 근거

1) 1연에 대한 해석

1연은 지은이가 「달님에게 달빛을 환히 멀리 비춰 달라」고 청하는 내용이다. 누구나 금방 그 뜻을 알 수 있지만 필자는 '곰'[2])에 대한 해석을 기존해석과 달리한다. 기존 해석은 '곰'을 강조어로 보아 '노피곰'을 '높이 높이'로 '머리곰'을 '멀리 멀리'로 해석한다. 하지만 필자는 여기에 시인의 감성으로 아래와 같이 새로운 해석을 제기한다.

현대어에서 '곰'을 살펴보면, '곰살스럽다' '곰살맞다' '곰곰이 '곰지락' 등이 있고 모두 작고 느린 동작을 나타낸다. 그런데 '곰'과 비슷한 말이 '좀'이다. '좀'은 좀씨, 좀도둑, '빨리 좀 와', '나 좀 도와 줘' 등의 용례가 있는데 이 역시 작은 것, 조금, 소형(小形) 등을 나타내는 말로 부탁이나 동의를 구할 때 쓰는 말로 부사에 해당한다. 따라서 1연의

---

2) 곰 : 이 말에 대한 용례로는 정읍사 외에 서경별곡 가사 중에 「괴시란디 우러곰 좃니노이다」가 있다. 이 구절을 해석하면 「(임이 나를) 사랑하신다면 살며시 울면서 쫓겠나이다(따르겠나이다)」가 될 것이다. 여기서도 곰은 작고 느린 동작을 나타내는 말로 살며시 우는 동작을 표현한 것이다.

'곰'이 현대어 '좀'과 같은 뜻이라 해도 무리가 없다. 그러므로 '노피곰'은 '높이 좀'으로, '머리곰'은 '멀리 좀'으로 해석하는 것이 더 어울린다. 이와 같이 해석하면 1연은 지은이가 달님에게 달빛을 청하는 표현이지만, 그 속뜻은 '좀 더 높게' '좀 더 멀리'를 비추어 주기를 바라는 애틋한 마음이 더 덧보인다.

우리가 고등학교 때 배운 기존 해석대로 '노피곰'을 '높이 높이'로 '멀리곰'을 '멀리 멀리'로 강조하듯 풀이하면 1연의 중심이 달님이 아니고 화자(지은이)가 된다. 이것은 운율감은 있으나 간절한 마음을 표현하는데 있어서 감성의 차이가 있다. 그러므로 필자는 '노피곰'을 원문의 뜻과 같이 '높이 좀'으로 '머리곰'을 '멀리 좀'으로 애원이 깃든 어구로 해석한다.

2) 2연에 대한 해석

우리가 고등학교 때 배운 2연에 대한 기존 해석은 "(님아)시장에 가고 계신가요?"이다. 여기에서도 필자는 2연을 다음과 같이 새롭게 해석한다.

기존 해석과 같이 '져재'를 저자(시장)로 해석하는 것은 문맥상 1연과 어울린다고 볼 수 없다. 1연은 달님과 달빛을 소재로 하는데 반하여 저자(시장)란 낮에 열리는 것이다. 아울러 정읍사의 주인공은 달님인데 달님은 낮에 열리는 시장과 거리가 먼 것이다. 그러므로 고등학교 때 배운 기존 해석은 1연과 2연이 자연스럽게 연결되지 아니함을 알 수 있다.

또한 '져재'를 저자(시장)로 해석하면 '져재' 뒤에 '에' 또는 '으로' 등 장소·방향을 뜻하는 부사격 조사가 붙어야 한다. 하지만 정읍사에는 이런 조사가 없다. 물론 기존 해석이 '져재'가 '져자이'로서 'ㅣ'가 부사격 조사라고 설명하지만, 'ㅣ'는 주어에 붙는 주격 조사이지 장소를 나타내는 부사격 조사가 아니다. 그러므로 '져재'를 저자(시장)로 해석하는 것은 어딘가 어색하고 자연스럽지 못함을 느낄 수 있다.

필자는 '져재'를 소리 뜻대로 '져'를 현대어의 지시대명사인 '저'로 새롭게 해석한다. 아울러 '재'는 '고개'로서 지금도 쓰이는 말이다. 즉 '져재'를 '저 고개'로 새롭게 해석하면 기존 해석과 같은 억지가 나타나지 않는다.

다음 '녀ᄅ신고요'에서 높임말 '신'을 빼면 '녀ᄅ다'가 기본형이고 이것은 현대어 '열다'와 동의어이다. 즉 옛말 '녀ᄅ다'가 「녀ᄅ다 > 여르다 > 열다」로 변한 것이다. 여기에서 '열다'는 과실이 나무에 열리거나 또는 연등이 매달리는 것을 뜻한다. 따라서 2연 첫 행 '져재 녀ᄅ신고요'는 지은이가 달님에게

"달님아 저 고개에 (과실처럼) 열리셨나요?" 또는

"(연등처럼) 매달리셨나요?"

이런 뜻으로 묻는 것이다. 이렇게 해석하면 다음 행 「(님이) 진 곳을 디디올까(두렵습니다)」와 딱 맞아 떨어진다. 즉 지은이는 낭군이 진 곳을 디딜까봐, 달빛이 땅에 훤히 비추도록, 달님이 고개에 높이 초롱불처럼 매달리기를 의문문을 써서 간청하는 것이다. 아울러 필자와 같이 '녀ᄅ신고요'를 '열리셨나요?'로 해석하면 1연과 2연의 문맥이 자연스럽게 연결된다. 또한 2연

은 뒤 3연과도 시적으로 대비가 된다. 2연의 소재인 고개와 3연의 소재인 내(물)가 바로 그것이다.

다음 '즌 ᄃᆡ를'은 말 그대로 '진 곳'을 나타내는 말이다. 다만 이 말은 은유적으로 불량배나 도둑, 강도 등으로 확장하여 볼 수도 있다. 다만 고등학교 때 배운 기존 해석대로 '즌 ᄃᆡ를'을 사창(私娼)으로 보면 이는 너무 비약적이다. 만일 사창을 표현한 것이라면 1연에서 「달님에게 달빛을 높이 좀 멀리 좀 비춰 달라」고 청할 필요가 없기 때문이다. 그러므로 구절이 표현한 대로 1연과 관련지어 단순히 '진 땅'으로 봄이 옳다. '드ᄃᆡ욜세라'는 '디디올까 두렵다'로서 낭군이 밤길에 진 곳을 밟아 더럽혀질까 두렵다는 마음, 낭군의 무사귀환을 간절히 바라는 아내의 마음이 오롯이 담겨 있다.

이런 이유로 정읍사를 기록한 고려사 71권 지(志) 제25 악2 「삼국속악 백제」 항목은 그 가사와 더불어 주해를 아래와 같이 달고 있다.

『정읍은 전주의 속현으로 이 고을 사람이 행상을 나가 오래도록 돌아오지 않자, 그 처가 산의 바위에 올라 멀리 바라보며 낭군이 밤에 다니면서 해를 입을까 진창물에 더럽힐까 두려워 부른 노래이다. 고개 마루에 그 처가 올라가서 낭군을 바라보던 망부석(바위)이 있다고 세상에 전하다.[3]』

---

3) 문장 원문 : 井邑 全州屬縣 縣人爲行商久不至 其妻登山石以望之 恐其夫夜行犯害 托泥水之汚以歌之 世傳有登岾望夫石云(고려사 71권 지(志) 제25 악2 「삼국속악 백제」 항, 국사편찬위원회 번역본에서 인용)

3) 3연에 대한 해석

다음 3연 첫 행 '어느 이 다'를 살펴보면, '어느'는 현대어와 뜻이 같고, '이'는 요즘 쓰는 말인 '것' 또는 '곳'의 옛말이다. 그러므로 '어느 이'는 '어느 곳'이나 또는 '어느 것이나'의 뜻이 된다. 그리고 '다'는 지금도 살아 있는데 현대어로 '다'는 '전부' 또는 '모두'라는 뜻이다. 3연에 대한 해석은 필자 역시 기존 해석에 이의 없이 동의하는 바이다.

다음 '노코시라'는 대다수 기존 해석이 '(짐을) 놓고 쉬시라'라는 뜻으로 해석한다. 하지만 필자는 이에 반론을 제기한다. 예컨대 '시라'는 높임말의 어미이지 '쉬라(憩·게)'는 뜻이 아니다. 그렇다면 '노코'는 어떤 뜻일까?
'노코'는 '놓고'로 보는 것이 옳다. 즉 1·2·3 연의 첫 문장 주어는 항상 달님이기 때문에, 「어느 이 다 노코시라」는 「(달님아) 어느 곳이나 모두 (달빛을) 놓아주시라」로 해석하여야 한다. 이와 같이 해석하면 뒤 문장 「내 가논디 졈그를셰라」와도 잘 어울린다.

다음 「내 가논디 졈그를셰라」에서 기존 해석은 「(나의 님이) 가는 곳에 날이 저물까(두렵습니다)」로 해석한다. 이 행에서도 필자는 새로운 해석을 제시한다. 3연의 '내 가논디'에서 '내'는 천(川) 즉 냇물이고, '가논디'는 움직이는(往) 행동을 나타내는 말로 필자는 해석한다. 또 '졈그를셰라'는 기존 해석의 '저물까'가 아니라 '졈그다' 또는 '잠기다'로 보아야 한다. 그러므로 필자는 「내 가논디 졈그를셰라」를 「(낭군이) 내를 건너가는데 물에 잠길세라 」라고 해석하고, 한 발 더 나아가 「(낭군이) 내를 건너가는데 빠질까 두렵다」라고 좀 더 확장 해석한다. 이렇게 해석하면 화자가 달님에게 간청하는 1행 「어느 곳이나 다 달빛을 놓으시라」와 화자가 낭군의 안전을 기원하는 2행 「(낭군이) 내를 건너가는데 잠길까 두렵다」가 서로 부합된다. 또 2연의 소재인 고개와 3연의 소재인 내(물)가 서로 대비되어 시가의 형식을 갖추고 있다.

4) 새로운 해석의 종합

결국 정읍사에서 화자가 바라는 것은,
「낭군이 밤길 가는 중에 진땅을 밟지 않도록 달님이 고개 높이 열리어(매달리어) 높이 좀 비추시고, 또 낭군이 밤길에 냇물을 건너다 빠지지 않도록 달빛을 어느 곳이나 모두 환히 비춰 주소서」
이렇게 달님에게 간청하는 애틋한 마음이니 이 시가는 시대를 초월한 망부가 아닌가!

'어긔야 어강됴리 아으 다롱디리'는 후렴구(後斂句) 또는 조흥구(助興句)로서 악률에 맞추어 부르는 소리인데 '어긔야'는 '어허야'라는 감탄사 내지 추임새일 것이다. 전통 민요 '뱃노래' 후렴에 붙는 '어긔야 디어차 어긔야 어기여차'와 같은 맥락으로 보면 이해하기 쉽다.

'어강됴리'는 「어강됴리＞어강죠리＞얼마나 좋으리」로 봄이 타당할 것이다. '아으 다롱디리'는 종결어미 '~리'가 「이루어질 수 없는 것을 이루고 싶다」는 의지를 나타내는 말로 볼 때 「아아 아롱다롱 어울리고 싶구나」로 새긴다. 이는 현대에도 사용 가능한 아름다운 우리말이다. 다만 '어강됴리'는 '얼마나 좋으리'라는 뜻을 가지고 있지만 속되게 보면 '어강'은 '어가'로서 임금을 뜻하는 속어로 볼 수 있다. 다음 '됴리'의 '됴'은 '둇'4)으로 성기를 뜻하는 속어로 볼 수 있다. 따라서 유교의 나라인 조선에서 이를 천박한 속어 즉 음사(淫祠)5)로 본 것은 당연한 것이다. 이에 대한 기록이 중종실록 권35 13년(1518년) 4월 1일 기사6)에 나오는데,

『정읍사가 음사이기 때문에 궁중가악에서 폐지하고, 그 대신 효자 부모 공양을 기리는 노래인 오관산(五冠山)으로 바꿔 부르게 했다.』

라는 내용이 있다. 즉 조선왕조에서는 정읍사의 본문 내용은 좋으나 후렴구가 문제였을 것이다. 지금의 관점에서

---

4) 둇 : 속어 '좃'의 옛말이다. 둇은 17세기 말쯤부터 시작된 구개음화에 의하여 지금과 같이 변하였다.

5) 음사(淫祠) ; 음란한 가사나 말을 뜻한다.

6) 중종실록 권32 13년(1518년) 4월 1일 기사 : 내용은 아래와 같다.
   대제학 남곤이 아뢰기를,
   "전일 신에게 악장(樂章) 속의 음사(淫詞)나 석교(釋敎)에 관계있는 말을 고치라고 명하시기에, 신이 장악원 제조(掌樂院提調) 및 음률(音律)을 아는 악사와 진지한 의논을 거쳐 아박정재 동동사(牙拍呈才動動詞) 같은 남녀 음사에 가까운 말은 신도가(新都歌)로 대신하였으니, 이는 대개 음절(音節)이 그와 같기 때문입니다. 신도가는 아조(我朝)가 한양으로 천도(遷都)할 때 정도전(鄭道傳)이 지은 것인데 … (생략), 무고정재 정읍사(舞鼓呈才井邑詞)는 오관산(五冠山)으로 대용하였으니, 이것 역시 음률(音律)이 서로 맞기 때문입니다. 처용무(處容舞)·영산회상(靈山會上)은 새로 지은 수만년사(壽萬年詞)로 대치하였으며 … (생략)"
   (국사편찬위원회 편, 「중종실록」에서 발췌/인용)

보면 아무 문제가 없는 표현이지만 조선시대 관점에서 본다면 「정읍사를 음사(淫詞)로 취급함」은 당연한 것이다.

5. 맺는말

필자와 같이 정읍사를 새롭게 해석하면 1연·2연·3연의 문맥이 일관되게 연결되어 상통하고, 밤길을 나다니는 낭군의 무사귀환을 달님에게 애원하는 망부(望夫)7)의 갸륵한 마음이 느껴진다. 비록 6행의 짧은 가요이지만 애틋한 애심의 표현에 있어서는 수백 자 미사여구(美辭麗句)의 문장일지라도 이 시가를 넘어서기 쉽지 않을 것이다. 가슴이 슬그머니 미어온다.

---

7) 망부(望夫) : 아내가 사랑하는 지아비를 바라고 기다리는 것을 뜻한다.

청산별곡의 새로운 해석

1. 들머리 글

　청산별곡[1])은 고교 시절에 누구나 배운다. 당시 국어 선생님이 이 고려가요를 열심히 가르쳐 주셨음에도 필자는 많은 의문이 있었다. 그러다가 사회에 나와서 먹고사는 문제에 매달렸고 이 의문도 생각의 저편으로 가라앉았다. 그 후 생업을 마무리하고 그동안 여분의 시간에 써둔 글을 모아 2018년 가을 자비로 시집 한 권을 냈다. 출간 후 다시 보았더니 스스로 보아도 허튼 시임이 역력했다. 부끄러웠다. 하지만 이 중에 「정읍사의 새로운 해석」만은 지금도 자부할 만하다. 또 시집을 낼 즈음 필자는 고교 시절에 배웠던 정읍사와 청산별곡에 대하여 감히 새로운 해석을 시도하였다. 이에 「정읍사의 새로운 해석」은 시집에 담았으나 「청산

---

1) 청산별곡(靑山別曲) : 고려가요로 작자와 창작년도는 미상이고 국악에서는 속악으로 분류되며 주로 궁중에서 연주되었는데, 가사는 「악장가사」에, 악보는 「시용향악보」에 수록되어 있다. 현재 국문학자마다 청산별곡에 대하여 다양한 해석을 내놓고 있다.

별곡의 새로운 해석」은 워낙 장문이라 시집에 싣지 못했다.

이제 허튼 문집을 내면서 비로소 여기에 이 글을 싣는다. 다만 필자는 국어국문학과나 문예창작과 전공자도 아니고 글짓기를 본업으로 삼는 글쟁이도 아니다. 그러므로 글이 거칠고 여러 흠집이 보일 것이다. 하지만 발표하지 않는다면 아무리 훌륭한 논지인들 무슨 소용이 있으랴! 이 글을 읽는 분께서 이 점을 헤아려 주면 백골이 되어도 이를 잊지 않을 것이다.

2. 별곡이란 명칭에 대하여

청산별곡은 고려가요인데 별곡(別曲)이란 명칭이 붙어있다. 필자가 생각하기에, 청산별곡의 제목인 별곡은 '별다른 노래'라는 뜻이 아닐 것이다. 한자 '나눌 별(別)'[2]은 우리말 '벌'(겹)을 음차 표기한 이두 표기로 보인다. 별을 벌로 해석하는 경우 8연으로 구성된 청산별곡은 단가(單歌)[3] 형식의 사뇌(詞腦)와 견주어 「청산에 대한 여러 벌(연)의 노래」이라는 뜻일 것이다. 그런데 조선의 사대부들이 별곡을 '별스런 노래'[4]로 고지식하게 해석한 것으로 보인다. 조선의

---

2) 별(別) : 삼국사기 잡지 「지리」에 '난은별(難隱別)'이 있다. 신라는 고구려 땅 '난은별'(難隱別·파주시 적성면에 있음)를 빼앗고 그 명칭을 칠중성(七重城)으로 바꾸었다. 여기서 난은(難隱)은 숫자 7에 대한 고구려 수사이고, 별(別)은 벌/겹(重)이란 뜻이다. 칠중성은 칠 겹으로 축성된 성이라는 뜻이다.

3) 단가(單歌) : 한 절(연)로 된 시가를 말한다. 단가는 우리 시가의 원형이고, 사뇌(詞腦)는 전부 단가 형식으로 지어져 있다.

4) 별스런 노래 : 조선시대 별곡으로 관동별곡, 관서별곡, 성산별곡, 한

선비들은 '별(別)'을 본디 뜻인 '벌'이나 '겹'의 뜻을 도외시한 채 '별(別)'을 '별다르다' '특별하다'라는 훈으로만 새긴 것이다. 그래서 별곡(別曲)이 고려시대에는「여러 벌의 노래」란 뜻이었으나, 조선시대에 지금과 같이「별스런 노래」로 그 뜻이 바뀐 것으로 보인다. 따라서 조선시대의 별곡과 청산별곡은 그 의미가 다르므로 구분하여야 한다. 그러나 이와 같이 고려시대 별곡을「여러 벌(연)의 노래」로 보는 것은 단지 필자만의 견해이고, 국문학계는 별곡을 지금도「별스런 노래」로 본다.

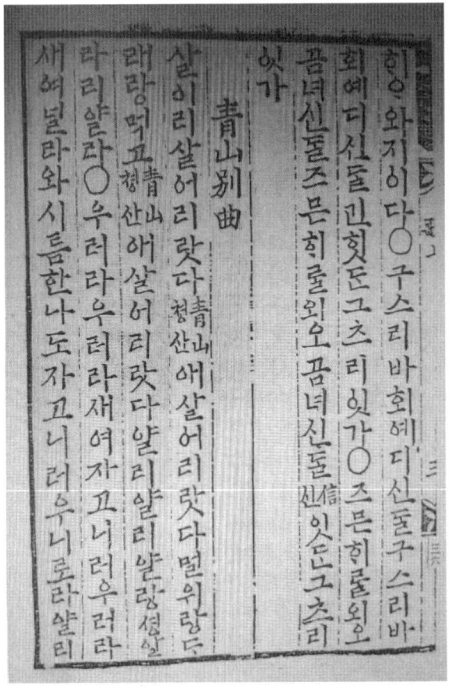

〈출처 : 한국고전총서간행회 편, 원본영인한국고전총서 7책 중 제4책 악장가사, 대제각, 1973~1976〉

림별곡, 상사별곡, 죽계별곡 등이 있다.

3. 전반부 1연 · 2연 · 3연 · 4연의 감상

청산별곡의 출처, 음운, 형식 등은 독자께서 고교 시절 이미 배웠으므로, 여기서 따로 논하지 않고 필자의 새로운 해석만 싣는다.

필자는 청산별곡을 전반부(1연 · 2연 · 3연 · 4연)와 후반부(5연 · 6연 · 7연 · 8연)로 나눈다. 그 이유는 전반부의 화자를 남성으로 보고, 후반부의 화자를 여성으로 보기 때문이다.

1) 1연의 해석과 감상

(원문)
살어리 살어리랏다 쳥산애 살어리랏다
머위랑 ᄃ래랑 먹고 쳥산애 살어리랏다.
얄리 얄리 얄랑셩 얄라리 얄라

1연은 머루와 다래만 이해하면 그냥 즐길 수 있는 가사이다. 다만 필자는 화자인 여성과 남성이 – 서로 사랑하지만 그들을 구속하는 사회 체제와 관습에 옭매여 서로 맺어질 수 없는 상태에서 – 모든 것을 다 버리고 청산에 들어가 자연인으로 살고 싶음을 노래한 것으로 본다.

한편 필자는 – 청산별곡이 혹시 본디 향찰로 지어진 사뇌 아닐까? 이렇게 뜬금없이 생각을 하고 – 1연의 가사만 한자의 음과 훈을 빌려서 다음과 같이 사뇌로 재현해 보았다.

「生5)於理 生於理羅斯多 靑山兮 生於理羅斯多 蔆爲良 多萊良 喫古 靑山兮 生於理羅斯多(생어리 생어리라사다 쳥산혜

생어리라사다 종위랑 다래랑 끽고 청산혜 생어리라사다)
耶良理 耶良理 耶良羅聲 耶良羅理 耶良羅(야ㄹ리 야ㄹ리 야ㄹ라셩 야ㄹ라리 야ㄹ라」(※'어질 량/良'은 이두나 향찰에서 '~ㄹ'로 읽는다)

위와 같이 한자로 옮기고 보니 향찰로 쓴 사뇌(詞腦) 한 작품과 비슷하다. 그러므로 필자는 청산별곡이 본디 향찰로 쓰인 사뇌였다고 본다. 그런데 고려시대 이것이 우리말로 옮겨져(번역되어) 노래로 구전되었을 것이다. 그리고 조선의 장악서(후에 악학도감으로 바뀜) 관원들이, 우리말로 구전된 청산별곡을 고려가요로 분류하여 악장가사에 훈민정음으로 수록하였을 것이다. 다만 이것은 고증된 바 없는 필자의 개인적인 견해이다.

2) 2연의 해석과 감상

(원문)
우러라 우러라 새여 자고 니러 우러라 새여
널라와 시름 한 나도 자고니러 우니노라
얄리 얄리 얄라셩 얄라리 얄라

2연의 경우도 「우러라>울어라」, 「니러>일어나」, 「널라와>너와 같이」, 「한>큰」으로 새기면 어려움 없이 감상할

---

5) 生(생) : 이 한자는 우리말 '살다'를 이두로 표기할 때 사용하는 글자이다. 용례로 강원도 홍천군 내면, 내린천 상류 살둔계곡에 '살둔약수'가 있는데 '살둔'의 한자 표기가 생둔(生屯)이다. 필자는 이 말에서 '살다'를 표기하는 이두 표기가 한자 生(생)이었음을 확신하였다.

수 있다. 다만 후렴이 1연에서 「얄랑셩」인데 2연부터는 「얄라셩 얄라리」로 실려 있다. 필자의 새김을 현대적 시가로 옮기면 아래와 같다.

울어라 울어라 새여 자고 일어나 울어라 새여
너와 같이 시름 큰 나도 자고 일어나 우니노라

3) 3연의 해석과 감상

(원문)
가던 새 가던 새 본다 믈 아래 가던 새 본다
잉무든 장글란 가지고 믈 아래 가던 새 본다
(후렴 생략)

3연은 어렵다. 여러 설이 있지만 필자의 견해는, '가던 새'를 하늘에 날라 가는 새가 물(믈)에 비친 것으로 본다. 그 이유는 「잉무든 장글란」 때문이다. 한자 잉(仍)의 훈은 '이끼'이고, '장글란'에 대해서는 여러 해석이 있다.

필자는 '장글란'을 한자어 '장골란(長骨筤)'으로 본다. 한자로 '장골란'은 '큰골바구니'라는 뜻이다. 장(長)은 큰 것, 골(菅)은 갈대와 비슷한 풀로 줄기(대)는 돗자리나 바구니를 만드는 재료로 쓰인다. '란'은 한자로 '바구니 란(筤)' 자이다. 그러므로 '장골란'의 본딧말은 '큰골바구니'이다. 그런데 '장골란'이 고려시대 '장글란'으로 구전되었거나 또는 조선시대 악장가사(樂章歌詞)6)의 편자가 '장골란'을 중세 훈민정음

---

6) 악장가사(樂章歌詞) : 다른 이름 '국조사장(國朝詞章)' '국조악장(國朝樂章)' '속악가사(俗樂歌詞)' 등으로 불린다. 편자 및 편찬 연대는 미상

으로 옮기는 과정에서 '장글란'으로 오기하였을 것이다.

다시 본론으로 돌아가서 화자는 '큰골바구니'로 물속의 다슬기나 고기를 잡다가 날아가는 새가 물에 비친 것을 본 것이고, 이것이 바로 '가던 새'이다. 또 물질을 여러 번 하면 '큰골바구니'에 이끼(잉)가 묻는 것은 자명한 이치이다. 따라서 필자는 3연을「이끼 묻은 큰골바구니를 가지고 다슬기나 고기 잡다가 날아가는 새가 수면에 비친 것을 보다」로 새긴다. 화자가 개천에 발 담그고 허리 굽혀 큰골바구니로 다슬기나 물고기 잡는 목가적 이미지가 떠오른다. 참 아름다운 시가이다. 필자의 새김을 현대적 시가로 옮기면 아래와 같다.

(날아)가던 새 (날아)가던 새 본다 물 아래 (날아)가던 새 본다
이끼 묻은 큰골바구니 가지고 물 아래 (날아)가던 새 본다

4) 4연의 해석과 감상

(원문)
이링공 뎌링공 ᄒ야 나즈란 디내와손뎌
오리도 가리도 업슨 바므란 ᄯ엇디 호리라
(후렴 생략)

이나, 조선 중종~명종 연간에 밀양 사람 박준(朴浚)이 편찬하였다는 설이 있다.(양주동 박사) 체제는 속악가사 상(俗樂歌詞 上)·아악가사(雅樂歌詞)·가사 상(歌詞 上)의 3부로 나뉘어 있다. 제1부 속악가사 상에는 영신(迎神)에서 송신(送神)까지의 궁중 제례(祭禮)에 쓰이는 28곡이 있는데, 앞에 한문으로 쓰인 구절을 내세우고 그 옆에 한글 음을 표기해 놓았다.(한국민족문화대백과사전에서 발췌/인용)

4연도 「이링공 더링공 ᄒᆞ야>이리하고 저리하여」, 「나즈란>낮은」, 「디내와손뎌>지내 왔는데」, 「오리도 가리도>오는 이도 가는 이도」, 「업슨>없는」, 「바므란>밤이란」, 「ᄯᅩ엇디 호리라>또 어찌 할까?」로 새기면, 그 내용을 해석하는데 별 어려움이 없다. 필자의 새김을 현대적 시가로 표현하면 아래와 같다.

이리하고 저리하여 낮은 지내 왔는데
오는 이도 가는 이도 없는 밤이란 또 어찌할까?

4. 후반부 5연·6연·7연·8연의 감상

국문학계는 현재 청산별곡의 1연·2연·3연·4연을 전반부로, 5연·6연·7연8·연을 후반부로 구분한다. 필자도 이에 동조하지만 후반부의 화자를 여성으로 보는 점이 다르다. 독자께서도 후반부의 지은이를 여성으로 보면 이해하는데 더 도움이 될 것이다.

1) 5연의 해석과 감상

(원문)
어듸라 더디던 돌코 누리라 마치던 돌코
뮈리도 괴리도 업시 마자셔 우니노라
(후렴 생략)

5연은 경상도 옛 구어체이다. 하지만 「어듸라>어디에」,

「더디던>던지던」, 「돌코>돌이고?」, 「누리라>누구를」, 「마치던>맞히려던」, 「뮈리도>미워할 이유도」, 「괴리도>사랑할 까닭도」, 「업시>없이」, 「마자셔 우니노라>맞아서 우는구나」로 새기면, 5연도 무난하게 감상할 수 있다. 다만 '돌코'의 해석을 예컨대 '이목고'(이 무엇이고?)와 같이 경상도 사투리로 보면 쉽게 이해될 것이다. 필자의 새김을 현대적 시가로 옮기면 아래와 같다.

어디에 던지는 돌이고? 누구를 맞히려던 돌이고?
미워할 이유도 사랑할 까닭도 없이 맞아서 우는구나

2) 6연의 해석과 감상

(원문)
살어리 살어리랏다 바ᄅ래 살어리랏다
ᄂᆞᄆᆞ자기 구조개랑 먹고 바ᄅ래 살어리랏다.
(후렴 생략)

6연도 그다지 어렵지 않다. 「바ᄅ래>바닷가에」, 「ᄂᆞᄆᆞ자기>나문재」, 「구조개랑>굴이랑」로 새기면 된다. ᄂᆞᄆᆞ자기(나문재)는 강과 바다가 만나는 강어귀에 사는 재첩과 비슷한 작은 조개이고, 구조개는 말 그대로 지금의 굴이다. 그런데 원문은 6연과 5연이 뒤바뀐 것으로 보인다. 원문에서 6연이 5연 앞에 먼저 와야 전반부 1~4연과 후반부 5~8연이 대응이 된다. 그래서 원문의 5연과 6연 배치는 자연스럽지 않고 전반부와도 어울리지 않는다. 필자가 생각하기에, 악장가사의 편자가 고려시대 구전으로 전해지던 청산별곡을 조선 중세 훈민정음으로 옮기는 과정에서 6연과 5연이 뒤바뀐 것으로 본다. 필자의 새김을 현대적 시가로 옮기면 아래와 같다.

살어리 살어리랏다 바닷가에 살어리랏다
나문재랑 굴이랑 먹고 바닷가에 살어리랏다.

아울러 필자는 6연도 한자의 음과 훈을 빌려서 사뇌 형식으로 아래와 같이 재현해 보았다.

「生於理 生於理羅斯多 婆良兮 生於理羅斯多 乃瑪紫玘 口鳥蓋良 喫古 波良兮 生於理羅斯多(생어리 생어리라사다 바랑혜 생어리라사다 나마자기 구조개랑 끽고 바랑혜 생어리라사다)

耶良理 耶良理 耶良羅聲 耶良羅理 耶良羅(야ᄅ리 야ᄅ리 야ᄅ라셩 야ᄅ라리 야ᄅ라」

3) 7연의 해석과 감상

(원문)
가다가 가다가 드로라 에정지 가다가 드로라
사ᄉ미 짒대예 올아셔 히금을 혀거를 드로라
(후렴 생략)

7연은 참 어렵다. 전문가의 해석도 분분하다. 하지만 5연~8연의 화자를 여성으로 보면 쉽게 해석된다. 필자는 7연에 대하여 편리상 순번을 매겨서 해설한다.

① 「가다가 가다가 드로라」는 「걸어서 가다가 듣노라」로

새긴다. 이 구절 '가다가'는 '갇다'가 어원이고 '갇다'는 '걷다'의 옛말이다. 따라서 '가다가'는 '걸어서' 또는 '걸어가다가'로 새겨야 한다. 이 구절은 여성이 집안에서 집 밖으로 걸어 나가는 장면이다.

② 「에졍지 가다가 드로라」는 「바깥우물에 가다가 듣노라」로 새긴다. 이 구절의 에졍지는 집 밖에 있는 바깥우물이다. 옛날에는 집 안에 있는 우물은 '졍지'7)라 불렀고 이것은 오직 먹기만 하는 우물이다. 그리고 집 밖에 있는 우물은 '에졍지'라 불렀고 이것은 빨래하고 푸성귀를 씻는 허드레로 사용하는 우물이다. 여성인 화자는 허드레 부엌일을 행하기 위해 바깥우물(에졍지)에 걸어가는 중에 어떤 소리를 듣고 있는 장면이다. 원문에서 「가다가 가다가」를 반복한 것은 걸어가고 있는 동작을 표현한 것이다.

③ 「사ᄉ미 짗대에 올아셔」는 「사슴이 짗대에 올라서서」로 새긴다. 사ᄉ미를 기존 해석들은 사찰의 사미승(어린 남자스님)으로 해석하지만, 필자는 사ᄉ미를 어린 남자스님으로 해석하지 아니하고 산짐승 사슴으로 해석한다. 또 이 구절의 '올아'는 「올아>올라」로 조선 중세 한글이고, '셔'는 '서서(서다)'의 뜻이다. 예컨대 옛 시조에 「농암에 올아 보니>농암에 올라 보니」가 있다. 다음 짗대는 솟대나 당간지주의 돌 받침대를 말한다. 당간지주의 돌 받침대는 대부분 매우 크고 지상으로 툭 튀어 올라 있다. 그러니까 사슴이 당간지주의 돌 받침대에 앞 두 발을 올리고 머리를 쳐들고

---

7) 졍지 : 본디 말은 이두 '졍기(井基)'였다. 이것은 우리말 '우물터'를 한자 '우물 정(井)'과 '터 기(基)'의 훈을 빌린 훈차 표기인데, 이 '졍기'가 세월이 흐르면서 '졍지'로 변한 것이다.

서 있는 장면이다.

④ '히금을'은 악기인 '해금을'로 새기고, '혀거를'은 '혀다'가 어원으로서 '혀다'가 (아쟁 등을) '켜다'로 변한 것이다. '드로라'는 '듣노라'로 새긴다. 이것은 사슴이 당간지주의 돌받침대에 먼저 앞다리를 올리고 머리를 쳐들은 상태에서 「암사슴을 부르는 소리[8]」를 부르짖는 장면이다. 그 다음 화자가 사슴의 울음소리를 듣고 그 소리가 '해금을 켜는 듯하다'고 느끼는 장면이다. 수사슴이 암사슴을 찾을 때 우는 소리는 해금 소리와 비슷하고, 그 소리는 매우 처량하다고 한다. 이를 나타내는 한자도 있는데, 「근심할 사슴우는 소리 유(呦)」가 바로 그것이다. 따라서 7연은 수사슴이 짚대에 앞발로 올라서서 머리를 허공에 쳐들고 암사슴을 부르는 소리를 내고 있을 때, 한 여성이 허드레 일을 위해 바깥우물(에정지)에 걸어가다가 그 소리를 듣는 장면이고, 그것이 해금의 슬픈 곡조와 비슷하다고 느끼는 장면이다. 필자의 새김을 현대적 시가로 옮기면 아래와 같다.

(걸어서) 가다가 가다가 듣노라 바깥우물에 가다가 듣노라
사슴이 짚대에 올라서서 해금을 켜는 듯이 (우는) 소리를 듣
노라

4) 8연의 해석과 감상

(원문)

가다니 비브른 도긔 설진 강수를 비조라

---

[8] 암사슴을 부르는 소리 : 필자는 서울대공원을 탐방하여 사슴 관리사로부터 "이 소리는 진짜 애타는 듯 구슬프다"라는 말을 들었다.

조롱곳 누로기 미와 잡ᄉ와니 내 엇디 ᄒ리잇고
(후렴 생략)

  필자의 경험상 1960년대 이전 시골에 살아본 사람이 아니면 이 8연은 해석하기 힘들다. 시골에는 집안에 먹기만 하는 우물(정지)이 따로 있고, 그 우물은 물을 기를 때만 우물뚜껑을 연다. 물을 길은 후에는 잡것이 들어가지 않도록 바로 뚜껑을 덮는다. 물은 우물에서 두레박으로 퍼서 물지게로 부엌까지 나른 다음 큰 항아리에 붓는다. 부엌에서 우물까지 대개 20여 미터 이상으로 꽤 멀다. 또 아침에 우물뚜껑을 열면 우물 안에 김이 서리서리 서려서 물의 정기를 느낄 수 있다. 다만 몇 분 뒤에는 금방 김이 없어진다. 이 장면은 1960년대 이전 집안에 우물이 있는 집에서만 느낄 수 있었던 장면이다. 지금은 이것을 느낄 만한 여건이 없다. 그리고 아침에 두레박으로 길어 올린 첫 물을 정한수라 한다. 필자의 아버지께서 술을 좋아하셔서 엄니가 술이 떨어질 만하면 매번 술을 담그셨는데 누이에게,
  "술 맛은 물맛이 좌우하는 겨, 이른 아침 김서린 정한수로 담가야 혀"
  라고 하시는 말씀을 들은 기억이 있다. 뜬금없이 이 글을 싣는 까닭은 8연의 내용을 독자들이 쉽게 이해하기 위함이다. 필자는 8연에 대하여 편리상 순번을 매겨서 아래와 같이 서술한다.
  ① '가다니'는 본디 '갇안이' 즉 '갇과 안이'로 새긴다. 여기에서 '갇'은 현대어로 '겉'이고, '안'은 속으로 지금도 변함이 없다. '이'는 주격 조사이다. 그러므로 '갇안이'가 연음화

현상에 의하여 「갇안이>가단이>가다니」로 변한 것이다. 따라서 새김은 '겉과 안이'이다.

② 「비브른 도긔」는 「배가 볼록한 독에」로 새기고, '설진'의 어원은 '설지다'로서 「우물에 김이 서리서리 서린」으로 새기면 무리가 없다.

③ '강수'는 이른 아침에 우물 두레박으로 길어 올린 첫물로서 공기와 접하지 않은 정한수이다. 우물뚜껑을 열어두면 물이 공기와 접하여 '쇤물(시들은 물)'이 된다. 이 '쇤물'에 대응되는 말이 '강수'이다.

④ '비조라'의 어원은 '빗다'이고 '빗다'는 물을 길어다가 항아리에 붓는 것을 말한다. 그러니까 '비조라'는 「(정지에서 물을 길어다가 항아리에) 부어라」로 새긴다. 여기에서 물은 당연히 설진 강수이다.

⑤ '조롱곳'은 '조롱 꽃'이고 조롱은 노리개의 일종이다. 옛날에 어린아이들이 액막이로 주머니 끈이나 옷끈에 다는 (헝겊으로 만든) 작은 물건인데, 특히 여자아이 것은 더 예쁘게 만든다. '조롱 꽃'이란 조롱에 수(繡)를 놓아 새긴 꽃을 말한다.

⑥ '누로기'는 '누룩이'로 새긴다. 술을 담그려면 꼭 필요한 것이 누룩이다. 누룩은 밀기울을 물에 개서 용기에 넣고 발로 밟아 단단하게 만든 다음, 볏짚 위에서 발효시킨 것이다. 예전에는 누룩이 잘 뜨면(발효되면) "조롱 꽃이 피었다" 이런 표현이 썼다. 또한 술 맛은 첫째가 물 맛, 그 다음으로 잘 뜬 누룩을 둘째로 쳤다.

⑦ '미와'에서 '미'를 한자 '늘(번번히) 매(每)'로 새기면 매

번(每番)과 같은 훈차 표기이므로 우리말 '번번히'로 새긴다. '~와'는 경상도 사투리이다.

⑧ '잡ᄉ와니'는 '잡사오니'로 새긴다. '사'는 경상도 사투리이다. 예컨대 '내사', 처용가의 '드러사' 등이 있다. 이 '사'와 5연의 '돌코', '미와' 등을 근거로 청산별곡이 경상도 지역에서 불리던 노래임을 알 수 있다.

⑨ 「내 엇디 ᄒ리잇고」는 「내 어찌 할까?」로 새긴다. 이 구절은 사뇌(詞腦) 처용가의 「何如爲理古(하여위리고)」 즉 「엇디 하리잇고」와 똑같은 표현이다. 따라서 청산별곡은 사뇌의 마무리 형식을 따르고 있다. 우리 시가가 시대에 따라 사뇌에서 고려가요로 고려가요에서 시조 순으로 점차 온고지신(溫故知新)한 것으로 본다. 필자의 새김을 현대적 시가로 옮기면 아래와 같다.

겉과 안이 배 볼록한 독에 설진 강수를 (길어다가 항아리에) 부어라
(잘 발효된) 조롱 꽃 누룩이 번번히 (나를) 잡으니 내 어찌 할까? (또 술을 담가야지)

5. 맺는말

청산별곡은 고교 시절 배운 가사이다. 필자는 그동안 의문이 들었던 ①3연의 '가던 새'와 '잉무든 장글란', ②7연의 '가다가'와 사ᄉ미, 짒대, 에정지 ③8연의 '가다니'와 '설진 강수', '비조라', '조롱곳' 등에 대하여 새로운 해석을 시도

하였다. 또 ④악장가사에 실린 원문은 5연과 6연의 배치가 뒤바뀌었음을 지적하고, ⑤전반부 1~4연은 화자가 남성이고, 후반부 5~8연은 화자가 여성이며, ⑥8연의 마무리는 전형적인 사뇌 형식임을 지적하였다. ⑦아울러 1연과 6연을 한자를 사용하여 향찰로 바꾸어 사뇌처럼 꾸며 보았다.

한편 필자는 뜬금없이 청산별곡의 전반부는 위홍이, 후반부는 진성여왕이 지은 작품 아닐까?9) 이렇게 허투루 짐작하지만 물론 고증된 것은 아니다. 아마 필자가 청산별곡을 너무 골똘히 궁리하다가 헛발을 디뎠나 보다.

끝으로 필자가 청산별곡을 새롭게 해석한 위 내용을 정리하여 귀납하면 아래와 같다.

살어리 살어리랏다 청산에 살어리랏다
머위랑 다래랑 먹고 청산에 살어리랏다.
얄리 얄리 얄랑셩 얄라리 얄라

울어라 울어라 새여 자고 일어나 울어라 새여
너와 같이 시름 큰 나도 자고 일어나 우니노라
얄리 얄리 얄라셩 얄라리 얄라

(날아)가던 새 (날아)가던 새 본다 물 아래 (날아)가던 새 본다

---

9) 청산별곡의 전반부는 ~ 진성여왕의 작품이 아닐까? : 삼국사기와 삼국유사에 의하면, 진성여왕과 위홍(당시 각간의 지위에 있었음)은 서로 사랑하는 연인관계였다. 그러나 국가체계로 보면 엄연한 군신관계였고 서로 맺어질 수 없었다. 그런데 진성여왕과 불륜관계를 유지하던 위홍이 갑자기 죽었다.(원인에 대한 기록은 없음) 그러자 사랑하는 연인을 잃은 진성여왕은 삶에 회의를 느끼고, 스스로 왕위에서 내려와 조카 헌강왕에게 대통을 물려줬다. 그리고 가야산 해인사 근처 황산 북궁에 유폐되었다가 그 곳에 생을 마감하였다.

이끼 묻은 큰 골바구니 가지고 물 아래 (날아)가던 새 본다
(후렴 생략)

이리하고 저리하여 낮은 지내 왔는데
오는 이도 가는 이도 없는 밤이란 또 어찌할까?
(후렴 생략)

살어리 살어리랏다 바닷가에 살어리랏다
나문재랑 굴이랑 먹고 바닷가에 살어리랏다.
(후렴 생략)

어디에 던지는 돌이고? 누구를 맞히려던 돌이고?
미워할 이유도 사랑할 까닭도 없이 맞아서 우니노라
(후렴 생략)

(걸어서) 가다가 가다가 듣노라 바깥우물에 가다가 듣노라
사슴이 짚대에 올라서서 해금을 켜는 듯이 (우는)소리를 듣노라
(후렴 생략)

겉과 안이 배 볼록한 독에 설진 강수를 (길어다가 항아리에) 부어라
(잘 발효된) 조롱꽃 누룩이 번번히 (나를) 잡으니 내 어찌할까? (또 술을 담가야지)
(후렴 생략)

<광장시장 어린이 한복집에서 찾은 나비모양 조롱>

제3장 허튼 이야기

대통령의 문장(紋章), 봉황 무늬

1. 들머리 글

왕을 부를 때 쓰는 경칭 '폐하'란 '섬돌 아래'라는 뜻이 아니라 「하늘에 제사 지내는 천단 아래」라는 뜻의 낱말이다. 배달과 고조선 시대에 천단에서 하늘에 제사를 지내는 사람은 단군(임금)만이 유일하였다. 이 때문에 '폐하'라는 용어는 신하가 왕을 부를 때 스스로 낮춰 부르는 경칭이었다. 이것이 변하여 근세 이전에는 중국 황제에게 쓰는 경칭이 되었다. 일본도 천황을 폐하라고 경칭했는데, 천황은 일왕을 가리키는 일본만의 고유한 명칭이다. 그런데 유독 우리는 고려 중기부터 조선까지 폐하보다 그 아래 권위를 나타내는 '전하'라는 명칭을 썼다. 또한 왕의 상징 문장(紋章)[1)]

---

1) 문장(紋章) : 국가나 가문(家門), 단체 등의 권위 등을 상징하는 장식적인 마크를 말한다. 서양에서 주로 발달하였고, 특히 영국의 문장은 세계적으로 유명하다. 서양의 문장은 중세부터 시작되었지만, 그보다 앞서 국가나 왕의 상징은 이미 고대국가 시대에 나타났다. 중동 메소포타미아에 있던 아시리아는 황소의 형상을 새긴 원반(圓盤)을 문장으로 썼고, 고대 그리스에서 아테네는 올빼미, 코린트는 페가수스(Pegasus·천마天馬), 크레타는 미노타우로스(Minotauros·사람의 몸에 쇠머리를 가진 괴물), 펠로폰네소스는 거북 등을 왕의 상징 문장으로 썼다.

또한 용이 아니라 한 단계 아래인 봉황을 사용하였다.

2. 우리나라는 왕의 경칭으로 당초 폐하를 사용했다.

　삼국시대 이전 우리나라도 폐하란 경칭을 사용하였음이 분명하지만 현재 이를 입증할 만한 사료가 없다. 다만 삼국시대 이후에는 우리나라도 폐하란 경칭을 사용한 용례가 발견되는데, 그 중 가장 오래된 사료는 백제의 유물에서 찾을 수 있다. 익산 미륵사탑의 발굴 과정에서 나온「사리함기」에 백제 제30대 무왕을 '대왕 폐하'로 지칭하는 기록[2]이 있다. 그 다음 삼국유사에서 신라 제30대 문무왕과 그 아들 신문왕을 폐하로 칭한 기록[3]이 있다. 백제·신라가 '폐하'라는 경칭을 사용했다면 당연히 고구려도 '태왕太王[4] 폐하'라는 경칭을 사용하였을 것이다.

　그밖에 로마에서도 G.마리우스가 집정관으로 있을 때 머리가 두 개인 쌍두독수리를 로마의 상징 문장으로 삼았다.(나무위키백과에서 발췌/인용)

2) 제30대 무왕을 '대왕 폐하'로 지칭하는 기록 : 익산 미륵사탑 사리함기 원문「願使 世世供養劫劫無盡用○善根仰資(糧) 大王陛下年壽與山岳齊固 ... (생략)」

3) 폐하로 칭한 삼국유사의 기록 : ①권2 기이 제2「문무(대)왕 법민」편 원문「王曰召庶弟車得公曰 汝爲冢宰 均理百官 平章四海 公曰 陛下若以小臣爲宰 ... (생략)」, ②권2 기이 제2「만파식적(萬波息笛) 편 원문「若陛下行幸海邊 必得無價大寶 ... (생략)」

4) 태왕(太王) : 국강상광개토경평안호태왕의 비문에서 보듯 고구려는 왕에 대하여 태왕이라는 명칭을 사용한 것으로 보인다. 그러므로 국강상광개토경평안호태왕의 줄임말은 광개토대왕이 아니라 광개토태왕으로 써야 올바른 표현일 것이다.

고려도 임금을 폐하로 경칭하였다. 고려에서 폐하란 경칭을 쓴 가장 오래된 사료는 고려 제4대 광종(재위 949~975년)을 우리 황제 폐하(我皇帝陛下)로 칭하는 고달사5) 원종대사비6)가 있다. 그 다음 김부식의 진삼국사기표(進三國史記表·1145년)가 있다. 이 글에서 김부식은 고려 제17대 인종을 성상 폐하로 경칭하고 있다. 또 고려 태조(왕건)를 천자 및 폐하로 경칭한 이인로(李仁老, 생몰년도 1152~1220년)의 「파한집」이 있다.

이와 같이 고려는 임금을 해동천자, 성상 폐하 등으로 존칭하였고, 왕위 계승자의 경칭을 태자 전하로 불렀다. 고려의 임금에 대한 폐하 경칭은 고구려의 본을 받은 것으로 보이고, 고구려는 그 윗대인 고조선이나 부여의 본을 따른 것으로 추정할 수 있다. 왕과 임금에 대한 경칭으로 폐하를 사용하는 것은 대단히 중요하다. 왜냐하면 이것은 우리나라가 어떤 나라의 속국이 아니라 세상의 그 어떤 나라와도 대등한 지위를 갖는 주권국임을 나타내는 것이고, 스스로 국가의 품격을 높여 백성들로 하여금 자긍심을 갖게 하는 일이기 때문이다.

---

5) 고달사 : 경기도 여주시 북내면 상교리에 있었던 사찰로 고려시대 번창하였으나 지금은 폐사 되었고 그 터만 있다. 여기에 석조 유물 다수 존재하고 있는데, 그들은 하나같이 넘치는 힘과 호방한 기상을 분출하며 동시에 화려하고 장엄한 기운을 간직하고 있다.

6) 원종대사비 : 보물 제6호인 원종대사 부도비의 비신은 높이 325cm, 너비 162cm, 두께 30cm이며, 고려 초기인 975년(광종 26년)에 세워졌다. 비에는 원종대사의 가문·출생·행적, 고승으로서 갖춘 학덕과 교화·입적 등에 관한 일들이 소상히 기록되어 있다. 비문은 김정언(金廷彦)이 짓고, 전액과 비문은 장서설(張瑞說)이 썼으며, 각(刻)은 이정순(李貞順)이 행하였다는 기록이 선명하다.(한국문화유산답사회, 김효형·김희균·김성철·유홍준에서 발췌/인용)

3. 왕의 경칭이 전하로 격하된 내력

고려가 몽골 원나라의 부마국 된 이후, 제25대 충렬왕[7] 때부터 원의 압력에 굴복하여 관제와 왕실의 호칭이 격하되었다. 폐하는 전하로, 태자는 세자로, 임금의 정전이나 편전(집무실) 천정에 그린 용 무늬도 봉황무늬로 격하되었다. 용무늬는 중국 황제만 사용하는 것이기에 변방의 왕이나 제후는 한 단계 아래인 봉황무늬를 사용해야 했다. 따라서 봉황무늬를 사용한다는 것은 중국의 속국임을 자인하는 것이다. 이 굴욕적인 사대는 조선에 그대로 이어져 태조 때부터 명나라를 사대했고, 인조(제16대 재위 1623~1649년)가 병자호란 결과 삼전도 치욕을 치른 이후에는 중국 청나라에 대하여 더욱 사대해야만 하였다.

그러다가 1897년 조선 제26대 고종이 조선의 국명과 체제를 고쳐 '대한제국'이라 선포하고 초대 황제로 즉위였다. 이 때 황제의 경칭을 '전하'란 경칭에서 '폐하'란 경칭으로 환원했다. 대한제국은 이에 따라 경복궁의 정전인 근정전 천정에 그려진 봉황무늬를 용무늬로 환원했고, 어좌에도 용무늬를 새겼다. 그러나 창덕궁의 정전인 인정전과 편전인 선정전[8] 천정에 그려진 용무늬는 미처 환원하지 못하였고

---

[7] 충렬왕(忠烈王) : 고려 제25대 국왕(재위 1274~1308년)으로 원 황실과 처음으로 통혼하였다. 몽골 침략 후 충렬왕의 아버지 원종은 왕권 강화를 위해 원에 스스로 통혼을 요청하였고, 충렬왕은 연경에 들어가 세조 쿠빌라이의 딸인 쿠틀룩켈미쉬 공주(忽都魯揭里迷失・시호;제국대장齊國大長)와 혼인하였다. 이후 고려왕의 묘호는 조(祖)나 종(宗)의 묘호(廟號)를 사용하지 못하고, 충(忠)이라는 돌림자를 사용해야 했다.(인물한국사, 정성희・장선환에서 발췌/인용)

사대의 증거인 봉황무늬를 그대로 두었다.[9] 대한제국 황제의 문장을 봉황무늬에서 용무늬로 환원함은 참 애매모호한 얼치기 환원이었다.

<창덕궁 인정전 천정 봉황 무늬>

참고로 우리나라 사찰에서 대웅전은 용무늬로 치장하고 그밖에 보살전은 봉황무늬로 치장한다. 사찰조차 봉황무늬는 용무늬보다 한 단계 아래로 취급되는 것이다. 그런데 무슨 까닭으로 어찌 된 영문인지 대한민국 건국 후 정부는 대통령을 상징하는 문장으로 봉황무늬를 선택하였다. 이것은 대한제국의 용무늬에서 그전 조선의 봉황무늬로 다시 스스

---

8) 선정전(宣政殿) : 창덕궁에 있는 임금의 편전으로서 우리나라 궁궐 중 지붕에 청기와를 올린 유일한 전각이다. 본디 광해군 시대 신축하였던 인경궁(인왕산 아래 사직단 옆에 있었다)의 편전을 뜯어다가 창덕궁으로 옮겨 지은 것이다.

9) 봉황무늬를 그대로 두었다 : 현재 선정전 천정 봉황 문양은 꺼멓게 때가 묻고 어좌의 보개천장 측면 문양판에 가려서 잘 보이지 않는다.

로 환원한 것을 의미한다. 그리고 이 봉황무늬를 현재 대통령의 휘장, 훈장, 상장, 표창장 등 대통령의 모든 공문서에 거리낌 없이 사용하고 있으니 실로 자괴스런 마음이 든다.

4. 맺는말

사대는 지금도 살아 있는가? 옛날로 치면 봉황무늬는 속국의 표식이며 조공국의 상징이다. 그런데도 아직까지 대한민국 대통령의 상징 문장으로 봉황무늬를 사용하고 있다. 필자는 이것이 참 부끄럽다. 이런 마음은 필자만의 생각은 아닐 것이다. 만일 이런 사실을 중국·일본이 이미 알고 있거나 앞으로 안다면,

"그려 너희는 영원히 우리의 속국이지"

라고 우리를 얼마나 우습게 여길 것인가? 하루빨리 대통령의 문장을 봉황 무늬에서 용무늬로 환원해야 한다. 아니 이참에 사대의 냄새가 나는 용도 봉황도 다 버리고, 한민족의 고유 문양인 고구려 4신도(四神圖)10), 부여국의 국조(國鳥) '브리야' 또는 삼족오(三足鳥) 등을 주제로 새롭게 디자인한 문양을 만들어 사용하여야 한다. 이것이 바로 국격을 세우는 일이고 이 글을 쓰는 이유이다. '브리야'에 대하여 필자는 '부여의 어원'이라는 글에서 이미,

『브리야는 태양 속에서 불을 먹고 사는 천상(天上)의 영

---

10) 사신도(四神圖) : 사신은 고구려 고분의 동서남북 4방 벽에 그려진 상서로운 동물들 곧 청룡·백호·현무·주작 등 네 가지 신령을 말한다.

물이며, '브리야'가 불의 근원이라고 믿고 부여족은 이 신성한 검은 새를 토템으로 섬겼다. 부여족의 부족명도 이 새의 이름에 기원한 것이며, 나아가 '브리야'는 고대 부여국와 백제국의 수호신이었다. 아울러 옛날에 부여와 고구려 사람들이 까마귀를 숭배한 것은 까마귀를 '브리야'의 현신으로 보았기 때문이다.』
라고 밝힌 바 있다.

말갈족의 근원

필자는 '경흥대로의 유래'[1]라는 글에서 「함경북도 서수라에서 한양까지 이어지는 경흥대로(다른 이름 관북대로)는 말갈족이 만들었다」는 견해를 밝힌 바 있다. 이 같이 말갈족은 분명히 우리와 관계가 있다. 하지만 말갈족이 역사에 등장하는 초기에는 확실한 정체성이 보이지 않는다. 춘추전국시대 중국의 동북부 즉 만주에는 숙신(肅愼)이 있었고, 전한(前漢 BC.202~AD.8) 시대에는 이곳에 물길(勿吉)이 있었다. 또 후한서는 북만주에 있었던 읍루(挹婁)를 물길(勿吉)의 후예로 지칭하고 있다. 그 뒤 만주의 유목민을 당과 고구려는 말갈로 불렀고, 발해가 망한 후 그들은 여진(女眞)으로 불렀다.

중국 문헌은 이들을 같은 종족으로 보지만 이와 같은 기록은 어딘가 어색하다. 필자가 생각하기에, 고조선 시대에 있었던 숙신(肅愼)은 숙족(숙; 시기의 음차 표기)과 신족(신; 쉰의 음차 표기)으로 구분해야 하고, 전한시대 있었던 물길

---

[1] 경흥대로의 유래 : 필자의 졸작 「역사·고전문학·우리말 어원에 관한 구불솔의 작은 울림, 도서출판디자인21, 2022」에서 실려 있다.

(勿吉)은 '믈기르'(말 기르는 사람이란 뜻)의 음차 표기일 것이다. 그리고 후한시대 있었던 읍루(挹婁)는 'ᄋᆞ보르'의 음차 표기일 것이다. 'ᄋᆞ보'는 만주어로「하늘에 제사 지내는 단」을 뜻하므로 'ᄋᆞ보르'는「ᄋᆞ브르>ᄋᆞ보루>읍루(挹婁)」가 된다. 그러므로 'ᄋᆞ보르'는 '하늘을 숭배하는 부족'이라는 뜻일 것이다.

 삼국사기는 숙신, 물길, 읍루에 대해 따로 언급한 바 없다. 하지만 삼국유사는 권1 기이 제1「말갈과 발해」편에 구체적으로 기록하고 있는데 이를 요약하면 ①발해는 본디 속말말갈인데 그 추장 대조영 때에 이르러 나라를 세우고 스스로 진단(震旦)으로 불렀다. ②발해국의 압록·남해·부여·추성 4부는 모두 고구려의 옛 땅이다. ③말갈의 땅은 아슬라주(지금의 강릉)에 이어져 있다. ④후위서(後魏書)에는 말갈을 물길로 지칭하였다. ⑤지장도(指掌圖)에서는 이렇게 말하였다. "읍루와 물길은 모두 숙신(肅愼)이다."

 따라서 필자는 숙신(肅愼), 물길(勿吉), 읍루(挹婁), 여진(女眞)을 한 종족으로서 처음부터 끝까지 결이 같은 종족으로 보지 않지만 이들이 모두 만주에서 유목하던 종족임은 틀림없을 것이다. 아울러 이들도 본디 고조선을 이루던 동이족의 한 갈래로서 - 2,000여 전 만주와 한반도 북부를 떠돌면서 유목생활을 전문으로 하던 사람들이었고 단지 생활방식만 다를 뿐 - 그 핏줄은 우리와 같았을 것이다.

 한편 말갈족은 북방에 거주하였으므로 추위를 막기 위해 귀 덮개를 말아서 올린 모자를 쓰고 다녔을 것이다. 이런 이유로 고구려·백제·신라 사람들이 말갈족의 별칭을 – 모자 끝을 한 겹 내지 두 겹 말아서 올린 갈(모자)을 쓰고 다니는 '되놈'이라는 뜻으로 – 「말은 갈 = 말갈(음차 표기 靺鞨)」로 낮춰 부른 것으로 필자는 추정한다. 예컨대 조선시대 같은 백성인데도 소 돼지 잡는 사람을 백정(白丁)으로 차별하여 천대한 것과 같은 이치이다.

그런데 삼국시대 사람들이 오랑캐·말갈이라 부르며 천시하던 이 만주 유목민들이 중국의 5호16국 시대(304~439년)와 수당 시대(581~907년)를 거쳐 발해(698~926년)에 이르면 엄연한 한 종족으로 역사에 등장한다. 그 후 이들 여진족은 세력을 키워 한 때 금나라(1115~1234년)를 세웠고, 근세에는 청나라를 세워 중원을 제패하였다. 뿐만 아니라 청나라는 그들을 오랑캐(말갈)로 멸시하던 조선을 속국으로 거느렸다. 이런 역사의 그늘과 아이러니(Irony)를 참고한다면 귀화인과 이주민에 대한 우리들의 포용력이 절실히 필요한 때이다. 또한 중국이 자국 내 타민족도 그들의 범주에 일단 받아들이고 그 다음 서서히 그들을 한화(漢化·중국화)시키는 포용력과 만만디 정신을 우리는 배울 필요가 있다.

박제상 왜국에서 화형 당하다

이 책 제1장 글 제목 「둘째 아이 보해와 셋째 아이 미해」에서 언급한 박제상에 대한 이야기이다. 박제상은 왜국에서 화형을 당하였는데, 박제상이 신라 왕자 미토희(셋째 아이)를 탈출시키고 화형 당한 기록은 삼국사기와 삼국유사에 실려 있다. 뿐만 아니라 일본서기 권9 「신공황후기」에도 아래와 같이 실려 있다.

『진구황후(神功皇后) 5년 춘3월에 신라왕은 오례사벌(汗禮斯伐) 모마리질지(毛麻利叱智·박제상) 부라모지(富羅母智) 등을 보내 조공하였다. 그들은 이전에 인질이 되어 왜에 보내진 미토허지벌한(微叱許智伐旱)이 (신라로) 돌아가려는 정(情·마음)이 있음을 알았다. 이것을 확인한 박제상은 곧 (미토)허지벌한에게 (신공황후에게) 아래와 같이 거짓말하도록 꾸몄다.

"사신 오례사벌 모마리질지 등이 저에게 「우리 왕은 내가 오래도록 돌아오지 않으므로 나의 처자를 모두 몰수하였다」라고 말하였습니다. 바라건대 잠시 본국(신라)에 돌아가서 사실이 아닌지 알아보고자 합니다."

황태후가 이를 듣고 허락하였다. 그리고 부사(副使) 갈성습진언을 그들과 함께 보냈다. 그들이 대마도에 이르러 조해수문이라는 포구에서 묵었는데, 그 때 신라 사자 모마리질지 등이 몰래 배와 뱃사공을 마련하여 미토한기를 태우고 신라로 도망가게 조처하였다. 그리고 갈대로 허수아비를 만들어 미토허지(벌한)의 침상에 안치하고, 거짓으로 병에 걸린 척 (갈성)습진언에게 고하였다.

"미토허지가 갑자기 병에 걸려 장차 죽을 것 같습니다"

라고 말하였다. (갈성)습진언은 부하로 하여금 병자를 살펴보도록 영을 내렸다. 이내 그는 곧 속은 것을 알고 신라 사신 모마리질지 등 3인을 붙잡아 감옥에 가두고 그들을 불태워 죽였다. 이어 신라로 쳐들어가서 도비진에 진(陣)을 치고 초라성(草羅城)을 함락하고 돌아왔다. 이 때 사로잡아 온 사람들이 지금의 상원, 좌미, 고궁, 인해 등 4읍에 있는 한인들의 시조이다.[1]』

다만 위 기록에 언급된 일본 진구황후(神功皇后)[2] 시대의

---

1) 원문 : 五年春三月癸卯朔己酉 新羅王遣 汗禮斯伐 毛麻利叱智 富羅母智等 朝貢 仍有返先質微叱許智伐旱之情 是以 誂許智伐旱而給之曰 使者 汗禮斯伐 毛麻利叱智等 告臣曰 我王 以坐臣久不還而悉沒妻子 冀蹔還本土知虛實而請焉 皇太后 則聽之因以 副葛城襲津彥而遣 共到對馬宿于鉏海水門 時新羅使者毛麻利叱智等 竊分船及水手 載微叱旱岐 令逃於新羅 乃造蒭靈 置微叱許智之床 詳爲病者 告襲津彥曰 微叱許智 忽病之將死 襲津彥 使人令看病者 旣知欺而捉新羅使者三人 納檻中以火焚而殺 乃詣新羅 次于蹈鞴津 拔草羅城還之 是時俘人等 今桑原 · 佐糜 · 高宮 · 忍海 凡四邑漢人等之始祖也.

2) 진구황후(神功皇后) : 일본 이름은 오키나가타라시노히메미코토(気長足姫尊)로 전한다. 재위 201~269년. 14대 주아이(仲哀) 천황의 배우

계묘년은 223년으로 삼국사기에 실린 박제상의 기록인 419년과 약 200여 년의 차이가 난다. 일본서기는 이와 같은 오류가 수없이 많고 이런 이유로 그 기록을 의심 받고 있다. 한편 일본서기는 일본 제40대 천무천황의 명령으로 670년 무렵 시작하여 720년에 편찬한 책이다. 이 책은 대체로 일본을 미화하거나 과장한 기록이 많다.

그런데 1999년 무렵 발표된 일본인 모리 히로미치3)의 연구에 의하면 일본서기는 α군과 β군의 두 군으로 나눌 수 있으며, α군은 나당연합군이 백제를 멸망시킬 때 포로로 잡혀온 중국인 속수언(續守言)과 살홍각(薩弘恪)이, β군은 신라 유학생 야마다노후히토 미카타(山田史御方)가 편찬하였다고 한다.

필자가 생각하기에, 역사책이라면 응당 사실을 기록한 것이므로 사기, 본기, 세가, 실록 등에서 보듯 사(史), 지(志), 록(錄) 등의 전통적인 역사서 이름이 붙어야 한다. 하지만 이 책의 이름이 서기(書記)인 것을 보면 이 책의 집필자였던 중국인들 역시 그동안 고대 일본에서 전해오던 이야기를

자로서 15대 오진(應神) 천황의 섭정자로 재위하였다. 일본서기 중에서 진구황후기(神功皇后記)는 일본인이 가장 자랑스럽게 여기는 이야기로서 일본서기 중 유독 이 부분이 시적이고 승전 미화의 극치를 이룬다. 여기에 신라 정벌 이야기가 있다.(위키백과에서 발췌/인용)

3) 모리 히로미치(森博達) : 일본 교토산업대 중국어과 교수. 《古代の音韻と日本書紀の成立(고대 음운과 일본서기 성립》으로 제20회 금전일경조 박사 기념상(金田一京助博士記念賞)을 수상하고, 《日本書紀の謎を解く(일본서기의 비밀을 풀다)》中公新書, 1999로 제54회 마이니치 출판대상(毎日出版文化賞(2000)을 수상했다. 두 책 중 《日本書紀の謎を解く》는 2006년 고려대 한문학과 심경호 교수에 의해 《일본서기의 비밀》(황소자리)이라는 제목으로 완역 출간됐다.(블로그 The HERITAGE TRIBUNE에서 발췌/인용)

짜깁기하여 편찬한 책이었음을 스스로 고백하고 있는 셈이다. 그럼에도 우리의 삼국사기(1145년 편찬)와 삼국유사(1281년 편찬)에 비하여 사오백 년 앞선 기록으로 마냥 배척할 것이 아니라 오히려 연구대상이다.

세달사의 어원과 위치

1. 들머리 글

필자는 글을 쓰는데 지쳐서 일전에 머리도 식힐 겸 제천 의림지를 경유하여 영월 한반도지형, 청령포, 정선 등을 관광한 일이 있다. 그 때 영월을 가는 김에 삼국유사 「조신의 꿈 이야기」에 나오는 세달사 옛터를 찾아보기로 마음먹고 이곳을 물어물어 답사한 일이 있다. 이 글은 그 답사에 관한 이야기이다.

2. 세달사의 어원

세달사(世達寺)는 삼국시대에 창건되어 고려 중기까지 강원도 영월군 태화산(해발 1027.5m)에 있었던 것으로 추정되는 사찰이다. 이곳에서 후고구려를 건국한 궁예가 출가하였다. 역사학계는 그 터를 현재 강원도 영월군 영월읍 흥월리 1083-1번지 영월초교 흥교 분교(폐교) 일대로 추정하고 있다. 그런데 답사 중 우연히 만난 - 이곳에서 태어나서 지금까지 거주한다는 노옹(90세 추정)의 말을 빌리자면 홍월리의 옛 지명은 '싀달'이었고 또 다른 이름이 홍교였다. 홍월리 곧 '싀달'의 지형은 산줄기 두 개 사이 해발 약 700m 고지에 있는 평퍼짐하고 햇볕이 잘 드는 땅이었다. 아마 이곳에 거주하는 어르신이 알려준 지명 '싀달'은 필자가 생각하기에 본디 발음이 '쇠달'일 것이다. 필자는 '쇠달'을 훈민정음으로 소급하여 '싀둘'로 표기하여 보았다. 그러면 '싀달'은 '쇠달'이고, '쇠달'은 훈민정음으로 소급하여 표기하면 '싀둘'이 될 것이다.

'싀둘'에서 '싀'는 우리말로 동쪽, 도읍, 새롭다, 밝다, 밝게 하다, 사이, 성하다 등 그 뜻이 다양하다. 필자는 이곳 홍월리의 옛 지명 '싀둘'을 옛 우리말 '싀'의 여러 뜻 중에서 '쇠다'(성하게 하다)의 뜻으로 본다. 다음 '둘'(達·달)은 작은 산이나 둔덕에 있는 땅(예컨대 양달 음달 아사달)을 뜻하는 고구려어이다. 그러므로 '싀둘'은 우리말로 「성하는 땅(곳)」이라는 뜻일 것이다. 또한 확실하지는 않지만 삼국시대 고구려 장수왕이 남진정책을 실시하여 충주까지 밀고 내려올 적에 영월도 함께 고구려 땅으로 개척하였을 것이다. 고구려는 영월과 함께 그 속현 홍월을 차지하고 나서 이곳 우리말 지명인 '싀둘'을 한자로 세달(世達)로 표기한 것으로 보인다. 즉 '싀'는 한자 '인간 세(世)'의 음을 빌리고, '둘'은 한자 '두루 달(達)'의 음을 빌려서 음차 표기한 것이다. 그리고 이곳이 햇볕 잘 드는 넉넉한 곳이기에 고구려는 여기에 절을 세우고 그 절 이름을 '싀둘사'(世達寺)로 지었을 것이다. 세달사는 「'싀둘'에 있는 절」이라는 소박한 이름으로 보이는데, 이와 비슷한 이름을 가진 사찰로 여주 고달사(高達寺)가 있다. 이 절도 고구려가 세운 것이다.

3. 세달사의 이름 변천과 위치

세달사는 삼국시대를 거쳐 고려 중기까지 이 이름으로 불렸을 것이다. 그러다가 고려 중기에 이르러 사람들이 한자 사용을 보편화하면서 옛사람들은 이곳 '싀들'을 옛말 '싀다'(쇠다)는 「성하게 하다」의 뜻이므로 한자 '흥할 흥(興)'으로 한역하고, 땅을 뜻하는 '들'은 '달 월(月)'의 훈음으로 베낀 것이 지금의 지명인 흥월(興月)이다. 그리고 절 이름도 「부처님의 교화가 성하게 한다」라는 뜻으로 세달사(世達寺)에서 흥교사(興敎寺)로 개칭한 것으로 보이지만 개칭한 연도나 이유는 정확히 알 수 없다.

한편 필자가 이곳을 답사한 바에 의하면, 세달사(흥교사) 절터는 인터넷지도에 표시된 강원도 영월군 영월읍 흥월리 1083-1번지(영월초교 흥교 분교 터)보다 이곳에서 4~5백 미터 위쪽인 강원도 영월군 영월읍 흥월리 1128-1번지와 1133번지 일대일 것이다. 왜냐하면 절은 통상 그 앞이나 옆에 반드시 계곡(물)을 갖추어야 하는데 위 흥월리 1083-1번지는 명당이기는 하지만 이곳에는 계곡과 물이 없다. 하지만 위 흥월리 1128-1번지와 1133번지에는 수량이 풍부한 계곡과 물을 끼고 있다. 또한 필자는 이곳에서 부서진 기와와 질그릇 등 그 파편을 찾아볼 수 있었다.

4. 맺는말

　세달사에서 바라보는 전망은 경북 영주 부석사의 전망에 비견될 정도로 매우 수려하고, 절터에서 태화산 정상이 곧바로 보이며 - 그 정상에서 1.7km 아래 위치한 명당으로 태화산의 정기가 이곳에 모이는 듯하다. 일반인의 눈으로 보기에도 실로 수도하기 좋은 장소라 여겨진다. 이런 길지이기에 옛날부터 사람들은 이곳을 수도처로 삼았고, 마침내 삼국시대 중기쯤 세달사가 여기에 터 잡은 것으로 보인다. 그런데 유서 깊은 천년고찰이 어쩌다가 폐사가 되었는지 안타깝기 그지없다.

<세달사로 추정되는 곳에서 바라본 전망>

　필자는 조계종이나 태고종 등 불교종단, 문화재청, 영월군청 등 어느 한 기관만이라도 이 유적에 관심을 기울여서 이곳에 옛 세달사(世達寺)를 복원하였으면 하는 바람이다.

환웅은 옛 우리말로 '훈곰'이다.

1. 들머리 글

삼국유사 권1 기이 제1 「고조선(王儉朝鮮)」 편에서 단군조선을 기록한 내용을 요약하면 다음과 같다.

「환웅(桓雄)이 하늘에서 무리 3천을 거느리고 태백산 꼭대기에서 신단수 아래로 내려와 이곳을 신시(神市)라고 하였다. 그리고 쑥 한 다발과 달래[1] 스무 알로 100일 지내고 사람이 된 웅녀와 혼인하여 아들을 낳았으니 바로 단군왕검(檀君王儉)이다. 단군왕검이 BC.2333 평양성에 도읍을 정하고 비로소 국호를 조선(朝鮮)[2]이라 불렀다」

일본 사학자와 강단 사학자들은 삼국유사의 고조선에 관한 기록에서 유독「곰이 웅녀로 변하였다」는 기록만 챙겨서 우리민족의 시원(始原)을 신화로 깎아내렸다. 일연스님이 고의로 이런 기록을 남긴 것은 아니지만 이 기록으로 우리는 5,000여 년의 역사를 한순간 잃어버리는 빌미가 되었

---

[1] 달래 : 삼국유사의 원문에는 '달래 산(蒜)'으로 기록되어 있다. 필자는 이런 이유로 마늘이 아닌 달래로 실었다.
[2] 조선(朝鮮) : 후술하는 글 제목 육서 참조할 것.

다. 근래에 우리민족의 시원이 신화가 아니고 역사적 사실로 조금씩 인정받고 있지만 아직도 고교 교과서에는 위와 같은 내용이 버젓이 게재되어 있다. 이런 이유로 필자는 환웅(桓雄)이라는 말을 탐구하게 되었고 그 과정을 간략히 다음과 같이 논하고자 한다.

2. ᄒᆞᆫ감신과 ᄒᆞᆫ감의 출현

필자는 우리민족의 상고시대 첫 나라를 고조선(古朝鮮)이 아니고 배달(倍達)로 본다. 배달(倍達)은 「바이따>밝땅」의 차자표기이고, 배달의 첫 임금은 거발환환웅(居發桓桓雄)[3]이시다. 또 환웅(桓雄)은 삼국유사에 기록된 용어이니 그 어느 누구도 이것을 부인하거나 무시할 수는 없다. 아울러 일연스님은 삼국유사에서 환웅을 신인(神人)이라 기록한 바 없으며 오히려 인간으로 보았다. 필자가 생각하기에, 환웅(桓雄)은 'ᄒᆞᆫ감'[4]의 차자표기로서 배달의 임금을 가리키는 호칭이다. 그런데 ᄒᆞᆫ감은 백성의 통치자이면서 원시신앙 'ᄒᆞᆫ감' 신의 제사장을 겸한 것으로 보인다. 필자는 다음에서 이 내막을 펼치지만 고증된 것은 아님을 미리 알린다.

상고시대 동이족은 「우주에 눈에 보이지 않는 우주대원력(宇宙大原力)이 있다」고 보고 이것을 우리말 'ᄒᆞᆫ'으로 이름

---

3) 거발환환웅(居發桓桓雄) : 1911년에 계연수가 저술한 환단고기에서 인용하였다.
4) ᄒᆞᆫ감 : 필자는 이 말을 '한감'으로 발음하되, 턱을 목 아래로 당기어 무겁고 깊게 발음한다. 그러면 이 소리는 '환괌'과 비슷할 것이다.

붙였을 것이다. 또 동이족은 땅과 물을 포함하는 자연에도 눈에 보이지 않는 원력(原力)이 있다고 보고 이것을 '금'이라 이름 붙였을 것이다. 그러므로 동이족에게 'ᄒᆞᆫ금'신(神)은 우주와 자연에 내재하는 전지전능의 신이었고, 'ᄒᆞᆫ금'신(神)이 그들의 모든 것 – 생명, 건강, 풍요, 안전 등을 주재한다고 믿었을 것이다. 이에 동이족은 상고시대 자연히 'ᄒᆞᆫ금'신을 숭배하고 제사지내는 원시신앙을 갖게 되었고, 그 신앙의 중심에 제사장이 있었을 것이다. 그리고 그 제사장을 옛 사람들이 숭배하는 신앙대상 'ᄒᆞᆫ금'신의 대리자로 여겼음을 짐작하는 것은 어렵지 않다.

그런데 상고시대에는 'ᄒᆞᆫ금'의 제사장에 대한 명칭이 따로 있을 리 없다. 당연히 옛 사람들은 'ᄒᆞᆫ금'신의 제사장을 그 신의 이름을 따서 'ᄒᆞᆫ금'이라는 명칭으로 부를 수밖에 없다. 그러므로 'ᄒᆞᆫ금'신과 ᄒᆞᆫ금은 구별하여야 한다. 또한 상고시대는 신정일치(神政一致) 사회였다는 것이 인류학자들의 통설이므로 동이족의 경우에도 'ᄒᆞᆫ금'신의 제사장이 신관권 뿐만 아니라 통치권까지 가졌음은 부인할 수 없다. 따라서 상고시대 우리민족의 첫 나라 배달은 'ᄒᆞᆫ금'신이 국교인 나라였고, 'ᄒᆞᆫ금'신의 제사장인 'ᄒᆞᆫ금' 곧 환웅(桓雄)이 신관권과 통치권을 동시에 갖는 나라였을 것이다.

그런데 이 글의 핵심 용어인 'ᄒᆞᆫ금'이라는 말은 – 필자가 여러 문헌을 읽고 종합하여 추정한 것으로 현대어로는 마땅한 말이 없어서 중세 훈민정음으로 소급하여 표기한 것이다. 상고시대 동이족의 원시신앙으로 그들이 숭배하였던 신앙대상 'ᄒᆞᆫ금'신을 현대어로 풀이하면, 'ᄒᆞᆫ'은 우주에 내재하는 원력(原力) 하느님(ᄒᆞ님>하느님)을 뜻하고, '금'은 땅과 물에 머무르는 지모신(地母神)을 뜻할 것이다.

3. 'ᄒᆞᆫ금'의 차자표기

필자는 상고시대 동이족이 최초로 한자를 만들었다고 앞 글에서 이미 여러번 주장한 바 있다. 이에 동이족은 자기들이 만든 글자인 한자를 사용하여 그들의 임금에 대한 호칭인 'ᄒᆞᆫ금'을 표기하였는데, 필자는 그것을 환웅(桓熊)으로 본다. 즉 'ᄒᆞᆫ'은 한자 '굳셀 환(桓)'의 음을 빌리고, '금'은 한자 '곰 웅(熊)'의 훈음 '곰'으로 '금'을 베껴서 차자표기한 명칭이 환웅(桓熊)이다. 하지만 환웅(桓熊)은 언뜻 보면 동물 곰의 뜻이 먼저 생각나고 현대적 관점에서 보아도 어딘가 불경한 생각이 든다. 이런 이유로 상고시대 동이족 역시 'ᄒᆞᆫ금'의 차자표기 환웅(桓熊)에 동물 '곰 웅(熊)' 자를 씀은 불경하다고 생각하였을 것이다. 그래서 동이족은 다시 한자 '곰 웅(熊)'을 같은 '웅'의 음을 가진 '영걸 웅(雄)'으로 대체하여 환웅(桓熊)을 환웅(桓雄)으로 표기한 것으로 필자는 추정한다.

그 후 환웅(桓雄)이란 용어가 배달의 통치자 겸 제사장의 호칭으로 고착화하여 배달과 고조선을 거쳐 지금에 이르렀을 것이다. 따라서 환웅(桓熊)과 환웅(桓雄)에서 '웅'을 표기한 차자(借字)는 다르지만 모두 상고시대 옛말 'ᄒᆞᆫ금'의 차자표기로 볼 수 있다. 이와 같이 삼국유사에 나오는 환웅

(桓雄)이란 말은 옛말 '훈곰'을 먼저 찾아낸 후, 그 '훈곰'을 한자의 훈과 음을 빌려서 차자표기하는 과정을 거쳐야 「훈 곰 = 환웅(桓雄)」이란 도식이 성립할 수 있다. 이것은 기존의 강단사학자는 물론이고 재야사학자의 책이나 논문에서도 전혀 볼 수 없는 새로운 것이다.

4. 맺는말

상고시대 우리 조상 한 분이 태백산(太白山)5)에 내려와 신시(神市)에 도읍하고 이곳에서 나라를 세워 국호를 배달(倍達)이라 하였으며 임금의 지위에 올라 '훈곰' 곧 환웅(桓雄)으로 불린 것은 사실일 것이다. 그러므로 단군고사는 역사이지 절대 신화가 아니다. 그런데 아직까지 강단에서는 단군고사를 역사가 아닌 단군신화로 가르친다. 필자는 이것이 못내 안타까워 환웅이라는 말을 탐구하였다. 그 결과 환웅(桓雄)이란 한자어는 우리민족의 첫 나라 배달의 임금 호칭인 '훈곰'의 차자표기(借字表記)였다. 지금 국가수반을 대통령이라 호칭하듯이 환웅은 상고시대 임금에 대한 호칭이었다.

---

5) 태백산(太白山) : 이 산을 일연스님은 묘향산으로, 최남선을 비롯한 대부분의 역사가들은 백두산으로 비정한다. 하지만 필자는 우리민족의 시원이 되는 태백산을 중국 태항산맥의 맏머리에 있는 백석산으로 본다.

소도는 옛 우리말로 되살터

1. 들머리 글

  소도(蘇塗)는 고대에 우리 민족의 고유한 문화였지만 오래 전에 사라져서 지금은 어느 지방에서도 전하지 않는다. 소도에 관한 자료는 우리나라 최고의 역사서 취급받는 삼국사기나 삼국유사에 없다. 오로지 중국 문헌에만 나오는데, 삼국지 위지 동이전의 소도 기록을 근거로 역사가들은 대부분 소도를 설명하고 있다. 하지만 이 기록은 중국인 진수가 - 관구검6)이 고구려를 침공하였을 때 대동한 서장관들로부터 소도에 관해 전해들은 것을 기록한 글이다. 그러므로 이 기록만 가지고 소도를 이해한다는 것은 어딘가 부족해 보인

---

6) 관구검(毌丘儉) : 생몰 ?~255년. 중국 후한 말기에서 위나라 2대 명황제 조예 치세 기간의 장군이다. 242년에 고구려가 서안평(西安平)을 공격하자 오환족과 선비족을 거느리고 고구려를 공격하였다. 관구검은 고구려의 동천왕(東川王)을 맞아 처음에는 비류수와 양맥곡에서 각기 3천 군사가 참획되는 등 고전했지만, 이후 싸움에서 고구려군 2만 가운데 1만 8천여 명을 죽이는 대승을 거두고 수도 환도성을 함락하였다. (인터넷 위키백과에서 발췌/인용) 이때 관구검은 한반도의 정치, 문화, 지리, 역사, 관습 등 많은 자료를 수집해 중국으로 가져갔을 것으로 역사가들은 추정하고 있다.

다. 그래서 필자는 소도를 탐구하게 되었고, 그 탐구한 바를 간략히 다음과 같이 밝힌다.

2. 동이전의 기록 분석

1) 귀신이란 표현에 대한 비판

삼국지 권30 위서 30 오환선비동이전(烏丸鮮卑東夷傳), 동이전「마한」편에 실려 있는 소도에 관한 기록은 아래와 같다.

『귀신을 믿는데, 국읍(國邑)마다 각각 천신에 대한 제사를 주관하는 사람을 하나를 세우고, 이 사람을 천군(天君)이라 부른다. 또 모든 나라마다 각각 별읍이 있는데 이를 소도(蘇塗)라 부른다. 큰 나무를 세우고 거기에 방울과 북을 매달아 놓고 귀신을 받드는 일을 한다. 제망(諸亡)7)을 지어 여기로 도피하면 대개 본디 자기 살던 곳으로 돌아갈 수 없었다. (그래서) 도적질하기를 마다하지 아니한다. 소도를 세우는 그 의의는 부도8)를 세우는 것과 유사하지만 선악을 행하는 바는 차이9)가 있다. 10)』

---

7) 제망(諸亡) : 어떤 사람이 중죄를 지어 사형 당하는 것을 말한다.
8) 부도(浮屠) : 고승(高僧)의 사리나 유골(遺骨)을 넣고 쌓은 둥근 돌탑을 말한다. 이 글에서는 부처를 모시는 사찰을 뜻한다.
9) 선악(善惡)을 행하는 차이 : 소도는 '흔금'경배를 좋아하고 사찰은 '부처'경배를 좋아한다는 뜻으로 그 신앙 대상에 차이가 있다는 뜻이다.
10) 문장 원문 : 信鬼神國邑各位一人主祭天神 名之天君 又諸國各有別邑 名之爲蘇塗 立大木 懸鈴鼓 事鬼神 諸亡避至其中 皆不還之 好作賊 其位 蘇塗之義 有似浮屠 而所行善惡有異

진수는 고구려를 비롯한 삼한 사람들이 귀신을 믿는다고 기록하였다. 필자가 생각하기에, 진수가 말하는 귀신은 동이족의 원시신앙으로 그들이 숭배하는 신앙대상 '흔금'신을 뜻하는 말이다. 중국에는 당시 이미 불교가 전래되어 있었고, 도교 또한 민간신앙으로 널리 퍼져 있었다. 불교와 도교는 체계적인 경전이 있어서 이미 종교로 정착되어 있었다. 진수는 이와 견주어 고구려를 비롯한 삼한의 '흔금'신을 무교적(巫敎的 · Korean shamanism) 색채가 짙은 귀신으로 보았을 것이다.

2) 천군이란 표현에 대한 비판

진수는 천신의 제사장을 천군(天君)이라 했는데, 이 말은 '흔금'신의 제사장 곧 소도의 우두머리를 뜻한다. 2,000여 년 전 동이족은 하늘을 '단'으로 만주족은 '텐'으로 불렀고, 이것을 음차 표기한 한자가 단(檀)과 천(텐 · 天)이다. 그러므로 천군은 소도의 우두머리 단군(檀君)을 의미할 것이다.

그러나 소도의 제사장인 단군(檀君)과 고조선의 단군(檀君)은 구분하여야 한다. 고조선의 단군은 임금에 대한 호칭이고, 소도의 단군은 「고조선 멸망 후 열국시대」에 소도에서 '흔금'신에 대한 제사를 주관하던 제사장을 일컫는 말이다. 그러므로 이 둘은 엄연히 구별해야 함에도 혼용해 사용함으로써 진수의 삼국지 동이전에 기록된 천군(天君)은 우리민족의 첫 나라 고조선의 임금 단군을 폄하하는 근거로 제시되기도 한다.

3) 「천신에 대한 제사를 주관하는 사람을 하나를 세운다」라는 표현에 대한 비판

소도의 단군에 대하여 진수는 천신에 대한 제사를 주관하는 사람을 하나 세운다고 기록하였다. 이 글발에서 진수는 단군으로 추대되는 사람의 신분에 대한 설명을 고의적으로 누락한 것으로 보인다. 필자가 생각하기에, 멸망한 고조선의 왕족 후손들이 이 지위를 맡았을 것이다. 진수는 고조선을 부정하고 싶어서 고의로 「천신에 대한 제사를 주관하는 사람을 하나를 세운다」라고 얼버무린 것이다. '훈금'신에 대한 신관권은 고조선 임금의 권력 중 하나였다. 필자가 생각하기에, 고조선의 왕족 후손들은 고조선이 멸망 후 통치권을 상실하였더라도 신관권만은 유지하였을 것이다.

4) 도적질하기를 마다하지 아니한다.

이 기록도 고의적으로 고구려를 비롯한 삼한 사람들을 깎아내린 표현이다. 고조선 멸망 후 거수국들이 독립하여 열국이 각축하는 열국시대에는 정치범들이 많이 생기게 마련인데, 소도는 그 정치범들을 받아줌으로써 그들의 생명을 보호해 주는 완충지역으로 당시 중국에 없는 일종의 충격완화장치였다. 진수는 이런 우리민족의 생명 존중 관습에 대하여 정치범에 대한 기록은 고의적으로 누락하고 잡범에 대해서만 「도둑질을 마다하지 아니한다」라고 기록하여 우리민족의 생명 존중 관습과 정치범에 대한 관용을 폄하한 것이다. 위와 같이 삼국지 위지 「동이전」의 기록은 우리 고대사의 허점을 메워주기도 하지만 이것은 중국인이 춘추필법으로 쓴 것이다. 동이전의 기록을 받아들이되 곧이곧대로 믿는 것보다는 신중히 접근이 필요하다.

3. 소도의 옛 우리말은 '되살터'

소도(蘇塗)는 진수가 고안하거나 중국인이 만든 한자어가 아니다. 진수가 삼국지를 편찬한 시기는 서기 281년~289년 사이인데, 적어도 서기 281년 이전에 '소도(蘇塗)'라는 용어가 「고조선 멸망 후 열국시대」에 있었다. 그렇다면 소도의 옛 우리말은 무엇일까? 이것을 다음에서 살펴본다.

소도(蘇塗)에서 한자 '소(蘇)'의 훈은 '되살아나다'이다. 여기에서 '소(蘇)'는 우리말 '되살'의 훈음사에 해당한다. 즉 소(蘇)의 훈음인 '되살'로 우리말 '되살'을 베낀 것이다. 다음 2,000여 전 한자 '진흙 도(塗)'의 중국 중고한어음은 [tuǒ]인데 그 음을 빌려서 우리말 '터'를 표기한 것이다. 그러므로 소도는 '되살터'로 새길 수 있다. 그런데 '되살터'에서 '되살'은 무엇일까?

우리말 '되'는 '강하다' '엄하다'라는 뜻이고, '살'[11]은 옛 우리말로 액신(厄神)을 뜻하는 말이다. 그러므로 필자는 소도의 본딧말 '되살터'를 「생명과 복의 근원인 믿음대상 'ᄒᆞᆫ금'신을 모시는 터」라고 해석한다. 즉 소도는 고대 동이족의 원시신앙 'ᄒᆞᆫ금'신을 숭배하고 제사 지내는 곳이지만 반

---

11) 살 : 옛말 '숧'인데, 여기에서 받침 'ㅎ'은 현대어 '많다'와 같이 음가가 없다. 살(숧)의 용례로 물살·불살·역마살·멱살·몸살·급살 등이 있다.

면 백성들 입장에서는 잘못하면 '되살'의 해코지를 입어 동티12)날 수도 있는 무서운 곳이기도 했던 것이다.

4. 현재 소도와 관련된 말이 있다.

1) 소생(蘇生)

　소생(蘇生)이라는 말이 있다. 죽을 듯 말듯 하다가 다시 살아난 것을 이르는 말이다. 이것은 본디「소도에 살고 있다」는 뜻으로 보인다. 사형 당할 죄를 짓고 소도로 도피하면 해당 국가는 그를 잡아올 수 없었다. 소도는 별읍(특별한 곳)으로서 치외법권 지역이었기 때문이다. 그러므로 고대에 사람이 사형당할 죄를 짓고 소도로 도망하는 경우 그에게 '소도의 삶'은 다시 살아난 것과 같았을 것이다. 그래서 '소생(蘇生)'이라는 말이 생겨난 것으로 보인다. 다만 소도에 숨어든 죄인이 비록 '소생하였다'하여도 신앙대상 'ᄒᆞᆫ 곰'신의 제사에 이바지하거나 선도(仙道)13)의 수련에는 참여하지 못했을 것이다. 즉 소도에 숨어든 자는 평생 소도의 잡일을 치다꺼리하는 불목하니로 살았을 것이다.

---

12) 동티 : 신을 모시는 일에는 금기(禁忌) 행위가 많다. 이 금기를 어겼을 때 신이 노하고 그로 인하여 행위자가 벌 받는 재앙을 말한다.
13) 선도(仙道) : 우리민족의 원시신앙인 'ᄒᆞᆫ곰'신을 숭배하며, 'ᄒᆞᆫ'(하늘)의 가르침(宗/종)을 받들며 믿고(이것을 '仙/선'이라 함), 하늘의 가르침에 따라 살며 궁극적으로 하늘사람이 되도록 정신과 몸을 닦는 행위(이것을 '道/도'라 함)를 말한다. 그러므로 소도에 거주하는 선인(仙人)들은 'ᄒᆞᆫ곰'신을 숭배하면서 심신 수련 수단으로 단전호흡과 선무도를 수련하였을 것이다.

2) 각자도생

 필자가 생각하기에 각자도생(各自圖生)이라는 말도 본디 '각자소생(各自蘇生)'이라는 말이 변한 말일 것이다. 네이버 국어사전에 의하면 각자도생의 뜻은 「제각기 스스로 사는 방법을 꾀함」이다. 하지만 필자가 이 4자성어의 출처를 이리저리 뒤져 본 바 그 출처의 원전을 찾을 수 없었다. 필자가 생각하기에, 2,000여 전 여러 사람이 함께 중죄를 짓고 도망치다가 뿔뿔이 헤어져 여러 소도에서 각 소도마다 1명씩 소생하는 것을 '각자소생(各自蘇生)'이라 불렀을 것이다. 그런데 우리문화에서 소도가 없어진 후 옛 사람들이 '각자소생(各自蘇生)'에서 소(蘇)를 '꾀할 도(圖)' 자로 바꾸어 각자도생(各自蘇生)이란 말로 사용한 것으로 보인다. 아울러 각자소생 곧 각자도생이라는 말로 미루어 당시에 소도에서 중죄인을 불목하니로 받기는 하되 한꺼번에 여러 사람을 받지 아니하고 각 소도마다 한 사람씩만 받았음을 짐작할 수 있다.

3) 소갈머리 없다.

 우리말로 '갓'과 '갈'은 모자를 뜻한다. '갓'은 둥근 챙이 딸린 모자이고, '갈'[14]은 둥근 챙이 없는 모자이다. 그래서 챙이 없는 것은 '고깔'이라 하지 '고갓'이라 하지 않는다. 또 '갈'에 '모자 모(帽)'를 붙여 '갈모'로도 쓴다. 그런데 우리말

---

14) 갈 : 중앙아시아에는 있는 국가 키르키스탄의 전통 모자를 '칼팍'이라 부르는데 '칼팍'도 '갈'의 일종으로 보인다. 칼팍은 챙 없고 모자의 끝 둘레를 한 번 접은 절풍형의 모자이다.

중 '갈' 자가 들어간 말로 「소갈머리 없다」가 있다. 이 속어에서 소갈을 '작은 갈'로 보아 챙이 없는 작은 모자로 볼 수도 있지만 필자는 '소갈'을 「소도(蘇塗)의 갈」로 간주한다.15) 즉 소갈은 「소도의 수행자가 쓰는 모자」를 뜻하는 말일 것이다. 왜냐하면 소갈은 한자 소골(蘇骨)로 표기하는데, 여기에서 소(蘇) 자는 차자표기에서 소도(蘇塗)를 뜻하는 글자이기 때문이다.

필자가 생각하기에, 소갈은 상주 두건과 그 모양이 비슷했을 것이다. 상가에서 상주는 반드시 두건을 써야만 하고 그 두건은 위로 꽂꽂이 서야 상주의 체면이 선다. 그렇지 않은 경우 상주의 체신이 볼품없고 천박해 보인다. 마찬가지로 소도의 제사장 단군과 수행자들이 소갈을 쓰지 않았거나 썼더라도 윗부분이 서지 않고 뒤로 제껴져 있는 경우 – 소도의 단군과 수행자들의 체신이나 생각이 볼품없고 천박해 보였을 것이다. 필자는 이에 빗대어 「소갈머리 없다」라는 말이 기원한 것으로 본다. 다만 '소갈머리'에서 머리는 우리말로 낮춤이나 비하의 뜻을 가진 접미사이다.(용례; 체신머리, 버르장머리 등) 그러므로 '소갈 없다'에 접미사 머리를 붙인 '소갈머리 없다'는 그 행위를 더 비하하기 위한 표현일 것이다. 네이버 국어사전은 '소갈머리 없다'를 「사람의 마음속에 생각이 없고 천박하다」로 서술하고 있다.

---

15) '소갈'을 '소도(蘇塗)의 갈'로 간주 한다 : 박수(남자 무속인)가 지금은 예전에 양반들이 쓰던 선비 갓을 쓰지만 40~50여 년 전만 되돌려도 상주두건과 비슷한 모양의 쓰개를 썼었다.

5. 맺는말

소도는 우리민족의 고유한 원시신앙의 터전이었고 그와 관련된 관습은 우리의 고유한 문화였는데 지금은 모두 사라졌다. 아울러 우리의 원시신앙이었던 'ᄒᆞᆫ금'신에 대한 숭배도 함께 사라졌다. 일제강점기 대종교(大倧敎)16)에서 이를 되살리고자 노력하여 그 희미한 그림자를 잠시 엿볼 수 있었으나 지금은 그나마도 찾아볼 수 없다. 우리는 정말 자기의 고유한 문화를 쉽게 차버리는 민족인가? 그런 자괴감이 든다.

---

16) 대종교(大倧敎) : 1909년 나철(羅喆)이 조직한 종교. '종(倧)'이란 상고신인(上古神人) 혹은 한배님이란 뜻으로 '한인'·'한웅'·'한검'이 혼연일체 되어 있는 존재를 일컫는다. 미군정 때 대종교는 유교, 불교, 천도교, 기독교 등과 함께 5대 종단의 일원으로 등록되었으며, 대한민국 정부가 수립된 뒤에는 초대 문교부(현재의 교육부)장관인 안호상의 노력으로 천주교를 포함한 6대 종교 가운데 제1호 종단으로 등록되었고, 개천절을 국경일로 제정받았다. 1992년에 취임한 안호상 총전교가 1999년 봄에 사망한 뒤, 후임 총전교가 대종교 총본사를 이끌고 있다. 자체 집계에 따르면 1997년 당시 교세는 15개 교구에 102개 교당, 342명의 교직자, 그리고 47만여 명의 신도로 이루어져 있었다.(한국민족문화대백과사전에서 발췌/인용)

상고시대 전등 의식

1. 들머리 글

필자는 「소도의 DNA를 찾아서」라는 글을 쓰다가 강화도 전등사와 정족산성을 답사한 일이 있다. 이 때 느낀 바를 여기에 글로 쓴다. 하지만 필자는 이 글을 발표할까 말까 무척 고민하였고 여러 번 망설였다. 왜냐하면 필자의 하찮은 글로 인하여 천년고찰 전등사의 이름에 누가 되지 않을까 염려하였기 때문이다. 하지만 필자의 글은 서기 372년 이전에 관한 이야기이고 또 우리민족의 얼을 찾는 일이므로 비난을 받더라도 발표하기로 마음을 먹었다. 이에 전등사에서 본성을 깨치기 위해 정진하는 스님과 불자님들에게 머리를 조아려 이해를 구한다.

2. 마니산의 채불 의식

강화도의 마니산(摩尼山)[1]은 '마리산'의 음차 표기인데,

---

1) 마니산(摩尼山) : '갈 마(摩)'는 이두에서 머리(옛말 마리)를 음차 표

'마리'는 머리의 옛말이다. 마니산은 말 그대로 머리산으로 우리민족에게 아주 중요한 산이었던 같다. 상고시대 마니산은 4면이 바다인 섬이었다고 한다. 바다 가운데 해발 472.1m의 산이 우뚝 솟아 있으니 옛 사람들이 신성한 산으로 여겼음은 당연할 것이다. 또한 마니산의 참성단을 오르는 주된 들머리는 현재 화도면이지만, 옛날에는 전등사에서 길상면 온수리를 거쳐 길정천(옛날에는 이곳이 바다였음[2])을 건너 덕포리에서 배를 내린 후 함허동천을 들머리로 입산을 시작하였다.

속설에 의하면, 상고시대 옛 사람들은 단군[3]이 마니산 참성단(塹星壇)에서 매년 10월 상달 '훈'님에게 개천제를 지내고, 해(태양)로부터 구리거울을 이용하여 반사된 빛으로 신성한 불을 채집하였다고 전한다. 그런데 마니산은 섬으로써 나들기 어려웠던 장소였다. 그래서 참성단에서 하늘에 제사 지내고 햇빛으로 채집된 신성한 불은 일단 전등사로 옮겨져 한숨 돌린 후, 다시 전등사에서 밀납이나 아주까리 기름을 이용한 등불로 대석색국(大石索國[4])의 각지로 전해

기하는 글자이고, '중 니(尼)'는 우리말 '리'의 음차 표기이다. 그러므로 마니산은 우리말로 '마리산'으로 새길 수 있다.
2) 옛날에는 이곳이 바다였음 : 마니산이 있는 화도면은 1938년 화도(華道)로 개칭하기 전까지 하도(下道)라는 섬으로 불렸다. 그런데 1706년 조선 숙종 때 강화유수 민진원이 간척사업을 실시하여 하도가 강화도 본섬에 붙게 되었고 갯벌은 논으로 개간되었다. 필자가 생각하기에, 상고시대 본디 「성화(聖火)를 채집하는 섬」이란 뜻의 화도(火島)가 세월이 흘러 「화도(火島)>하도(下道)>화도(華道)」로 변이된 것으로 추정하지만 고증된 것은 아니다.
3) 단군 : 고조선의 임금 단군인지 고조선 멸망 후 열국시대 있던 소도의 우두머리 단군인지 확실하지 않다. 다만 필자는 열국시대 소도의 단군으로 본다.

져 백성들에게 전달되었을 것으로 추정을 한다. 그러므로 전등사는 본디 마니산 참성단에서 채집된 신성한 불을 온 백성에게 전달하는 역할을 수행하던 소도였을 것이다. 전등사의 옛 이름이 진종사(眞宗寺)인데, 진종(眞宗)을 뜻 새김 하면 '참 진(眞)'과 '마루 종(宗)'으로 우리말 '참마루'의 훈차 표기이다.

옛말 '마루'(宗)는 신의 가르침을 뜻하므로 '참마루'로 불린 이곳은 선인(仙人)들이 백성을 교화(敎化)하던 장소였음을 의미한다. 그리고 하늘에 제사 지내고 채집된 신성한 불을 전등의 방식으로 전해 받은 백성들은 다음해 새로운 불을 받을 때까지 이를 꺼트리면 그 집에 재앙이 닥친다고 믿고 잘 보존하였을 것이다.[5]

필자가 생각하기에, 고구려 제17대 소수림왕 때인 서기 382년 순도가 이 땅에 불교를 전하기 전까지 지금의 전등사는 '참마루 소도'로 불렸을 것이다. 또한 신성한 불을 전하던 곳이라 해서 이곳 지명이 전등(傳燈)으로 불렸을 것으로 추정하지만 이것은 필자의 개인적인 의견일 뿐 고증된 것은 아니다.

---

4) 대석색국(大石索國) : 마한 55국 중 다섯 번째로 기록된 소국이다. 필자는 대석색국에서 접두사 대(大)를 제외하면 석색국인데, '돌 석(石)'은 그 훈음으로 우리말 '두르다'를 베끼고, '찾을 색(索)'은 그 음을 빌려서 우리말 시기(하늘)를 음차 표기한 것으로 본다. 각 새김을 연결하면 석색은 '두른 하늘'이 된다. 이 말은 「하늘을 두르다」이라는 뜻일 것이다. 마니산이 목도리를 두르듯이 하늘을 두른 신성한 산임을 뜻하고, 석색국은 「두른 하늘 산(마니산)을 가진 나라」라는 뜻이었을 것이다.
5) 잘 보존하였을 것이다 : 조선시대 아궁이에서 불을 꺼트린 며느리는 '복 달아 난다'고 해서 어른으로부터 호된 꾸지람을 들었는데, 이 풍습도 불을 중히 여기던 상고시대의 유습으로 보인다.

3. 사월 초팔일 연등 의식

　석가는 BC.624년 4월 8일(음력) 해 뜰 무렵 북인도 카필라 왕국(지금의 네팔 지방)의 왕 슈도다나(Śuddhodāna)와 마야(Māyā)부인 사이에서 태어났다. 다만 석가의 탄신일에 대해서는 2월 8일과 4월 8일 양설이 있고, 인도와 우리나라는 4월 8일을 석가탄신일로 보아 경축한다. 또 석가탄신일에 절에 연등을 달고 불을 밝히는 의식은 불경 중 현우경(賢愚經) 권3 20편 빈녀난타품(貧女難陀品)의 빈자일등(貧者一燈) 고사에서 비롯된 것이다. 이 고사 내용을 요약하면 아래와 같다.

　『난타라는 가난한 여인이 부처님이 법회를 연다는 소식을 듣고 법회에 참석하여 부처님께 등불 공양을 하고 싶었으나 가난하였기 때문에 가진 것이 없었다. 그래서 자신의 머리카락을 잘라 팔아서 그 돈으로 약간의 등과 기름을 샀다. 그리고 부처님께 아뢰기를,
　"이렇게 보잘 것 없는 등불 하나를 밝혀 부처님의 크신 덕을 기리오니 이 공덕이 조금이라도 있다면 저도 다음 세상에 태어나 성불하기를 원하나이다."
　라고 사뢰었다. 법회가 끝나고 밤이 깊어 가자 모든 등불이 하나 둘씩 꺼지기 시작하였으나 가난한 여인 난타의 등불만은 꺼지지 않고 밤을 밝히고 있었다. … (생략)』

　그 이후 부처님이 열반하시자 이 연등의식은 부처님 탄신일에 부처님을 기리는 불교의식으로 변하였고, 석가탄신일

에 부처님을 대신하여 국사(國師 · 지금은 종정)가 법어(法語)를 내리는 아름다운 불교문화로 정착되었다.

4. 전등사에서 밝히는 사찰의 유래

전등사가 밝힌 사찰 유래에 의하면, 고려 충렬왕의 왕비인 정화공주6)가 인기(印奇)스님으로 하여금 송나라에서 펴낸 대장경을 인쇄하여 발간하고 그것을 봉안(奉安)하도록 한 것과 옥으로 만든 등(燈)을 절에 시주한 인연으로 인하여 전등사라는 이름을 갖게 되었다고 전한다. 또한 전등(傳燈)은 불법 즉 '진리의 등불을 전한다'라는 뜻으로 좀 더 구체적으로 설명하고 있다. 아울러 조선 제22대 영조가 1726년 전등사에 행차하여7) 전각 하나에 어필로 취향당(翠香堂)이라고 쓴 편액(현판)을 하사하였다8)고 전한다. 아마 취향당이란 당호는 이 전각의 뒤편에 「푸른 소나무가 늘 우거져 솔향이 은은하다」라는 뜻일 것이다. 다만 조선시대 임금이 행차한 사찰은 대여섯 개 손꼽을 정도인데, 영조가 몸소 강화도 앞 바다를 건너서 전등사에 행차하였다면 이것은 상고

---

6) 정화공주 : 복국장공주(濮國長公主, ?~1319년) 고려의 제27대 왕 충숙왕의 왕비이다. 원나라 황족 출신으로 이름은 역린진팔라(亦憐眞八剌·亦憐只班)이고, 죽은 뒤 시호를 정화공주(靖和公主)라고 하였다.(위키백과에서 발췌/인용) 전등사의 기록에서 충렬왕은 아마 충숙왕의 오기일 것이다.

7) 영조가 1726년 전등사에 행차하여 : 필자가 조선왕조실록「영조」편에서 영조의 강화도 전등사 행차에 관한 기록을 찾아본 바, 이 기록을 확인할 수 없었다.

8) 어필로 취향당(翠香堂)이라고 쓴 편액(현판)을 하사하였다 : 이 기록 역시 조선왕조실록「영조」편에서 찾아보았으나 확인할 수 없었다.

시대 단군이 마니산에 행차한 것만큼 의미 있는 일이라고 필자는 생각한다.

5. 정족산성에 대하여

전등사는 정족산성(鼎足山城·솥발걸이성)의 돌성곽으로 둘러쳐져 있고, 정족산성의 또 다른 이름이 삼랑성(三郞城)이다. 삼랑성(三郞城)에는 「아주 옛날 옛적에 단군의 세 아들(三郞)이 돌로 성곽을 쌓았다」고 전해지는 전설이 있다.

이에 대하여 필자는 삼랑을 달리 해석하는데, 삼랑(三郞)은 상고시대 옛 우리말 '밑난'이 변한 말일 것이다. '밑'은 숫자 3의 옛 수사(數詞)이고, '난'은 숫자 7의 옛 수사(數詞)이다. 그러므로 '밑난'은 숫자로 3·7이 된다. 상고시대 삼랑성은 본디 '밑난성' 곧 '3·7성'으로 불렸을 것이다. 이것이 「고조선이 멸망 후 열국시대」와 삼국시대를 거쳐 고려시대에 밑난성이 「밑난성>삼난성>삼랑성」으로 변하였고 지금과 같은 삼랑(三郞) 전설이 생겼을 것이다.

필자가 정족산성을 답사한 바, 삼랑성은 세 개의 문과 산성을 감싸는 작은 산봉우리 일곱 개로 둘러쳐져 있었다. 아마 이런 이유로 상고시대에 '밑난성'으로 불렸겠지만 이것도 개인적인 의견일 뿐 고증된 것은 아니다. 다만 '밑난' 곧 '3·7'은 우리민족의 원시신앙에서 '새롭게 태어남'을 - 예컨대 달걀은 21일 만에 부화함 - 의미하는 숫자이다. 따라서 우리민족의 원시신앙 '훈굼'신 측면에서 본다면 전등사 터는 새롭게 태어나는 즉 「소생(蘇生)한다」는 의미를 갖는 길지에 해당한다. 이렇게 좋은 터이기에 조선왕조는 임진왜란 이후 5대 사고9)을 설치할 때 정족산성 안에 사고(史庫)를 설치하고 전등사를 그 수호사찰로 지정하였다. 이후 정족산성 사고에 보존되었던 조선왕조실록은 다행히 1930년 경성제대(현 서울대학교) 규장각으로 옮겨졌고, 지금과 같이 우리의 귀중한 문화유산이 될 수 있었다. 실로 정족산성과 전등사에게 고마운 마음이 들지 않을 수 없다.

6. 맺는말

전등은 '등불을 전한다'라는 뜻이지만 「밀랍 또는 초, 아주까리 기름으로 켠 등불을 전한다」는 뜻도 함축하고 있다. 이에 필자는, 강화군민이 1년 중 특정일을 정하여 강화도10) 마니산에서 태양빛을 이용한 불을 채집하고, 그 불을

---

9) 5대 사고(史庫) : 사고는 고려·조선시대 역대의 왕조실록을 보관하기 위하여 국가에서 설치했던 창고이다. 임진왜란 이후 조선왕조는 내사고 춘추관과 외사고(4곳) 정족산성·묘향산(후에 적상산으로 옮김)·태백산·오대산의 5대사고를 설치하고 여기에 조선왕조실록을 보관하였다.(한국민족문화대백과사전에 발췌/인용)

10) 강화도(江華島) : 김포 통진면에서 강화해협을 건너면 바로 강화도에 닿는다. 삼국사기「잡지」지리에 의하면 백제는 강화도를 혈구(穴口·구멍곶)로 표기하였다. 그리고 고구려 광개토태왕이 백제로부터 강화도를 빼앗은 이후, 고구려는 강화도를 갑비고차(甲比古次)로 표기하였다. 이 말은 고구려어 '가비곶'의 음차 표기로 보인다. 즉 '가비'는 갑비(甲比)로 음차하고 '곶'은 고차(古次)로 음차 표기한 것이다. '곶'이란 땅이 강·호수·바다와 뾰족하게 접한 지형으로 고구려로 입을 뜻한다. 다음 '가비'란 조개나 새의 부리가 벌린 틈새로 움푹 파인 곳을 말한다. '가비'의 용례로 현대어 조가비가 있다. 그러므로 '가비곶'은 「새가 부리를 벌린 가비 모양의 입구」라는 뜻일 것이다. 현재 강화도에는 강화대교 바로 옆에 갑곶돈대가 있다. 예전에 '갑곶'은 배들이 강화도로 나드

촛불이나 봉화에 담아 전등·봉송하는 옛 풍습을 축제로 재현하면 어떨까? 이런 생각을 가져 본다. 만일 성화 채집과 전등 축제가 재현된다면 훌륭한 문화의 재발견이 될 것이며, 또한 등(燈)은 '부처님의 진리'를 뜻함으로 불교적 측면에서 이 같은 문화행사가 전등사에 누를 끼치지는 않을 것이다. 이런 이유를 들어 필자는 강화군청에 조심스럽게 이것을 건의한다.

끝으로 전등사 약사전의 주련(柱聯) '무거무래역무왕(無去無來亦無往)[11]' 글발이 머릿속에서 맴도는 가운데, 스님과 불자님들에게 재차 삼가 이해를 구한다.

는 포구가 있던 곳이다. 예컨대 '갑곶'의 지형은 고려산에서 발원한 동락천이 산 두 개 사이(왼쪽에 갑곶돈대가 있음)로 흘러서 강화해협으로 들어가는 형상인데, 옛 사람들은 이것을 새가 부리를 벌린 가비(틈새) 모양으로 보아 '가비곶'으로 불렀을 것이다. 필자는 '가비곶'이라는 말이 지금의 '갑곶'으로 변한 것으로 본다

11) 무거무래역무왕(無去無來亦無往) : 불가에서 자주 인용되는 게송으로 「가는 것도 없고 오는 것도 없고 또한 머무는 것도 없다」라는 뜻이다.

한자의 조자와 용자법, 육서

본 책에서 필자는 한자를 많이 사용하고 있다. 그래서 독자들의 이해를 돕기 위하여, 중국 한나라 시대에 출현한 한자의 조자(造字)와 용자법(用字法)인 육서(六書)를 간략히 서술하고자 한다.

육서는 조자와 용자로 구분할 수 있다. 조자법은 한자를 만드는 방법인데, 먼저 한자를 근본적으로 상형(象形), 지사(指事)로 구분한다. 그 다음 상형과 지사를 이용하여 새로운 한자인 회의(会意), 형성(形声)을 만든다. 다음 용자법은 본래의 글자를 비슷한 뜻과 완전히 다른 뜻으로 폭 넓게 사용하는 방법인데 여기에는 전주(轉注)와 가차(假借)가 있다. 전주는 본래의 글자 뜻을 호훈(互訓)[1]하여 비슷한 뜻으로 쓰는 방식이다. 그리고 가차는 본래의 글자의 음을 빌리되 뜻은 완전히 다른 뜻으로 쓰는 방식이다. 이것을 좀 더 설명하면 아래와 같다.

① 상형(象形)은 사물의 형태나 모양을 본떠서 만든 글자

---

[1] 호훈(互訓) : 훈고학(訓詁學)은 옛 한자의 뜻을 현재의 글자로 풀이하는 학문이다. 호훈은 훈고학에서 해석대상이 되는 어떤 두 글자들을 해석함에 있어서 서로 뜻이 같은 글자로 보는 것을 말한다.

이다. 예컨대 '날 일(日)' '달 월(月)' '나무 목(木)' '물 수(水)' '불 화(火)' '동녘 동(東)' 등이 있다.

② 지사(指事)는 추상적인 기호를 이용하여 만든 글자로서 예컨대 '위 상(上)' '아래 하(下)' '가운데 중(中)' '작을 소(小)' '바를 정(正)' '한 일(一)' 등이 있다.

③ 회의(会意)는 두 개 이상의 글자를 조합하여 만든 글자인데, 조합한 각 글자의 뜻을 합쳐서(會意) 새로운 뜻(훈·訓)과 음을 가지게 된다. 예컨대 '아침 조(朝)' '밝을 명(明)' '쉴 휴(休)' '사내(男)' '좋을 호(好)' '아이밸 잉(孕)' 등이 이에 해당한다.

④ 형성(形聲)은 두 개 이상의 글자를 조합하되 하나는 뜻을 빌리고 다른 하나는 음을 빌려 만든 글자로서 한자의 80~90%를 차지하며 그 수가 수십만 자에 이른다. 필자는 형성자를 중국인이 만든 글자로 본다. 예컨대 '성할 왕(旺)' '들을 문(聞)' '부를 호(呼)' '용마루 동(棟)' '재목 재(材)' '평평할 평(坪)', '슬플 비(悲)' 등 수 없이 많다.

⑤ 전주(轉注)는 금융업의 파생상품과 비슷하다. 어떤 한자의 변·머리·몸·밑을 공유하면서 음이나 훈을 서로 주고받는 글자이다. 예컨대 '꿰맬 집(緝)'과 '짤 적(績)'은 '실 사(絲)' 변을 공통으로 갖고 '깁다'의 뜻을 호훈(互訓)하며 음이 비슷하다. '고칠 개(改)'와 '고칠 경(更)'은 '칠 복(攴)' 변을 공통으로 갖고 '고치다'라는 뜻을 호훈한다. '이를 지(至)'와 '이를 도(到)'도 '이를 지(至)'를 공통으로 갖고 '이르다'라는 뜻을 공유한다. 그밖에 고(考)와 노(老)는 「土+丿」를 공통으로 갖고 '오래 살다'라는 뜻을 호훈한다.

⑥ 가차(假借)는 글자의 음은 그대로 두고 본디 훈(글자의 뜻)을 변이시키거나 확장시킨 글자이다. 예컨대 '스스로 자(自)'는 본디 코의 뜻인데 '스스로'라는 뜻으로, '또 역(亦)'은 본디 '팔을 벌리다'의 뜻인데 '또'라는 뜻으로, '그럴 연(然)은 본디 '개고기를 태우다'의 뜻인데 '그러하다'라는 뜻으로 완전히 변이 글자이다.

<부록 : 조선(朝鮮)의 가차>

조선(朝鮮)의 가차에 관하여 살펴본다. 물론 이것은 필자의 사견으로 학계에서 인정하는 바가 아니다. 그럼에도 필자는 이것을 개진하고자 한다.

조선은 '아침 조(朝)'에 '고울 선(鮮)'이다. '아침 조(朝)'를 파자하면 「+日(해)+月(달)」이다. 이것은 새벽(아침)에 해와 달이 함께 있는 것을 뜻한다. 다음 '고울 선(鮮)'을 파자하면 「魚(물고기)+羊(양)」으로 현재 뜻으로 물고기와 양이다. 그런데 이것은 본디 고조선 시대에 있었던 본디 뜻이 현재의 뜻으로 가차된 된 것이다. 이것을 서술하면 아래와 같다.

첫째 어(魚)의 가차이다. '물고기 어(魚)'을 파자하면 「덮을 멱ᐟ+해⊕+불火」가 된다. 그래서 고조선 시대 어(魚)는 물고기와 '(해무리) 덮인 해가 불타다' 두 가지 뜻이 있었다고 본다. 아울러 고조선 사람들은 이 글자를 '혜'(혜>히·해의 옛말)로 읽지 않았을까? 이렇게 생각한다. 그 후 고조선이 멸망한 뒤 '(해무리) 덮인 해 불탈 혜(魚)'는 자연히 소멸되었고, 글자의 상형이 물고기와 비슷하므로 '물고기 어(魚)'로 가차되었을 것이다. 다만 중국 갑골문에는 물고기를 본 뜬 어(魚)만 나와 있다. 참 슬픈 일이다. 원조는 사라지고 가짜가 주인 행세를 하니 말이다. 하지만 '(해무리) 덮인 해가 불타다'의 잔재가 남아 있으니 바로 고조선(古朝鮮)의 선(鮮)이다.

다음 '양 양(羊)'의 가차이다. 유목민은 지금도 멀리 볼 때 서서 두 손을 눈 위에 대고 바라본다. 이런 이유로 고조선에서 상형자 양(羊)은「서서 두 손을 눈에 대고 바라보다」와 양머리를 본 뜬 짐승 '양'이란 두 가지 뜻이 있었을 것이다. 그런데 이 글자는 그 상형으로 볼 때「서서 두 손을 눈에 대고 바라보다」보다는 짐승 양으로 인지하는 것이 더 쉽다. 따라서 고조선이 멸망한 후 '바라보다'라는 뜻은 자연히 도태되었을 것이다. 하지만 지금도 '바라보다'라는 뜻이 현존하는데 바로 고조선(古朝鮮)의 선(鮮)이다.

필자가 조선(朝鮮)이란 글자를 파자해 보니, 「+日(해)+月(달)+덮을 멱″+해⊕+불火+羊」이었고 이것은 한 줄의 글발이었다. 즉 「해와 달이 있는 때 (해무리) 덮인 해가 불타는 것을 바라보다」라는 뜻이다. 한자의 순서와 우리말 어순이 똑같다. 이것은 무엇을 의미하는가? 바로 상고시대 고조선이 한자를 만들었음을 입증하는 것이다. 또한 현재 물고기와 양으로 결합된 선(鮮)이 뜬금없이 '곱다'는 훈(뜻)을 갖는다. 당연히 이상하다. 그러나 고조선 시대 가차되지 않은 본디 뜻으로 보면 조금도 이상할 것이 없다. 동틀 때 일출하는 해를 바라보면(=鮮) 불그스레한 빛을 띠고 매우 곱다. 즉 가차되지 않은 본디 뜻이 지금까지 우주의 배경복사처럼 남아서 선(鮮)의 훈이 '곱다'로 잔재하고 있는 것이다.

한자 연(然)에 대한 꽁트

1. 연(然)의 본디 뜻

한자 연(然)은 대부분 '그러하다'라는 뜻으로 쓰인다. 용례로 자연(自然), 우연(偶然), 막연(漠然) 등이 있다. 한자 연(然)을 파자하면 「저녁 석(夕)+개 견(犬)+불태울 화(灬)」이다. 이 글자는 회의자(會意字)이므로 각 글자의 뜻을 모아 새겨보면 「저녁에 개를 태우다」라는 뜻이다. 그래서 이 글자는 '개를 태우다'에서 개를 빼버리고 '불태우다/불타다'로 쓰이다가 엉뚱하게 '그러하다'라는 뜻으로 가차(변이)되었다. 연(然)이 '불타다'라는 뜻으로 쓰인 예로 중국 당나라 때 시인 두보의 유명한 오언절구 「강벽조유백(江碧鳥逾白)」이 있다. 이 시를 소개하면 아래와 같다.

江碧鳥逾白(강벽조유백) 강물이 푸르니 새 더욱 희고
山青花欲然(산청화욕연) 산이 푸르니 꽃이 불타는 듯 하구나
今春看又過(금춘간우과) 올 봄도 또 그냥 지나가니
何日是歸年(하일시귀년) 어느 날이 고향에 돌아가는 해일까

위 시에서 2행의 연(然)이 '불타다'라는 뜻으로 쓰였다.

이렇듯 연(然)의 본디 뜻은 '불타다'인데 어떤 이유로 생뚱맞게 '그러하다'라는 뜻으로 변이 되었을까? 필자는 이것을 다음과 같은 꽁트 하나로 풀어 보려한다.

2. 개를 잡아먹다.

개는 예나 지금이나 반려동물이다. 개는 지금과는 달리 옛날에는 주인과 집을 지키고, 사냥에 많은 도움을 주었다. 개는 사람과 같이 생활한 세월이 무려 7,000여 년이나 된다고 하니 사람과 아주 밀접한 동물임을 알 수 있다. 또한 개는 사람처럼 변심이 없는 일편단심의 동물이다. 한번 섬긴 주인은 끝까지 충절을 지키고 배반하지 아니한다. 그래서 "개만도 못한 놈이다"라는 속어가 있다.

옛날 옛적에 가난한 사냥꾼이 개 한 마리를 데리고 살았다. 그는 가진 재산이 없었지만 아이가 다섯에 아내까지 여섯 식구를 거느리고 살았다. 그는 개를 데리고 열심히 사냥하였지만 항상 식량이 부족하였다. 그럼에도 그 가족은 그날그날 행복하게 살았다. 그러던 어느 해 눈이 펑펑 하념없이 내려서 사냥을 할 수 없게 되었는데, 그해는 그에게 정말 혹독한 겨울이었다. 사냥꾼이 사냥을 하지 못하여 식구들이 사흘을 굶게 되자 그는 처자의 굶주림에 대하여 이루 말할 수 없는 자괴감과 죄책감이 들었다. 자식들의 눈이 퀭하게 움푹 파여 가는 것을 볼 때마다 그는 가슴이 저며 왔다.

'아 어떻게 하나? 양식은 떨어지고 돈도 없네'

'나야 굶어도 싸지만 자식이 굶는 것은 차마 볼 수 없구나!'

앞날이 캄캄한 그는 나흘째 되는 날 결단을 내렸다.

'일단 사람이 살고 봐야지'

그래서 그는 이웃에게 눈물을 머금고 개를 잡아 달라고 부탁하였다. 자식 같은 개를 자기가 직접 잡을 수는 없는 일이었다. 이웃은 사냥꾼의 개를 재 너머로 데리고 가서 최대한 고통을 느끼지 않도록 순식간에 급살하고 그 개고기를 가지고 사냥꾼에게 돌아왔다. 사냥꾼은 도살한 몫으로 머리와 꼬리 고기를 이웃에게 떼어 주었다. 그리고 개고기를 자식들에게 먹이도록 아내에게 요리를 부탁하였다. 물론 자식들에게 그 개고기가 그들이 키우던 사냥개라는 것은 숨겼고 저자에서 사온 고기라고 새빨간 거짓말을 하였다.

아내가 저녁에 개고기를 불에 태워 맛있게 요리를 하였고, 식구들이 빙 둘러 앉자 그것을 먹기 시작하였다. 사흘을 굶었으니 자식들과 아내는 그것을 게 눈 감추듯 순식간에 먹어 치웠다. 그러나 사냥꾼은 개에 대한 애정과 미안함이 생각나 차마 먹지 못하였다. 그 때 개를 잡은 이웃이 그에게 말하였다.

"세상 다 그런 겨"

"그러려니 하고 자시게"

"산목숨이어야 개도 다시 기를 거 아닌가?"

"천지 사이, 식만이 다 그러하다네"

일엽편주(一葉片舟)

　본디 도미[1]전은 의당 김부식의 삼국사기 권48 「열전」 제8 편에 실려 있는 1,600여 년 전 사실 기록이다. 애절한 사랑 이야기로 맘에 와 닿는 느낌이 하도 남달라서, 필자는 이를 시로 재구성해 보았다. 다만 작시에 있어서 이야기의 이해와 재미를 위하여 원전의 의미를 깨지 않는 범위 내에서 약간의 허구를 곁들였다. 또 삼국사기에 근개로왕이 중원 땅, 북위의 왕 현조(顯祖 · 탁발홍)에게 사신을 보내어 「백제와 같이 고구려를 공략하자」는 국서를 올렸다는 기록이 있다. 이 사실을 빌미로 이 시의 전개 초두(初頭)로 삼았다.

옛날 옛적 백제
근개로왕[2] 시절 황해 한 섬,
이 섬이 어디인고 하니

백제가 사신 보내는 바다 한 가온데 있더라.

여그 백성이야 한 스무나 명
바다에서 괴기 잡고
섬 가에서 농사 짓고
나마자기 구조개랑 먹고
그렁저렁 한 세상을 시늉으로 살았더라.

백제 개로왕은 둘인디
근자 붙은 이가 후대(後代) 왕이라
왕이 중원 땅 북위에 사신을 보내고
그 일행이 환국(還國)할 제
문득 사나운 풍신(風神)을 만나
이 섬에 숨어들어 구사일생(九死一生)하였더니

섬사람이 이들을 극진히 섬긴 고로
감동하여 정사(正使)가 묻기를,
"니그들 소원이 무엇이고?"
"예이, 뭍으로 나가 살기를 원하지라우" 하는지라
정사가 알은 듯이 허고
한성3)에 돌아와
그간 일을 일일이 왕에게 고하였더라.

왕이 고(告)함을 듣던 중에

섬사람을 가상히 여겨
소원대로 데려다가
호적에 새로이 편입시키고
사공으로 한성 귀퉁이
천호나루4)에 살게 하였는디
그들이 뱃사람인지라
욱리하5) 건너는 뱃삯으로
그들 목숨을 연명하기 위함이라

그들 뱃사공 무리6)에
도미라는 행수가 있었는디
그 부인,
미려(美麗)하고 절행(節行)이 남달라
저잣거리에 칭송이 자자하고
도미 또한
자못 의리를 알며
바둑에 일가견이 있었더라.

헌디, 호사다마(好事多魔)라 차라리
그 섬에서 사는 게 좋았거니
사단(事端)은 그 두 가지

온조 대왕 치세 이후로

백제는 해마다 검푸른 강물
샛바람에 출렁이는 춘삼월
욱리하 강변에서
왕이 열병식(閱兵式)을 하는디
군악은 북 치고 날라리 불고
번쩍이는 창검 휘날리는 깃발
군마의 발굽소리
이는 참으로 볼만한 구경거리 남녀노소 백성
강둑이며 나룻가에 야단법석인디
그 사람들 중에 도미부인도 있었더라.

개로왕이
명광개7)에 상아홀을 들고
백마에 높이 앉아 열병하는 중에
문득 강둑에 줄지어 늘어선 구경꾼들을 바라보니
그들 중 한 사람이 번쩍 눈에 띄는지라
"저 여인이 누구이냐?" 물으니
"예이 저 부인은 뱃사공 도미의 부인이옵사온대,
절세가인이라 하옵니다"라고 시종이 아뢰니
"음~ 참으로 아깝구나!" 하였더라.
이렇게 도미 부인의 소문은
왕의 귀까지 다다르고
그날부터 왕은 흑심을 품게 되었는디
백성들의 눈이 두려워 차마

남의 아낙을 빼앗을 수는 없고
허여 전전긍긍하니
한 내시가 알아차리고
옅은꾀를 내었더라.

"어라하8), 도미가 바둑을 잘 둔다 하니
불러다가 바둑을 두시오소서
그리 하오시면 어라하의 소원이 이루어지리다"

큰 소매 자색 도포, 푸른 비단 바지
금화(金花)를 수놓은 오라관(烏羅冠)을 쓰고
흰 가죽 띠에
검정 가죽신을 신은 왕은
곧 내시의 속뜻을 알아차리고
즉시 명을 내려,
"여봐라, 천호나루 도미를 불러 오너라"
파발은 급히 떠서
도미를 불러다가 편전에 세우고

수탉 깃을 엇꽂은 솟은갓(蘇骨)9)
좁은 소매에 누렁 적삼, 삼베 통바지를 입고
두 손을 조아린 그에게
"그대가 도미인고?"

"예이, 소신 뱃사공 도미라 하옵니다"
다시 왕이 말하기를,
"그대가 바둑에 능하다 들었노라
그래 그대의 수담(手談)은 어느 정도인고?"
"예이, 능함은 과찬이시옵고
소신 한갓 지킬 줄 아는 수졸(守拙)에 불과하옵니다"
그러자 왕이 청하기를,
"그러한가, 과인과 한 수 겨뤄봄이 어떠한고?"
"소신, 어찌 어라하의 명을 거역하오리까"
도미가 황공히 왕의 청(請)을 받들어 뫼니

왕은 곧바로
"게 누구 없느냐? 목화자단기국10)을 가져 오너라"
명을 내리고
내시는 조심스럽게
금은귀갑감11)을 들고 와서
그 속에서 바둑판을 꺼내 놓으니
모서리 네 면에
상아로 상감한 기화요초(琪花瑤草)
봉황 낙타 기린 앵무새 살아 숨 쉬는 듯 하고
양면에 '따낸 돌' 담는 서랍
미닫이로 이쪽에서 열면 저짝도 따라 열리는
세상에 둘도 없는 명품이라

그 위에 점안(點眼) 하듯
살포시 내려앉은 은평탈합자12) 한 쌍
부리가비13)에 꽃을 물은 새(鳥) 새긴
홍아발루기자 감아발루기자14)
바둑돌이 그득한 디
바둑판 앞에 단정히 마주앉은 두 사람,
도미가 이윽고 첫 수를 놓으니
이것이 흉계의 단서임은 그 뉘도 모르리!

바둑 두는 중에
왕이 은근히 도미에게 말하기를,
"그대 내자 행실은 어떠한고?"
도미가 왕께 아뢰기를,
"어라하, 소신의 처자 비록 촌 아낙이나
자못 의리를 알고 절행이 있사옵니다" 하는지라
왕이 다시 말하기를,
"물론 무릇 부인의 덕은 정결이 제일이지만
만일 어둡고 은밀한 곳에서
달콤한 언사(言辭)와
화려한 의보(衣寶)로 교묘히 꾀면
넘어지지 않을 여인이 거의 없을 것이다"
도미가 다시 아뢰기를,
"어라하, 사람의 맘은 헤아릴 수 없사오나

소신 처자 죽더라도
맘을 고쳐먹지 않을 거이나이다"라고 사뢰었더라.
왕은 도미의 답을 듣고
다시 말하기를,
"그럼 이 바둑에 그대 부인을 걸음이 어떠한고" 하는지라
도미는 할 수 없이
지엄한 왕명을 받들었더라.

부인의 절행을 건
희대(稀代)의 내기 바둑,
허나 왕은 이미 입신(入神)[15]의 경지
첫판은 일부러 져주고
둘째 셋째 판을 연이어 이기니
승패는 대쪽처럼 갈리고
도미 부인 처지는 풍전등화(風前燈火) 되었어라.
개로왕이
도미를 객사에 가둬두고
내기 집행을 명하거늘,
즉시 가까운 신하에게 곤룡포를 입히고
말과 몸종을 딸리어
밤에 도미 집으로 행차토록 하였는디
먼저 사람을 시켜
왕께서 오신다고 기별을 하고
가짜 왕(假王)이 그 집에 도착하여

도미 부인에게 이르기를,
"내가 오래전부터
너의 미색과 절행을 들은 고로
너를 걸고
네 남편과 바둑을 두어 내가 이겼노라
내일은 너를 왕궁에 데려가
후궁으로 삼을 터
이제 너의 몸은 나의 소유라" 하면서
가까이 음행하려 하매

찰나 부인이 말하기를,
"어라하께서 망령된 말씀을 하실 리 없사온데
어찌 순종하지 않겠습니까?
청하옵건대 대왕께서는 먼저 방에 드시오소서
곧 옷을 갈아입고 들어가 뫼시겠나이다"
아뢰고 물러나와
여종을 곱게 단장시켜
자기 대신 방에 들여보내어
가짜 왕을 수청 들게 하였더라.

이때 개로왕은
가짜 왕에게 당부하기를
부인의 절행이 상하거든
그 증표를 가져오게 명했던바
신하는 대용(代用)으로 속곳을 가져온지라

개로왕이
도미를 불러 편전 아래 꿇어앉히고
헝겊 조각을 편전바닥에 내던지며
"여기 그대 계집 고쟁이를 보아라" 허고 비웃거늘
도미가 눈여겨 살펴보니
제 아내 것과 다른 물건이라
왕께 아뢰기를,
"어라하, 이것은 소신의 처자 정결(貞潔)이 아니옵니다"
하는 고로
즉시 왕이 도미 집에 사자를 보내어
간밤 내막을 알아보니
도미가 말한 그대로라.

개로왕이 도미 부인에게
감쪽같이 속은 것을 알고 대노(大怒)하여
지존(至尊)을 속인 죄,
그 죄를 도미에게 물어
눈에 침을 놓아
두 검은자위를 뽑아버리니

도미가 왕께 아뢰기를,
"어라하, 소신 이제
눈이 멀었으니 더 살기를 바라겠나이까?
서해의 천한 괴기잡이로 한 세상을 살았으니

북망 대해에서 괴기들 배나 불리게 해 주소서"
청하는지라
왕이 한 가닥 베푸는 맘으로
그를 조각배에 태워 처연히
욱리하에 띄워 버렸더라.

왕은 그간 계략에 희희(嬉嬉) 하며
이제는 거리낌 없이 과부된 여인
부인을 탐하고자 비궁(祕宮)으로 끌어들여
강제로 범하려 하자
부인이 아뢰기를,
"어라하, 저는 이제 짝을 잃어 홀로 된 몸,
더구나 대왕을 모시게 되었으니
어찌 감히 거역하겠나이까? 하오나
지금은 월사(月事)로 몸이 더럽사오니
다음 날 목욕재계(沐浴齋戒)하고 다시 오겠나이다" 하니
왕이 이를 믿고 차일(次日)을 기약하였더라.

그 길로 부인은
남몰래 궁을 도망쳐 나와
낭군이 버려진 욱리하 강가에 이르러
'저 욱리하 모래알만큼 있는 강들
그 강모래 두 톨 같은 인연
아으 님은 가시었고
내 아름다움과 절행이 덧없구나'

애간장 끊어지는 원통과 울분으로
땅을 치고 꺼이꺼이
하늘을 우러러 통곡하였더니 그새
홀연히 일엽편주(一葉片舟) 하나
물결 따라 떠오는 것이 아닌가!
'내 차라리 저 배를 타고
임 가신 곳으로 가리라' 하고
그 배를 타고 흐느끼며
욱리하 강가를 떠났더라.

흐르는 눈물 강물이 되어
나뭇잎 배 뒤집힐 듯 떠나려가다
물굽이로 천성도16) 갈대밭 지나칠 때
어디선가
구슬픈 육자배기 한 가락 들리는데
전에 듣던 낯익은 소리라
넋이고 생시이고?
배를 저어 그 곳에 다다르니
하늘의 도움인가
신명의 밝은 눈 때문인가
지아비는 아직 죽지 않고 다행 살아 있더라.

거기서 부부는
풀뿌리로 모진 명줄을 잇다가

드디어 배를 타고
고구려 산산17) 아래로 옮기어
눈먼 남편은 북을 치고
아낙은 소리 가락을 부르며
목숨을 구걸하였는디
고구려 사람들이 불쌍히 여겨
더러는 옷을 주고
더러는 먹거리를 주어
그들은 구차하게 이리저리 떠돌다가
몰아치는 북풍 살을 에는 겨울날
거적때기 움막에서 서로 부둥켜안고
한날한시에
아으 생(生)을 마치었는디
그날에 흰 눈이 펑펑 내리었더라.

대략, 도미 부부의 노랫가락은
지금 서도소리 옛 단서(端緒)로 짐작되는 바
그중 하나는 다음과 같으지라.

장산곶 마루에 북소리 나더니
금일도 상봉에 님 만나 보겠네
에헤이요 에헤이요 에헤이야 님 만나 보겠네~
(후렴, 다음 각 연 모두 같음)

갈 길은 멀구요 행선은 더디니
늦바람 불라고 성황님 조른다
(후렴)

님도 보구요 놀기도 하고요
몽금이 개암포 들렀다 가게나
(후렴)

바람세 좋다고 돛 달지 말구요
몽금이 앞바다 놀다나 가지요
(후렴)

북소리 두둥둥 쳐 올리면서
봉죽을 받은 배 떠들고 오누나
(후렴)

무정한 우리 님 말없이 가더니
봉죽을 받고서 돌아오셨네
(후렴)

임 실으러 갈 적엔 반돛을 달고요
임 싣고 올 적엔 온 돛을 단다네
(후렴)

가는 임 야속타 속태지 말고요

갔다가 올 때가 더 반갑지라
(후렴)

장산곶 마루에 새 소식 들리니
원포귀범에 정든 임 오셨네
(후렴)

1) 도미(都彌) : 옛 우리말에 '드'가 있었는데 '가장 높다'란 뜻이었다. 도읍(都邑)은 우리말 '드고을'로 임금이 거주하는 가장 높은 고을이라는 뜻이다. 그러므로 '도읍 도(都)'는 우리말 '드'를 음차 표기한 이두로 볼 수 있다. 예컨대 도원수는 '드원수'로서 가장 높은 장군이라는 뜻이고, 도편수는 '드편수'로서 대장 목수를 말하고, 도행수는 '드행수'로서 가장 높은 우두머리를 뜻한다. 또 8인조 조정은 조수(노잡이)와 타수(키잡이)로 이루어지는데 타수는 배의 끝(선미)에 자리 잡는다. 그러므로 '도읍 도(都)' 자를 쓴 도미는 사공무리의 우두머리임을 알 수 있다. 필자는 사공 집단의 우두머리를 뜻하는 백제의 일반명사 '드미'가 세월이 지남에 따라 사람이름인 고유명사 '도미'로 변한 것으로 추정한다.

2) 근개로왕 : 백제 21대 개로왕(455~475년)은 도미 부부를 해한 지 7년 후에 고구려 장수왕의 침략을 받아 멸하였다. 장수왕은 고구려에서 빠르게 군사를 백제로 남진한 후, 한성을 공격하여 7일 만에 함락시키고 서쪽으로 도망가는 개로왕을 사로잡았다. 장수 고이만년 등은 개로왕을 아차산성으로 끌고 가서 장수

왕를 무릎 꿇린 후 침을 세 번 뱉고 왕을 참수하였다. 당초 고이만년 등은 백제의 장수였으나 후에 고구려로 망명한 사람이었는데, 이들이 개로왕을 죽인 것을 보면 그 만큼 원한이 사무쳤나 보다.

3) 한성 : 백제 한성은 지금의 풍납토성과 몽촌토성으로 비정된다. 백제는 한성의 북쪽을 방어하기 위하여 한강 건너편 아차산에 산성을 두었는데 바로 지금의 아차산성이다. 백제가 고구려에 패하여 한강 유역을 상실한 후에는 아차산성은 고구려 보루가 되었다.

4) 천호나루 : 백제는 한성에서 욱리하(한강)을 건너 아차산성으로 많은 군병과 군수물자를 운송했을 것이다. 당연히 한성 근처에 한강을 건너는 나루가 있었을 것이고, 한강 북쪽이 지금의 광나루(廣津)인데 그 남쪽인 천호동에도 나루가 있었을 것이다. 필자는 이 남쪽에 있던 나루를 천호나루로 추정하고 이렇게 이름 붙였다.

5) 욱리하 : 지금의 한강을 백제는 욱리하, 고구려는 아리수, 신라는 한수로 각기 달리 불렀다.

6) 뱃사공 무리 : 군병과 군수품을 욱리하 건너편으로 나르려면 나루가 엄청 컸을 것이다. 따라서 많은 배와 뱃사공이 필요했을 것이고, 천호나루 근처에 이 운송만을 담당하는 사공 집단이 있었음을 추정하는 것은 무리가 아니다. 또한 국가가 나루 운영을 위하여 어딘가에서 백성을 끌어다가 나룻가에 이주시키고 그들을 호적에 편입하였다면, 국가는 그들에게 생계를 영위할 업을 주어야 한다. 그것이 이 이야기에서는 바로 뱃사공 일이다. 이를 빌미로 필자는 삼국사기의 원문 '편호소민편(編戶小民)'을 사공 집단으로 해석하고 도미가 이 뱃사공 무리의 행수였을 것이

라 추정한다. 아울러 도미가 소민(小民)이면서 그 처가 여자 몸종을 소유하였다면, 신분은 낮은 백성이지만 어떤 집단 내에서 지위가 상당하였음을 곁들여 알 수 있다.

7) 명광개(明光鎧) : 백제의 고유한 황칠갑옷이다. 삼국사기 백제본기 권5 제30대 무왕 27년(626년) 기록에, 「백제가 당에 사신을 보내 명광개를 받치면서 고구려가 길을 막고 상국에 조공하는 길을 막는다」는 내용이 있다. 그런데 문헌으로만 전해지던 이 황칠갑옷이 2012년 공주 공산성에서 발견되었다. 명광개는 갑옷에 우리나라 남해안에서 자생하는 황칠나무의 옻을 칠한 찰갑으로 황금빛이 난다. 고래로 "옻칠은 백년 황칠은 천년"이라는 속담이 있다.

8) 어라하 : 백제에서 상류층이 쓰던 말로 왕을 지칭할 때 쓰던 높임말이다. '어'는 고구려 · 부여어로 크다, '라'는 삼국시대 나라를 뜻하는 말이었고, '하'는 고구려에서 왕을 뜻하는 말 '가'(皆)가 변한 말이다. 그러므로 어라하(어라가)를 현대어로 바꾸면 '드높은 나랏님'이 될 것이다. 그밖에 백성들이 왕을 지칭할 때 이르던 말 건길지(鞬吉支)도 있었다. 건질지는 '칸기리'의 음차 표기로 칸은 왕, '기리'는 제사장이란 뜻일 것이다.

9) 솟은갓(蘇骨) : 고구려인과 백제인이 쓰던 삼각뿔 모양의 쓰개이다. 하급 관리와 백성은 양쪽에 한 개 내지 두 개의 수탉 깃이나 꿩 깃을 꽂았다.

10) 목화자단기국(木畵紫檀棋局) : 백제에서 왕이 쓰던 바둑판이다. 열대지방에서 나는 자단(목)으로 만들었는데 매우 아름답고 정교하게 만들었다. 백제가 일본에 선물로 준 한 점이 전해져 현재 일본의 국보로 지정되어 있다.

11) 금은귀갑감(金銀龜甲龕) : 목화자단기국을 담는 보관함으로 겉 전체를 황칠하였으며 밑면을 제외한 모든 면에 귀갑문(거북등 딱지 무늬)이 새겨져 있다. 이하 위 주석 갈무리 글과 같다.

12) 은평탈합자(銀平脫盒子) : 목화자단기국에 쓰이던 바둑돌을 담았던 통으로 우리나라 노송으로 만들었고 옻칠하였으며, 통과 뚜껑은 은편 실무늬를 상감으로 새겨 넣었다. 이하 위 주석 갈무리 글과 같다.

13) 부리가비 : '부리'는 새 주둥이를 말하고, 옛말 '가비'는 고구려어로 새가 부리를 벌린 틈새를 말한다. '가비'의 예로 지금의 조가비가 있다.

14) 홍아발루기자(紅牙發鏤棋子) 감아발루기자(紺牙發鏤棋子) : 전자는 붉은 바둑알이고, 후자는 검은 바둑알이다. 상아로 만들었으며 표면에는 꽃을 물고 있는 새가 상가되어 있다. 이하 위 주석 갈무리 글과 같다.

15) 입신(入神) : 바둑계에서 9단을 부르는 별칭으로「신의 경지에 다다랐다」는 뜻이다.
16) 천성도 : 필자는 지금의 김포 한강 하구로 추정한다. 한강 둑을 막기 전에는 이곳이 갈대 무성한 바다였다고 전한다. 지금의 김포 통진도 바닷가로 예전에는 이곳이 배 떠나는 포구였다고 한다.

17) 고구려 산산(蒜山) : 도미 부부가 처음 도망간 산산(蒜山)은 애초 백제 땅이었으나, 고구려 장수왕이 개로왕을 죽이고 한강 유역을 빼앗은 후에는 자연히 고구려 땅이 되었을 것이다. 도미 부부는 한강 하구 천성도에서 한동안 살다가, 거기서 배를 타면

쉽게 갈 수 있는 산산으로 이주한 것으로 보인다. 삼국사기 권 35 잡지 제4 「지리2 삭주(朔州)」 편에 이르기를, 「삭주 정천군(井泉郡)이 거느리는 산산현(蒜山縣)은 원래 고구려의 매시달현(買尸達縣)으로 경덕왕이 이름을 고쳤는데, 삼국사기를 찬할 당시 고려시대에는 그 위치는 알 수 없다」고 하였다. 필자가 생각하기에, 정천군은 교하지역을 말하므로 산산의 위치는 지금의 일산 · 운정신도시 일대일 것이다.

참고 문헌

이 참고 문헌의 배열순서는 가나다순으로 실었고, 해당 자료의 출판연도는 실제 발행연도를 참고한 것이므로 초판과 다를 수 있다. 저서인 경우 '저서'를 생략하였고, 역서, 편찬, 논문, 록인 경우에는 그 명칭을 따로 구분하여 기재였다.

각굉(고려) 록, 《나옹화상행장》 서대사, 중종 29년(1534), 종로도서관 소장

각굉(고려) 록, 환암(고려) 교정, 이종욱(李鐘郁) 역 《나옹화상어록전》 월정사 발행, 1939

계연수, 강수원 옮김, 《환단고기》 온누리, 1985

계연수, 임승국 주해, 《한단고기》 정신세계사, 1986

국사편찬위원회 번역, 《중종실록·인조실록·영조실록 외 다수》

국사편찬위원회, 번역본, 《일본서기》

김경묵·우종익, 《이야기 세계사》 청아출판사, 1994

김명준, 《악장가사 주해》 다운샘, 2004

김미형, 《우리말의 어제와 오늘》 (주)J&C, 2005

김병모, 《김병모의 고고학여행》 고래실, 2006

김부식, 최호 옮김, 《삼국사기》 홍신문화사, 2004

김석동, 《김석동의 한민족 DNA를 찾아서》 김영사, 2018

김영만, 《균여전 이제/헌나뮤하와 '(질)등야》 고려대학교 국어국

문학연구회 語文論集. 24·25(1985.1.)
김완진,《향가 해독법 연구》서울대출판부, 1990
김현구,《일본서기 한국 관계 기사 연구 1·2·3》일지사, 2002·2003·2004
김희영,《이야기 중국사》청아출판사, 1996
남풍현·이건식·오창명·이용·박용식,《이두사전(吏讀辭典)》단국대학교출판부, 2020
노태준 옮김,《주역》홍신문화사, 1978《고문진보》홍신문화사, 2000
다르유시 아크바르자데, 이희수 옮김,《쿠쉬나메》청아출판사 2014
동국대학교 불교문화원 편,《한국불교문화사전》운주사, 2009
마에마 교사쿠(前間恭作), 김근수 역,《오꾸라 신페이 저 "향가 및 이두 연구"에 대하여》한국학연구. 40('94.11) pp.25-31 한국학연구소, 1994.11.
민족문화추진회 옮김,《국역 중종실록》민족문화추진회, 1985
박기환,《성경 속의 우리말 어원을 찾아서》해피&북스, 2009
박선미 박사학위 논문,《화폐유적을 통해 본 고조선의 교역》2008
박영규 소설《고구려본기》웅진출판, 1997
박장렬, 김태주, 박진형, 정영호, 조규남, 김현 공저,《원문과 함께 읽는 삼국사기》한국고전인문연구소, 2012
반고, 최동환 옮김《한서지리지의 새로운 해석과 분석》생각나눔, 2019
북애자, 고동영 옮김,《규원사화》한뿌리·북캠프, 2005
사마천, 김원중 옮김,《사기열전》을유문화사, 2002
서정범,《우리말 뿌리》고려원, 1989
성삼제,《고조선 사라진 역사》동아일보사, 2005

세종대왕, 한글학회 역 《훈민정음(訓民正音) 영인본》, 1997 간송미술관 소장

손진태, 《역사민속학연구》 민속원, 2003

신채호, 김종성 옮김, 《조선상고사》 ㈜위즈덤하우스미디어그룹, 2017

안경전, 《쉽게 읽는 개벽》 대원출판, 2003

안정복, 조선고서간행회 옮김, 《동사강목》 경신문화사, 1970

양주동, 《증정고가연구》 일조각, 1965)

엄익상, 《백제에서 현대까지 한국 한자음 중국식으로 보기》 한국문화사, 2021

여운필 옮김, 《역주 고려사 악지》 도서출판 월인, 2011

왕우랑(王禹浪), 《북이 색리국 및 부여 초기왕성의 새로운 고찰》 고구려발해학회, 「고구려발해연구」 제14집, 2002. 12.

왕충, 이주행 옮김, 《논형》 소나무, 1996

유득공, 송기호 옮김, 《발해고》 홍익출판사, 2012

유열, 《향가연구》 박이정, 2004

유태용, 《논형(論衡) 길험 편에 보이는 고리국의 연구》 백산학보 제57호, 2000

유홍준, 《나의 문화유산 답사기1·2·3》 창비, 1993

윤내현, 《고조선 연구》 일지사, 1994 《한국고대사》 삼광출판사, 1989

이규태, 《한국인의 민속문화》《한국인의 생활문화》《한국인의 주거문화》 ㈜신원문화사, 2000

이덕일·김병기, 《우리역사의 수수께끼》 감영사, 2004

이병도, 《삼한 문제의 신고찰 3》 진단학회, 1936

이순신, 노승석 옮김, 《이순신의 난중일기 완역본》 동아일보사, 2005

이승휴, 《제왕운기의 고구려·발해 인식》 영남대학교민족문화연

구소, 2016
이승휴, 김경수 옮김, 《제왕운기》 역락, 1999
이익섭·고성환, 《국어학개론》 한국방송통신대학교출판문화원, 2016
이재돈, 《「切韻」의 分韻에 반영된 陸法言의 思想》 중국인문학회, 2005
이행·윤은보 등, 고전간행회 편, 《신증동국여지승람, 전(全)》, 서경문화사(書景文化社), 1994
이혜구 역주, 《신역 악학궤범》 국립국악원, 2000
일연, 김원중 옮김, 《삼국유사》 을유문화사, 2002
임동석 역주, 《서경 : 尙書》 동서문화사, 2017
정재서 역주, 《산해경》 민음사, 1985
정형진, 《고깔모자를 쓴 단군》 백산자료원, 2003
정형진, 《한반도는 진인의 땅이었다》 알에이치코리아, 2014
조종범, 《고조선·고구려사 연구》 신서원, 2006
주강현, 《우리 문화의 수수께끼》 한겨레신문사, 1996
진수, 김원중 옮김, 《삼국지1·2》 민음사, 2007
진태하, 《한자는 우리의 조상 동이족이 만들었다》 명문당, 2019
차진원, 《감여상지학》 상상케뮤니케이션, 2007
천관우, 《가야사연구》 일조각, 1991, 《고조선사·삼한사연구》 일조각, 1989, 《마한제국의 위치 시론》 단국대학교부설 동양학연구소, 1979
청솔역사교육연구회, 《이야기 한국사》 청솔출판사, 1994
최인호, 소설 《왕도의 비밀》 사단법인 샘터사, 1995, 《잃어버린 왕국》 열림원, 2003, 《해신》 열림원, 2003, 《제4의 제국》 (주)여백미디어, 2006
최종철, 《일본을 낳은 금관가야 왕국》 미래문화사, 2006
최창조, 《한국의 풍수지리》 민음사, 2008

최표, 김장환 번역, 《고금주》 지식을만드는지식, 2017

탁양현, 《서경 홍범구주의 정치학》 퍼플, 2017

토머스 불핀치, 김명희 옮김, 《그리스 로마 신화》 하서출판사, 1996

한국고전총서발행회(韓國古典叢書刊行會) 편, 《한국고전총서 7책 중 책4 악장가사》 대제각(大提閣), 1973-1976

한용득 옮김, 《장자 내편외·편》 홍신문화사, 1983

허흥식 편저, 《한국금석전문 고대·중세 상·중세 하》 아세아문화사, 1984

헤로도토스, 천병희 역 《원전으로 읽는 순수 고전 세계, 역사(Històries/Apòdexis)》 숲, 2009

혁련정(赫連挺·高麗) 찬 대화엄수좌원통양중대사균여전(大華嚴首座圓通兩重大師均如傳) 경북대학교대학원 국문학과연구실, 단기 4287(1954)

홍정식 옮김, 《반야심경/금강경/법화경/유마경》 동서문화사, 2016

Bernhard Kaigen, 이돈주 역주 논문, 《중국 상고한어의 변천과 중고한어음》 구결학회 구결연구 7집, 2001

용어 찾아보기

(ㄱ)

가락	11	관구검	297
가락국기	11	광덕스님	188
가람	21	구개음화	34
각자도생	303	구구단 목간	32
간(艮)	52	근개로왕	321, 335
감(坎)	52	근시파혜	80
감해비리국	104	글발	192
갑곶돈대	313	금은귀갑감	326, 338
강벽조유백	318	기파랑	225
강화도	306	기형도	221
개금	84	ᄀᆞ름	13
개질지	159	ᄀᆞ름멍에	13
거발환환웅	293	ᄀᆞ나루	105

(ㄴ)

건(乾)	52	나밀왕	44
계락	11	나옹스님	211
계락지일	223	난타	309
경덕왕	204	노례왕	115
고정백	41	노피곰	248
고조선	317	눌지왕	45
곤(坤)	52		

(ㄷ)

골리앗	40	단골	102

단괴이	102	(ㅂ)	
단군	102	박제상	43
달구	29	박혁거세	80
대구화상	136	백사정	233
도연명	74	번조선	66
동몽	37	법흥왕	70
두둑	14	벽골제	17
두보	318	보조사	208
득오	158	봉차질	173
(ㄹ)		브리야족	38
로제타석	42	붉몽	38
(ㅁ)		(ㅅ)	
마니산	306	삼랑성	311
마수걸이	41	삼조선	66
마야부인	309	상고	138
마지막	42	상고한어음	20
막조선	66	상대	138
말갈족	281	석을	181
모수국	35	성덕왕	238, 227
머리곰	248	세달사	288
멍에물	12	션(sun)고리	66
명광개	324, 337	션괴이	69
목(目)	141	소하연문화	66
목화자단기국	326, 337	손(巽)	52
문무왕	188	솟은갓	325, 337
문장	274	수결	81
밑난성	311	수로부인	145

수사	22	연개소문	73
수산제	17	영류왕	75
순도	308	영복	223
슈도다나왕	309	오관산	253
술종공	161	오구라신페이	121
신목왕후	226	오사함	87
신문왕	276	오악삼산	223
실성왕	44	오천	235
스키타이	66	우의매	78
쉰골	71	욱리하	324, 336
쉰괴이	71	웇·우치	24
싀ᄂ이	117	월명사	204
싀가볼ᄂ이	132	위홍	136
싀맏	60	유리이사금	114
(ㅇ)		음차	99
아동음	167	의림지	17
안정복	73	의미부호	82
아미타불	194, 201	이(離)	52
악장가사	253, 260	이리가수미	76
악학궤범	178	이바지	16
안민가	225	일연스님	11
어라하	325, 337	(ㅈ)	
어을매곶	104	자포암	94
엄장	189	장글란	260
연(然)	316	전등사	306
정읍사	244	취향당	310
정족산성	311	(ㅋ)	
정지	265	카필라왕국	309

정화공주	310	토해이사금	47
조롱	271	(ㅍ)	
조선	316	팔레스타인	39
종암동	94	필레몬	38
죽지랑	157	(ㅎ)	
죽지령	161	하고	139
중고	139	하대	138
중고한어음	20	함허동천	310
중대	138	해괴이	69
진(辰)	52	해례본 제자해	50
진구황후	284	해모수	69
진성여왕	136	헌나뮤하	107
진조선	66	혁련정	135
(ㅊ)		환웅	292
처용가	127	효소왕	158
충담사	222	훈민정음해례본	51
추구	35	훈민정음	178, 295
추모왕	33	훈음사	15, 99
추화군	159	훈차	99
추구벼리	35	히브리인	40
충렬왕	277	힐이	210
(ㅋ)		흔금	292
크레타	38		
(ㅌ)			
탈해이사금	25		
태(台)	52		
태백산	296		
토먹뫼	70		

(숫자)

16관	190
28수	71
3구6명	125
3장6구	126
3죽6명	126
3죽6명1차	127
5대 사고	312

천년 만의 울림,
우리 사뇌와 놀다

1판1쇄 2024년 3월 15일

지은이   안연석
발행인   김소녀

발행처   도서출판 책얼
주   소   경기도 고양시 덕양구 용두로47번길 110, 202호
전   화   02-3157-2455
          010-2293-5055
Email : thanx55@naver.com

등록번호 제 2023-000230 호
등록일자   2023. 11. 23.

ISBN 979-11-986785-5-3   03810

정가 25,000원

* 본 도서는 지은이와 합의로 인지는 생략되었습니다.
* 본 도서를 무단으로 복제하는 때에는 저작권법에 의해
  처벌을 받을 수 있습니다.
* 잘못 만들어진 책은 교환하여 드립니다.